Pauline Wengeroff

Memoiren einer Grossmutter

Band II- Bilder aus der Kulturgeschichte der Juden Russlands im 19. Jahrhundert

Pauline Wengeroff

Memoiren einer Grossmutter
Band II- Bilder aus der Kulturgeschichte der Juden Russlands im 19. Jahrhundert

ISBN/EAN: 9783337362720

Hergestellt in Europa, USA, Kanada, Australien, Japan

Cover: Foto ©ninafisch / pixelio.de

Weitere Bücher finden Sie auf **www.hansebooks.com**

MEMOIREN EINER GROSSMUTTER

Pauline Wengeroff

Memoiren einer Grossmutter

Bilder aus der Kulturgeschichte der Juden Russlands im 19. Jahrhundert

Band II

BERLIN
Verlag von M. Poppelauer
1910

Alle Rechte, besonders das der Übersetzung
in fremde Sprachen vorbehalten.

Inhaltsverzeichnis.

	Seite
1. Vorwort	1
2. Zweite Periode der Aufklärung	5
3. Meine Verlobung	28
4. Das Brautjahr	47
5. Ankunft in Konotop. Hochzeit	64
6. Vier Jahre im Hause der Schwiegereltern	77
7. Die Wandlung	99
8. Weitere Schicksale	115
9. Alexander II.	129
10. Zwei Worte sagte meine kluge Mutter	134
11. Kowno	136
12. Wilna	147
13. Helsingfors	152
14. Petersburg	165
15. Die gefährliche Operation.—Die Reform in der Küche	174
16. Die dritte Generation	179
17. Der Tod meines Mannes	213

Vorwort.

Ermutigt durch die Anerkennung, die der erste Band gefunden hat, gehe ich mit freudigem Bewußtsein an die Herausgabe des zweiten Bandes meiner Memoiren.

Dem Vorhaben gemäß, treu und ungekünstelt die Vergangenheit zu schildern, wie sie noch heute in m e i n e m H e r z e n u n d m e i n e r E r i n n e r u n g lebt, will ich hier den Faden meiner Erzählung weiterspinnen und Bilder entschwundener Zeiten vorbeiziehen lassen. Ich will nicht daran denken, daß es ein Buch werden soll. Ich setze mich wieder an den alten gemütlichen Platz und erzähle: Von meiner Verlobung, vom Brautjahr, von der Hochzeit und all dem, was noch nachher kam.

Die Aufzeichnungen dieses Bandes stehen teilweise noch unter dem Zeichen des jugendlichen Frohsinns, der mich in meiner Braut- und Vermählungszeit umfing, des ehelichen Glückes, das noch in jenes goldene Zeitalter fiel, in dem die jüdischen Familien und Ehen fest gefügt waren und aufgebaut auf dem Boden der Liebe, der Treue und der Freundschaft.

Aber die alten Zeiten schwanden und mit ihnen manches Schöne und Große des jüdischen Lebens. Neue Zeiten kamen, die neue Sitten brachten. Andere Saiten wurden angeschlagen, und allmählich bildeten sich neue Werte. Der Zeitgeist zerriß das patriarchalisch-beschauliche jüdische Familienleben und höhlte eine Kluft zwischen den Alten und den Jungen.

Aber ich danke Gott, daß es ihm gefiel, mich bis zu diesem Tage zu erhalten, und daß es mir vergönnt war, die Stunde schlagen zu hören, die so große Wandlungen im jüdischen Leben brachte, das Wiedererwachen der Zionsliebe, das

Ringen um die volksverwaiste Jugend. Gleich an dem ersten Klang erkannte das alte Herz die große jüdische Melodie, die so lange geschwiegen und einst so tief und so weit ertönte...

Zieht nun hinaus, ihr Blätter in die Welt. Ihr waret mein tröstender Schatz, da sich Gewitterwolken um meine Heimat ballten. Wolken, aus denen grausig die Gespenster des Mittelalters lugten. Einsam und verlassen zog ich in ein gastliches Land. Bei meinen Schwestern Käthe und Helene in Heidelberg fand die wandermüde Greisin ein Heim. Die Liebe endet nimmer. Ich hatte Helene einst in schwerer Krankheit gepflegt, hatte ihren Kummer getragen gleich wie den meinen. Nun nahm sie die Einsame auf. Eine Heimat wurde mir der große, viereckige Tisch in ihrem Zimmer, auf dem meine Zettel lagen, die armseligen Reste eines reichen Lebens. Aber der milde Glanz vergangener Tage lag über ihnen. Die Erinnerung hob die steinernen Male von den Grüften der Zeiten und weckte die Vergangenheit zu neuem Sein. Es waren wundersame Stunden. Weißt du noch, Helene? Wie oft lachten wir in den Unmut der Gegenwart hinein in seligen Gedanken! Und ach, die Tränen, die dummen, wie oft umflorten sie unsere Blicke...

Zieht nun hinaus, ihr Blätter, in die Welt! Aus der Liebe seid ihr geworden, die Liebe hat euch behütet in meinen Wanderjahren. Bringt nun auch die Liebe zum alten Volkstum meinen jungen Brüdern und Schwestern!...

Ob ihr die Kraft habt zu diesem beglückenden Segen — ich weiß es nicht. Aber ich möchte es so gerne hoffen. Und ich darf es vielleicht hoffen, ohne darum schon als eitel zu gelten, weil ein Mann, der meine Erinnerungen liebte, mir den Mut der Hoffnung gab. Dr. Gustav Karpeles, der so früh dahinging, dieser gütige und kenntnisreiche Mann, schrieb mir die folgenden Briefe, den letzteren Brief noch kurz vor seinem Tode. Ich setze sie hierher, und mag ihm selbst nur seine Liebenswürdigkeit gegen eine Greisin die Feder geführt haben.

> Berlin W., den 25. 1. 06. Kurfürstenstr. 21/22.
> Sehr geehrte gnädige Frau!

Ich habe Ihre Arbeit sofort mit dem größten Interesse gelesen.

Für eine einmal wöchentlich erscheinende Zeitschrift sind, wie gesagt, Ihre Memoiren nicht zu verwenden, da diese in einem so großen Werk völlig ertrinken würden. Dagegen wäre es wünschenswert, wenn diese interessanten Zeit- und Kulturbilder in Buchform erschienen.

Das Kapitel über Dr. Lilienthal bin ich übrigens gern bereit, in der »Allgemeinen Zeitung des Judentums« abzudrucken, und wenn Sie damit einverstanden sind, bitte ich Sie, es mir freundlichst retournieren zu wollen.

> In vorzüglicher Hochachtung Ihr sehr ergebener
> gez. Karpeles.

> Berlin W., den 3. April 1909. Kurfürstenstr. 21/22.
> Sehr geehrte gnädige Frau!

Ich habe auch Ihr neues Manuskript mit großem Interesse gelesen und finde, daß der zweite Band mindestens so interessant ist wie der erste, ja zum Teil noch viel interessanter. Ich bin auch überzeugt, daß derselbe viel gelesen werden wird.

Wenn ich auch selbstverständlich nicht wieder ein Vorwort dazu schreiben kann, was ja ausgeschlossen ist, so will ich doch in der »A. Z. d. J.« und im »Jahrbuch für jüdische Geschichte und Literatur« darüber berichten und das Werk empfehlen, wo ich nur kann.

Mit den besten Wünschen und Grüßen bleibe ich Ihr verehrungsvoll ergebener

> gez. Karpeles.

Motto:
Verwirf mich nicht zur Zeit des Alters;
Wenn meine Kraft schwindet, verlaß mich nicht;
  Psalm 71, 9.

Verwirf mich nicht von deinem Angesicht,
Und deinen heiligen Geist nimm nicht von mir.
  Psalm 51, 13.

Zweite Periode der Aufklärung.

In dem ersten Bande meiner Memoiren habe ich von dem bedeutungsvollen Auftreten Dr. Lilienthals in Litauen erzählt, von seiner hinreißenden Wirkung auf die Jugend, von seiner kulturellen Mission der bevorstehenden Chederreform, von den ersten Anfängen der beginnenden Aufklärung. Die Jugend, die bisher ausschließlich den Talmud studiert hatte, war von den neuen Gedanken begeistert und arbeitete mit einem heiligen Ernst an der eigenen geistigen Entwicklung. Ihr Ideal war die Vereinigung der allgemeinen Bildung mit dem Talmudstudium. Erst Lilienthal hatte dieses Verlangen, die engen Grenzen des alten Wissens zu erweitern und von dem »Apfel der Erkenntnis« zu kosten, zum sichtbaren Durchbruch gebracht.

Neben Lilienthal war es der Begleiter und Sekretär von Montefiore, Louis Loewe, der während seines Aufenthaltes in Rußland überall die Gelegenheit ergriff, die jüdische Jugend von der Notwendigkeit der europäischen Bildung zu überzeugen. Seine Worte fanden einen machtvollen Nachhall, denn Loewe war zugleich ein im westeuropäischen Sinne gebildeter Mann — und ein guter Talmudist: In ihm waren die idealen Forderungen der damaligen Jugend erfüllt. Loewe war wie kein zweiter geeignet, den neuen Werten Geltung zu verschaffen. War er doch der Begleiter Montefiores. Und es konnte nicht fehlen, daß die fast abgöttische Verehrung, die diesem großzügigen und tapferen Philanthropen in allen Ländern, wo Juden wohnten, zuteil ward, ihren Glanz auch um Loewe breitete. Wen Montefiore seiner ständigen Begleitung würdigte, der durfte offen sprechen. Er hatte nichts zu fürchten, und jeder hatte die Gewißheit, daß sein Wort einer reinen

Überzeugung entwuchs und nur der Sicherung und Adelung des Judentums gelten konnte.

Es war im Jahre 1846. Ein kaiserlicher Ukas war erschienen, nach dem alle im Bereiche von fünfzig Werst von der russischen Reichsgrenze wohnenden Juden vertrieben werden sollten. Das war für viele Tausende Familien der Ruin.

Hier setzte die Arbeit Montefiores ein. Sie ging zum Siege. Die Ausführung der drakonischen Bestimmungen wurde zunächst wenigstens verhindert.

Es geschah nicht zum ersten Male, daß Montefiore sich seiner Glaubensgenossen annahm. Bei allen Juden Europas war die Erinnerung an jene denkwürdige Reise nach Egypten noch lebendig, wo Montefiore das entsetzliche Blutmärchen zerstört, die Bedrängten geschützt hatte und die Ehre des jüdischen Namens vor der Welt hatte wiederherstellen können.

Fast mehr noch als über den Erfolg seiner Arbeit in Rußland waren die Juden erfreut über die ehrenvolle Behandlung, die das würdige Greisenpaar erfuhr. In jeder größeren Stadt wurde Montefiore von einem hohen Beamten empfangen, der ihn bis zur nächsten Station begleitete. Die Herren mußten so handeln. Auf Geheiß der Regierung! Mochten sie auch ihren Ingrimm schlecht verhehlen.

Selbst am kaiserlichen Hofe wurde das Ehepaar wohlwollend empfangen, und die Höflinge behandelten Sir Montefiore, den englischen Sheriff, mit Ehrerbietung.

Kaiser Nikolaus I. war bei der letzten Audienz sehr huldvoll und versprach Montefiore, seinen Glaubensgenossen gegenüber nachsichtiger zu handeln, bemerkte aber zum Schluß: »Wenn doch viele Juden in meinem Lande Ihnen, mein Herr, ähnlich wären!« und riet Sir Moses Montefiore, die Juden von Litauen und Polen auf seiner Rückreise genauer kennen zu lernen.

Auf der Rückfahrt wurden Sir Moses Montefiore und seiner Gemahlin seitens der Juden die größten Ehren erwiesen. Jede größere Stadt bereitete ihnen einen feierlichen Empfang. Der Rabbiner und die vornehmen Juden, denen sich angesehene Männer, Delegierte anderer Städte, anschlossen, gingen den Gästen eine große Strecke Weges zu Fuß entgegen, um sie zu bewillkommnen. Leider konnten sie sich nicht unmittelbar mit dem Ehepaare verständigen, denn Sir Moses Montefiore und Lady Judith sprachen nur englisch. Als Dolmetscher diente ihr Begleiter Dr. Loewe. Ihr Hauptaugenmerk wandten sie überall dem Leben der Juden zu, das sie durch viele wohlerwogene Fragen bis in alle Einzelheiten zu ergründen suchten. Wirtschafts- und Kulturstand reizten sie in gleicher Weise.

Dabei verhehlten sowohl das Ehepaar Montefiore wie Dr. Loewe nicht, daß sie das Aussehen und das ganze Gebaren der Juden peinlich berührte. Dr. Loewe sprach es immer wieder aus, daß die Annahme westeuropäischer Bildung für die russischen Juden ein absolutes Erfordernis sei. »Wenn der Messias kommt und das jüdische Reich wiederhergestellt wird, dann dürfen die Juden nicht hinter anderen Völkern zurückstehen. Die jüdische Jugend muß sich bilden, um für die bürgerliche Freiheit vorbereitet zu sein.«

Unsere Stadt hat das hohe Paar auf dieser Reise freilich nicht berührt. Eine Deputation wurde aber abgesandt unter der Leitung des Rabbiners Reb Jankew Meïr Padower, um Montefiore die Wünsche und den Dank auch unserer Gemeinde zu überbringen. Mein Vater wäre der erste gewesen, welcher zu dieser Deputation hätte gehören müssen. Leider hielt ihn eine Krankheit zu Haus fest. Aber im Geiste folgte er jedem Schritt der hohen Reisenden; denn fast jeden Tag erhielt er eingehende Berichte. Es waren festliche Stunden in unserm Hause, wenn diese Berichte einliefen. Ich sehe noch den wunderbaren Glanz der Seligkeit in seinen Augen, wenn er mit den Tischgenossen, mit uns Kindern, die einzelnen Ereignisse besprechen konnte. Besonders lebhaft stehen noch in meiner Erinnerung jene denkwürdigen acht Tage, welche die hohen Gäste in Wilna verlebten. Von Petersburg her war dem Generalgouverneur Mirkowitsch eine Mitteilung zugegangen, wodurch schon nach außen hin dieser Reise eine ganz besondere Bedeutung gegeben war.

Von der fünften Poststation vor Wilna erhielt auch die jüdische Gemeinde durch eine Estafette Nachrichten vom Nahen »der göttlichen Gesandten«, wie die russischen Juden damals das Ehepaar Montefiore nannten.

Eine freudige Erregung ergriff die jüdische Bevölkerung Wilnas. Die Gemeinde bereitete den vornehmen Gästen in dem reichen Hause des bekannten Reb Michel Kotzen eine bequeme Wohnung und sorgte für eine reichhaltige, streng koschere Verpflegung.

Die angesehensten Bürger der Stadt, mit dem Rabbiner und Stadtprediger an der Spitze, fuhren den Gästen bis zur nächsten Poststation entgegen. Tausende Juden versammelten sich in der Wilnaer Vorstadt Schnippeschock, um schon hier die Erwarteten mit Jubel zu empfangen. Und als der Wagen endlich in Sicht kam, da erscholl aus tausend Kehlen zugleich ein begeisterter Ruf: »B'ruchim haboim b'schem Adaunoj!« (»Gesegnet seien die Nahenden im Namen Gottes!«) Es klang so mächtig stark, daß die Luft weithin erzitterte. Der Rabbiner segnete die Angekommenen in deutscher Sprache und der Stadtprediger in hebräischer. Die Ältesten der Gemeinde überreichten ihnen ein Gelegenheitsgedicht, das den Titel »Hakarmel« führte. Das Greisenpaar war von diesem Empfang zu Tränen gerührt und dankte der Gemeinde herzlich. Das Volk drängte sich so dicht an den Wagen, daß er nur ganz langsam vorwärts kommen konnte. — Die Polizei war nicht mehr imstande, die Ordnung aufrecht zu erhalten, denn auch sie wurde von der großen Menschenmenge fortgerissen. So, von vielen

Zehntausenden begleitet, kam der Zug in Wilna an. Die Straßen waren überfüllt, sogar auf den Dächern sah man viele Leute. Die Kaufleute verließen ihre Geschäfte. Die Handwerker ihre Werkstatt. In der ganzen Stadt war eine festtägliche Stimmung.

Das war Mittwoch, der 14. April 1846!

Am nächsten Tage stattete Sir Montefiore in Begleitung von Dr. Loewe dem Generalgouverneur einen offiziellen Besuch ab. Hier wurde er mit den größten Ehren empfangen. Er verhandelte mit dem Generalgouverneur mehr als zwei Stunden über jüdische Angelegenheiten und begab sich dann zu den höheren Militärbeamten.

In den nächsten Stunden erwiderten die Exzellenzen den Besuch der jüdischen Gäste. Der Generalgouverneur lud das ehrwürdige Paar Montefiore zu einem ihnen zu Ehren veranstalteten Bankett ein. Höflich dankend lehnte Montefiore die Einladung ab, weil er als Jude nichts bei ihnen genießen dürfe. Der Generalgouverneur bat ihn, mit Früchten, Konfitüren und Tee vorlieb zu nehmen und ließ nicht ab, bis Sir Moses Montefiore ihm entgegenkam.

Am Freitag waren schon am frühen Morgen die Straße und das Haus, wo Montefiores wohnten, von einer großen Menschenmenge umlagert, denn es hieß: Sir Moses Montefiore werde alle Wohltätigkeitsanstalten ohne Unterschied der Nationalität aufsuchen. Der Polizei kostete es große Mühe, Ruhe und Ordnung aufrecht zu erhalten, hauptsächlich in den Straßen, wo die Anstalten sich befanden. Ein Schwarm von Armen verschiedenen Alters und Glaubens folgte dem Gast, der unterwegs große Summen Geldes verteilte.

Als Sir Montefiore in seine Wohnung zurückkehrte, erwartete ihn eine Überraschung: Die angesehensten Bürger der Stadt hatten, der damaligen Sitte entsprechend, den Gästen zum Sabbath die feinsten Weine und Kuchen gesandt.

Am Vorabend wollte das fromme Ehepaar zum Gebet in die Synagoge, konnte aber im Gedränge nicht vorwärts kommen und war gezwungen umzukehren.

Am Sonnabend morgen war das Gedränge in den Straßen Wilnas nicht geringer. Man mußte daher Sir Montefiore und Lady Judith auf einem Seitenwege in die Synagoge führen, aber auch hier wurden sie von der Menge fast auf Händen getragen. In der Synagoge fanden sie ein auserwähltes, aus Juden und Christen bestehendes Publikum vor, das sich hier auf besondere Einladung eingefunden hatte. In der Vorhalle der Synagoge wurden sie vom Synagogenvorstand begrüßt. Zehn junge, schöne, weiß gekleidete Mädchen streuten vor ihnen Blumen. Eines von ihnen trat hervor und bewillkommnete sie mit einem Gedicht, das die Reise des wohltätigen Paares besang.

Im Betraum selbst wurde für sie ein besonderes Gebet gesprochen.

Sonntags fuhr das Ehepaar Montefiore zu dem Bankett beim Generalgouverneur. Es schien, als ob es nicht dieselben Menschen wären, die gestern so bescheiden und einfach in der Synagoge gekleidet waren. Sir Montefiore saß stolz aufgerichtet, in der roten, reich mit Gold gestickten Sheriffsuniform, an der Seite einen großen, mit Brillanten besetzten Degen, auf dem Kopfe einen mit Straußfedern geschmückten Hut, neben ihm Lady Judith in der prächtigsten Kleidung einer englischen Hofdame.

Der hohe polnische Adel war in den Empfangszimmern des Generalgouverneurs bereits versammelt, als die englischen Gäste eintrafen. Der Hausherr empfing sie in der Vorhalle. Ein polnischer Graf, der an diesem Bankett teilnahm, behauptete, daß die Ohrringe der Lady Judith den Wert aller Güter der anwesenden Magnaten überstiegen. Ein anderer wieder konnte die höhnische Bemerkung nicht unterdrücken, warum man denn so viel Wesen von einer Jüdin mache.

Im Laufe des Abends lud der Generalgouverneur Sir und Lady Montefiore zu einer Vorstellung im Theater ein, die ihnen zu Ehren gegeben wurde, um dem aus allen vier Gouvernements zu den Wahlen versammelten polnischen Adel Gelegenheit zu geben, das würdige Greisenpaar kennen zu lernen.

Während der folgenden Tage sprachen viele angesehene Leute bei Sir Montefiore vor, um mit ihm über die Angelegenheit der Juden in Rußland zu beraten, hauptsächlich über den im nächsten Jahre bevorstehenden Zusammentritt einer jüdischen Kommission in St. Petersburg. Viele Juden waren aus der Provinz nach Wilna gekommen, um an diesen Beratungen teilzunehmen.

Und bis zur letzten Stunde ihres Aufenthaltes in Wilna herrschte diese freudige, gehobene Stimmung. Die Juden verlebten jene Woche in dem erhebenden Bewußtsein, daß diese beiden von Gott gesegneten Menschen in ihrer Mitte verweilten. Unter Tränen und Bezeugungen der Dankbarkeit nahmen die Juden Abschied von dem Greisenpaar. Noch unterwegs an der Landesgrenze feierten Montefiores mit einer Truppe jüdischer Soldaten das Osterfest.

Die Verehrung für das Greisenpaar stieg bis zur Vergötterung. Tausende von ihren Bildern wurden hergestellt, und jeder Jude sah es für eine Ehre an, sich auch ein solches Bild anzuschaffen. Noch jetzt, nach mehr als fünfzig Jahren, findet man dieses Bild in guten jüdischen Häusern an der großen Wand über dem Sofa angebracht, und in den jüdischen Herzen haben sich jene Tage unvergeßlich eingeprägt.

Nach zahlreichen Gefahren und großen Strapazen trafen Montefiores in London ein und wurden hier in einer feierlichen Audienz von der Königin Viktoria empfangen. Die Königin schlug Sir Montefiore zum Ritter, und als er zu ihren Füßen kniete, berührte sie, die übliche Zeremonie vollziehend, seine Schulter mit dem Degen, und rief ihn an: »Steh auf, Ritter von Jerusalem, Moses Montefiore!« Und der Saal, in dem die Zeremonie stattfand, war mit zahlreichen Fahnen geschmückt, die alle die Inschrift »Jerusalem« trugen.

Ich erinnere mich, bei dieser Gelegenheit einmal eine deutsche Übersetzung[1] aus einer englischen Zeitung, eine Episode aus der Mädchenzeit der Königin Viktoria gelesen zu haben. Vor vielen Jahren ging eines schönen Morgens in London ein kleines Mädchen mit ihrer Erzieherin spazieren. Sie kamen an einem großen, reichen Hause, das von einem Garten umgeben war, vorbei. Durch das Gitter sah man eine prächtige rote Rose, die so wunderbar schön war, daß sie unter allen anderen Blumen hervorragte. Das Kind ergötzte sich an der Blume und wollte sie endlich pflücken. Doch rasch ergriff die Erzieherin das Händchen des Kindes, um es an der Ausführung seiner Absicht noch rechtzeitig zu verhindern. Das kleine Mädchen fügte sich ohne Murren dem Willen seiner Mentorin und setzte, ohne das Gesicht zu verziehen, den Spaziergang weiter fort. Als es nach Hause kam und in sein Zimmer trat, fand es zu seiner größten Freude einen Strauß roter Rosen vor. — Das kleine gehorsame Mädchen war niemand anders als die spätere Königin Viktoria von England und der Spender des Straußes war der später von ihr zum Ritter ernannte Moses Montefiore.

Bei dem Aufenthalt in Wilna war es auch, als Louis Loewe in einer mit Argumenten und Zitaten des Talmuds reich verzierten Rede der zahlreichen Menge in der Synagoge bewies, daß die jüdische Tradition das Erlernen der Wissenschaften und fremden Sprachen weder ausschließt, noch verpönt. —

Daß in diesen Zeiten Moses Mendelssohn ein »Führer der Verirrten« werden mußte, begreift sich leicht. Seine deutsche Bibelübersetzung und seine philosophischen Werke hatten die jüdische Jugend dem deutschen Geiste und der deutschen Sprache näher gebracht. Bisher kannte sie die Bibel nur als ein religiöses Buch — jetzt tauchten vor ihr neue Gesichtspunkte auf. Man fing an, dieses Buch der Bücher mit weltlichen Augen zu betrachten. Der Nimbus der Unantastbarkeit schwand. Die Kritik setzte ein.
Es war eine Revolution der jungen Geister!
Die Älteren nannten diese Jugend jetzt in dem Sinne »Berliner«, wie man sie Ende der dreißiger Jahre »Apikorsim« (Abtrünnige) hieß. Mehr noch als dem lebendigen Lilienthal galt ihr Ingrimm dem toten Philosophen, den sie nach seiner Geburtsstadt den »Dessauer« nannten.
Die deutsch-russischen Werke, die »treifenen Büchelach« wurden von den Alten nur widerwillig geduldet: ehe der Sabbath begann, mußten sie, ebenso wie jeder Rest der Wochenarbeit, weggeräumt werden. Den ganzen Sabbath hindurch blieben sie versteckt.
Allein bei dem immer mächtigeren Drange der Jugend zur Aufklärung konnten diese Maßregeln nicht lange bestehen. Mochten die Eltern sich noch immer »bösern« (ärgern), sie mußten schließlich nachgeben.
Die neuen Aufklärungsideen des Berolinismus konnten natürlich in dem Teile Litauens, der an Kurland mit seiner deutschen Kultur grenzt, die besten Früchte tragen. Aus dieser Gegend ging auch ein Mann hervor, der in der Geschichte der jüdischen Aufklärung in Rußland keine geringe Rolle gespielt hatte — der erste jüdische Student in Rußland — L. Mandelstamm. Als siebzehnjähriger Junge begeisterte er sich bereits an Mendelssohn und 1844 folgte er dem Beispiel seines Vorbildes und übersetzte die Bibel. Ins

Russische. In Rußland herrschte noch zu jener Zeit das Verbot, über heilige Dinge russisch zu schreiben; und Mandelstamms Bibelübersetzung konnte zuerst nur im Auslande erscheinen. Erst 1869 erschien sie auch in Rußland.

Nachdem Lilienthal nach Amerika gegangen war, hatte Mandelstamm die Stellung des gelehrten Juden im Ministerium für Volksbildung erhalten. Ihm fiel die Aufgabe zu, den von dem Kultusminister Uwaroff und Lilienthal gemeinsam ausgearbeiteten Plan der Reformation des Schulwesens durchzuführen und die Leitung der neubegründeten Schulen zu übernehmen. Den neuen Zielen dienten die Wörterbücher Mandelstamms, aus denen ganze Generationen von »Jeschiwabachurim« die Anfänge der russischen Sprache lernten.

Die Kenntnis der Werke fremder Nationen ließ die Jugend an der eigenen Religion rütteln und schütteln; und allmählich schwand aus dem jüdischen Leben die Pietät für die althergebrachte Tradition für die Gesetze und Bräuche. Die Prophezeiung: Das Wort Gottes wird hintangesetzt und die heilige hebräische Sprache vernachlässigt werden, hatte sich bewahrheitet.

Meine Familienchronik hält außer meinen beiden Schwägern, von denen ich bereits im ersten Bande erzählte, noch die Erinnerung an zwei junge Leute fest, die von den neuen Ideen mitgerissen waren. Der eine war mein älterer Bruder E. Epstein, der andere der Gatte meiner Schwester K., A. S. Beide waren begabte, wißbegierige, fleißige junge Männer; sie gehörten in Brest, wo der Kreis der Gebildeten schon ziemlich groß war, zur Elite der Stadt. Sie verbrachten nur noch ihre Jünglingsjahre an den Talmudfolianten aber der »Melamed« war nicht mehr ihr einziger Lehrer. Das Talmudstudium wurde von ihnen nur in bestimmten Stunden betrieben, nicht mehr wie in der guten alten Zeit meiner älteren Schwäger Tag und Nacht. Dennoch hatte mein Schwager gemeinsam mit meinem Bruder unter der Leitung des Vaters und eines Melameds das »Lernen« sogar noch einige Jahre nach der Verheiratung fortgesetzt. Es war schon die Zeit, da die Lilienthalsche Bewegung in breitere und tiefere Schichten drang. Jetzt durfte man es wenigstens wagen, die »fremden Bücher« zu studieren; und die jungen Leute in Brest nutzten diese Möglichkeit nach jeder Richtung aus. Sie veranstalteten Versammlungen, in denen man deutsche Klassiker, wissenschaftliche Werke, besonders aber die der alten Griechen las. Allmählich wurden auch Frauen zu diesen Zusammenkünften zugelassen.

Alle Eltern mißbilligten diesen Eifer, denn bei dieser Gelegenheit wurde so manche jüdische Sitte verletzt. So fanden oft die Zusammenkünfte am Sonnabend statt, worin die Eltern schon eine Entweihung des Sabbaths sahen. Und so gab es wieder Hader und Ärger im Familienleben; und manche tragikomische Szene spielte sich vor meinen Augen ab: der ewige Kampf der Alten und Jungen, wenn auch nicht immer der gleiche.

Wenn ich so heute rückschauend die kleinen Ärgernisse wieder bedenke, so muß ich doch gestehen, daß die Alten wohl wußten, was sie taten. Mit Äußerlichkeiten fing die Revolution an. Wir Jungen mochten nichts daran finden. Die Alten aber erkannten, daß auch nur der leisesten Veränderung in der Tradition, der äußeren Gehabung eine Revolutionierung des inneren Menschen folgen müsse. Ich muß lächeln und bin doch wieder ernst gestimmt, wenn ich an die Entrüstung denke, mit der meine Eltern die Versuche meiner Schwester zurückwiesen, den Bann der alten Tracht zu durchbrechen. Es war in den vierziger Jahren. Da kam die wunderliche Mode der Krinoline auf. Bei uns freilich wurde dieses Monstrum noch auf eine sehr primitive Art hergestellt. In einen Kattunrock machte man unten einen breiten Saum und zog einen Rohrreifen ein. Ein zweiter Reifen, der auch umsäumt wurde, folgte etwa einviertel

Meter höher. Nach vielem heißem Bemühen war meine Schwester Kathy glücklich in den Besitz eines solchen Monstrums gekommen. Eines Morgens — wir saßen stillvergnügt im Eßzimmer — tauchte plötzlich ein Faß in unserem Zimmer auf und darin steckte Kathy. Meine Mutter machte große Augen: »Was hast du da für ein Faß angezogen?« Und ohne sich auf irgendeine weitere Debatte einzulassen, befahl sie, daß das bauschige Ding sofort zu verschwinden habe. Meine Schwester fing heftig zu weinen an; denn sie war sehr empfindlich. Aber sie blieb noch eine Weile stehen, ohne sich zu regen. Da rief ihr die Mutter zu: »Soll ich dir beim Auskleiden vielleicht behilflich sein?« — Das genügte. Weinend lief Kathy in ihr Zimmer, wohin meine Mutter ihr folgte, bemächtigte sich des fatalen Rockes, riß die Rohrreifen heraus, knickte sie schneckenartig zusammen und brachte sie nach der Küche. Auf dem Herde war ein gutes Feuer, und der Dreifuß stand darauf. Die Flammen griffen gierig nach der neuen Mode. Sie hatte in unserm Hause wenigstens den Vorteil, daß sie das Wasser in der Kasserolle schneller zum Kochen brachte.

Nicht viel besser erging es meiner Schwester Eva. Sie hatte sich nach der damaligen Mode eine Manischka, eine Art Jabot, aus weißem Musselin angefertigt und erschien also angetan am Freitag Abend am Eßtisch. Meine Eltern waren aufs höchste entrüstet. Mein Vater sagte empört: »Du siehst wie eine Goje aus. Wie kann eine jüdische Tochter ein Kleid tragen, das an der Brust durchsichtig ist!« Meine Schwester wagte noch einige Bemerkungen, daß sie ja keine böse Absicht gehabt und nur geglaubt hätte, das neue Kleidungsstück stehe ihr so gut zu Gesicht. Aber eine Diskussion gab's weiter nicht. Das Jabot mußte sofort abgelegt werden oder E. durfte nicht an den Tisch kommen. Für diesen Sabbath war die Stimmung im Hause zerstört. Aber das Wort der Eltern hatte doch noch die Kraft, diese modernen Versuche der Jugend zu unterdrücken.

Bezeichnend für die noch unerschütterte elterliche Autorität war auch eine Episode, die ich hier erzählen möchte. Das ist sicher kein welthistorisches Ereignis. Und doch spiegelt sich ein gut Stück Kulturgeschichte der Juden darin. Es war an einem Sabbath-Nachmittag. Das Sabbathschläfchen, das als Auneg Schabbes zu den obligatorischen Genüssen des Sabbaths im Ghetto gehörte, hatte man bereits hinter sich. Die meisten Juden ergingen sich nun, die Stimmung der abendlichen Dämmerung genießend, auf der großen Chaussee. Die Männer natürlich streng gesondert von den Frauen; und es war also, wie es in der Bibel heißt: Gehst du zur Rechten, so gehe ich zur Linken. — Gott weiß, wie viele Jahrhunderte schon dieser Brauch im Judentum herrschte! Nun traf es sich, daß mein Schwager A. Sack mit seiner Frau seine Mutter besuchen wollte. Da wagte der junge Mann, in dem die Stürme der Zeit mächtig wogten, eine unerhörte, revolutionierende Tat: er wollte diesen Besuch gemeinsam mit seiner Frau machen. Freilich bis zu der Vermessenheit wagte sich selbst dieser Stürmer und Dränger nicht, etwa durch die belebtesten Straßen gehen zu wollen. Also richtig, sie verließen zusammen das Haus und mußten an den Fenstern unseres Eßzimmers vorbeigehen, wo zufällig mein Vater seinen Nachmittagstee trank. Er sah die beiden Sünder, und der Zorn packte ihn. Er klopfte hastig an die Fensterscheiben und rief in befehlendem Tone meiner Schwester zu: »Du gehst sofort zurück. Dein Mann kann allein gehen. Für jüdische Frauen, und gar für meine Töchter, paßt es sich nicht, dicht beieinander und noch am hellen Tage zu spazieren.« — Mein Schwager war natürlich sehr aufgeregt. Aber er wagte es doch nicht, offenen Widerstand zu leisten. Er ging allein seines Weges. Und meine Schwester, die wieder in das Haus zurückgekehrt war, folgte ihrem Gatten erst, als sie annehmen konnte, daß er bereits an seinem Ziele angelangt war.

Aber diese autoritative Stellung meines Vaters, der selbst die

Gewissensfragen niederzudrücken wagen konnte, wurde allmählich erschüttert. Nach schweren inneren Kämpfen mußte er schließlich erkennen, daß der Zaun um die jüdische Religion durchbrochen war; und er war trostlos, sehen zu müssen, daß sein teuerstes Kleinod, die Religion, die er in allen Stürmen des Lebens gehütet und verteidigt hatte, jetzt verhöhnt wurde, daß der Sabbath und die Feiertage ihrer Weihe beraubt und zum Werktage wurden. Mahnungen und laute Proteste verhallten wirkungslos gegen den Zeitgeist. Was Wunder, daß schließlich beiden Teilen, den Alten und den Jungen, das gemeinsame Leben auf die Dauer unerträglich wurde. Sowohl meinen Bruder, wie den Schwager Sack hielt es nicht mehr im Hause. Es trieb sie hinaus in die große, weite Welt. Sie hatten beide noch keine größere Stadt als Brest gesehen. Aber sie hofften in der Fremde vorwärts zu kommen. Sie beluden sich nicht mit allzu schwerem Gepäck; aber sie nahmen viel ehrliches Streben mit, einen leichten Kindersinn, starkes Selbstvertrauen, edle Vorsätze und einen unerschütterlichen Glauben an die Menschheit und an die Zukunft. Mit diesen gediegenen Reiseutensilien ausgestattet, rissen sie sich nicht ohne Schmerz und Kampf von Weib und Kind los und folgten ihrem dunklen Drange, der sie mächtig fortzog. Sack verlor auch im späteren Leben nicht die Kraft der modernen Überzeugungen und die Kenntnisse der alten jüdischen Kultur. Er blieb durch sein Leben ein Kämpfer für die Aufklärung. Die neue Zeit mit allen ihren kulturellen Inhalten zu ergreifen, galt sein unermüdliches Bestreben. Er stand hoch über dem geistigen Niveau seiner Umgebung. Aber seine gemütvolle Art und sein sprühender Geist schlossen jede Überhebung aus. Ein inniger Ton herrschte in seinem Hause, und daran konnten seine äußeren Erfolge nichts ändern. Sein edler Charakter, seine Menschenliebe, seine Opferfreude zeichnen ihn vor vielen aus. Der Titel »Exzellenz«, den Alexander III. dem verdienten Direktor der

Petersburger Diskontobank verlieh, fügte seinem Wesen keine neue Note zu. Der Geist, der in seinem Hause herrschte, verschwebte nicht, als der arbeitsfrohe Mann starb. Er ließ seiner Frau — meiner Schwester Kathy — das schöne Vermächtnis, von ihrem Gute immer den Armen, den Ringenden, den Verzagenden zu geben. Von ihrer stillen Klause ging viel Edelmut aus. Nahe und Ferne — Künstler und Gelehrte wissen davon zu sagen. Ich aber darf davon schweigen....

Die Liebe war der ganzen Familie ein Teil, die Liebe, so auch der Bildung entraten kann. A. S.' ältere Schwester war zwar kein Kind der Moderne. Das alte jüdische Haus hatte sie erzogen zur Stille der Seele. Wie sie voller Gehorsam und Selbstverleugnung ihrer vielfordernden Mutter gegenüberstand, so innig zärtlich war sie zu ihren Stiefkindern. Sagt nicht die Volkslegende, daß der Platz der Stiefmutter im Paradiese leer steht? Ich glaube, er ist jetzt besetzt...

— Wie schnell die Zeiten wandern: man konnte diesen Zug mit überraschten Augen an den Brüdern des S.schen Hauses verfolgen.

Mußte der älteste noch um die Anerkennung der Aufklärung ringen, bei seinen jüngeren Brüdern galt die Beschäftigung mit der Bibel und dem Talmud nur noch als Zugabe zum neuen Programm. Sie wandten ihre ganze Mühe und ihren ganzen Fleiß meistenteils auf das Studium der fremden Sprachen[2].

Ähnlich und doch anders war das Leben meines Bruders Ephraim geartet. Ich mag dieses Kapitel nicht schließen, ohne in wehmütiger Ergriffenheit noch zu sprechen von seinen Schicksalen, seinen Wanderungen und seinen — Wandlungen.

Mein Bruder Ephraim glich mehr meiner Mutter als unserm Vater. Der Vater war herbe und streng. Die Mutter war weich und schwärmerisch. Ihr hing er mit ganzer Seele an. Er war der einzige Sohn im Hause. Der Träger des Namens, der »Kaddisch«. Was Wunder, daß Vater und Mutter und wir Schwestern ihn alle verzogen! Der ernste Sinn meines Vaters führte ihn früh in die heiligen Hallen der Bibel ein. Er war noch nicht zehn Jahre, da kannte er schon einen großen Teil der fünf Bücher auswendig. In seinem elften Jahre war er im Gedankenkreise der Propheten heimisch. In ihrer Wucht, in ihrer Schwermut, in der Innigkeit und Größe ihrer religiösen Welt fand er seine geistige Nahrung. Und es war sein höchstes Entzücken, wenn er in der Synagoge den Prophetenabschnitt vorlesen konnte. In seiner wunderbaren Stimme lag die ganze Romantik eines schwärmerisch-seligen Knaben. Andächtig lauschten die Hörer. Aber mein Vater war voller Stolz, und die Gewißheit eines Erben seiner nationaljüdischen Überzeugung war in ihm. Als Ephraim zwölf Jahre wurde, erschloß sich ihm die Welt des Talmud. Nebenher aber lernte er die russische und deutsche Sprache und sang mit köstlicher Freudigkeit die Lieder der fremden Völker. Dabei war er durchaus kein Stubenhocker. Der Ernst seines Studiums hatte niemals die frohe Kindlichkeit verdrängt. Unter seinen jugendlichen Kameraden war er der lustigsten einer. Und voll purzelnder Einfälle war sein Spiel. Seine Laune konnte den Trübsten erheitern. Wie oft mußten wir Schwestern über ihn, mit ihm lachen! Schmollend böse und doch belustigt nannten wir ihn den »Köppeldreher«. Wirklich, er konnte jedem den Kopf verdrehen.

So wuchs er heran, zwar freier werdend in seiner Auffassung des Judentums. Denn dem Geiste der Lilienthalschen Epoche konnte sich eben kein junges Gemüt entziehen. Aber die Kraft seiner tiefen Religiosität war unerschütterlich. Da trat in sein Leben ein Ereignis, das sein Schicksal werden sollte. Die Eltern drängten darauf, daß er sich verheirate. Ihre Wahl traf auf unsere Cousine. Er liebte sie nicht, und sie ihn auch nicht. Aber der Wille der Eltern bestand. Der Großvater wollte nicht, daß das Vermögen zerstreut würde. So mußte Ephraim denn, ob er wollte oder nicht wollte, das Mädchen heiraten. Nach der Geburt seines ersten Kindes ging Ephraim nach Nordamerika. Er hatte die Zustimmung seiner Frau. Aber es war doch das unglückliche Leben, das ihn aus der Heimat drängte. Und an Zwiespalt mit den Eltern fehlte es auch nicht: die Aufklärung höhlte zwischen dem Vater und dem Sohne eine tiefe Kluft.

Auszug nach Amerika! Es war eine Wanderung aus dem Lande der Knechtschaft. Dort in der Freiheit wollte er ein neues Leben beginnen, schaffen und studieren, um seine ganze Kraft und seinen seelischen Reichtum an neuen Zielen zu erproben. Die Überfahrt war schrecklich. Neun Wochen in einem Segelschiff! Fast vier Wochen in eisiger Kälte, den Stürmen des Kanals ausgesetzt. Einsam und verlassen war er nun im fremden Lande: und seine Geldmittel waren geschwunden. Von seiner Hände Arbeit konnte er nicht leben. Er hatte ja nichts gelernt, um sich durchzusetzen. Er versuchte es mit dem Handel. Er versuchte es mit Fabrikarbeit. Aber das war kein Leben für den geistig angeregten Mann. Da leuchtete seiner Nacht ein Hoffnungsstern: Lilienthal. Derselbe Lilienthal, der in der Brester Jugend die Kultursehnsucht erregt hatte, lebte jetzt in New York. Ephraim ging zu ihm. Er erzählte ihm die Geschichte seines Leides. Aber es war ein kalter Empfang, der das weiche Gemüt des jungen Lebensstürmers vollends verwirrte. Was ein hartes Wort alles kann! Ein gütiges Wort: wie anders hätte sich das Leben meines Bruders in der Zukunft gestaltet! Er fing wieder mit grober Arbeit an. Der Landbau war ja den jungen Kämpfern als das höchste Ideal gezeigt worden. Er ging auf eine Farm. Zu einem Christen, der ihn freundlich aufnahm. Bald konnte er sich eine eigene kleine Farm erwerben, die ungefähr zwölf Meilen von New York entfernt war. Hier in dem neuen Kreise fügte er sich ganz in die neuen Lebensgewohnheiten ein. Er ging in die Kirche. Er lauschte der Predigt. Besonders war es die Rede eines Geistlichen, dessen Worte von Sünde, Strafe, Reue und Vergebung ihn mächtig packten. Von der jüdischen Gesellschaft hielt er sich ganz fern. Die Predigt war eigentlich seine einzige geistige Erholung. Da fand er einen Freund. Einen Jugendgefährten aus seiner Heimat Brest, der nach vielen Wanderungen in Amerika als Blasinstrumentenmacher gelandet war. Dieser Freund hatte das Judentum verlassen, und er wußte Ephraim zu bestimmen, die Taufe zu nehmen. Das war ein folgenschwerer Schritt. Man wurde auf ihn aufmerksam. Seine reichen Kenntnisse der biblischen und talmudischen Literatur sollten nutzbar gemacht werden. Er gab seine Farm auf, wurde Theologe und wanderte bald als Prediger von Stadt zu Stadt. Mit großem Erfolge konnte er sein Studium beenden. Noch während seiner Seminarstudien rief er seine Frau und sein Kind aus Rußland zu sich. Sie kamen. Aber es war bei aller äußeren Friedlichkeit doch keine Gemeinschaft. Es gibt eben im Leben sensitiver Menschen so manches Verbogene, das nie gerade gerichtet werden kann, und so manche Lücke, die sich nie füllt. Seine Freunde drängten meinen Bruder, daß er sein Leben der Judenmission widme. Er fand sich dazu bereit. Aber nur unter der Bedingung, daß er zuvor Medizin studieren dürfte. Seinem Willen wurde entsprochen; und nach weiteren drei Jahren konnte er sein ärztliches Studium abschließen. Er wurde nach der Balkanhalbinsel gerufen, wo er in mehreren Städten einige Jahre verlebte. Seine Missionsarbeit hatte keinen Erfolg. Und als ihm die Mittel für eine Missionsschule versagt wurden, trennte er sich bald von dieser Tätigkeit und übte fortan nur die medizinische Praxis aus. Unter Juden, Türken, Bulgaren und Griechen fand er eine große Klientel. Im Beginne der sechziger Jahre erhielt mein Bruder die Nachricht, daß nach dem Tode des

Großvaters ihm und seiner Frau mehrere tausend Rubel zugefallen seien. Sein Familienleben war auch in der Türkei nicht glücklicher geworden als in Amerika; und so kam ihm die Erbschaft gerade recht, seine unbezwingbare Sehnsucht zu erfüllen. Er wollte seine Geschwister wiedersehen. Und seine Mutter. Die Geschwister konnten vielleicht verzeihen. Die Mutter kannte keine Verzeihung. In einer Stadt Deutschlands traf man sich. Das Wiedersehen war qualvoll, herzzerreißend. Die alte Mutter fiel dem Sohne zu Füßen und schwur, daß sie nicht eher aufstehen würde, als bis der Sohn wieder zum Glauben seiner Väter zurückkehrte und nie wieder während ihres Lebens nach Amerika ginge. Mein Bruder gab das Versprechen. Er blieb in Deutschland und wurde ein Jude, der getreu die Satzungen seiner Religion beobachtete. Die Sohnesliebe siegte. Er blieb eine kleine Zeit mit Mutter und Vater in Deutschland. Sie fühlten sich glücklich. Sie hatten ihr Lebensziel erreicht. Ihr Sohn gehörte wieder zu ihnen. Es war, als wären sie in ihrem hohen Alter noch mit einem Kinde beglückt worden. Ehe aber die Eltern heimkehrten, hatten sie noch eine schwere Aufgabe. Die innerlich längst zerbrochene Ehe meines Bruders wurde nach jüdischem Rechte geschieden. Die Frau behielt das eine Kind; das andere war inzwischen gestorben. Mein Bruder ging nach Wien, um sich weiteren medizinischen Studien zu widmen. Indessen kam es, daß unsere alte Mutter das Zeitliche segnete. Ephraim war nun frei. Er konnte wieder an die Rückkehr nach Amerika denken. Inzwischen war der Krieg Österreichs gegen Italien ausgebrochen. Mein Bruder machte die Seeschlacht bei Lissa unter Admiral Tegetoff als Korvettenarzt mit. In einem englischen Epos besang er dann diese Schlacht. Tegetoff nahm die Widmung dankend an, und der Kaiser belohnte den dichtenden Arzt mit einer Ehrengabe von 600 Florin. Nun kehrte mein Bruder nach Amerika zurück, wo er an einer Reihe Universitäten als Professor der Sprachen wirkte.

Bald nahm er indes wieder seine Praxis auf, ging nach Chikago, wo er noch heute Mitredakteur des American Journal of Clinical medicine ist. Er hatte zum zweiten Male in Cincinnati geheiratet. Sieben Kinder sind aus dieser Ehe entsprossen. Trotz seiner 81 Jahre ist er rüstig tätig, und seine Mitbürger halten ihn in Ehren.

Meine Verlobung.

Station Ratomke bei Minsk, am 20. Juli 1898, unter der Eiche auf der kleinen Bank im Walde niedergeschrieben. Erinnerungen an meine Verlobung im Jahre 1849.

Der Zufall fügte es, daß ich gerade heute auf die Schatulle stieß, in der meines Mannes und meine Briefe aus unserer Verlobungszeit aufbewahrt liegen. Ich öffnete sie, blätterte nachdenklich in den vergilbten Papieren, und ehe ich es merkte, umfing mich die ganze glückliche Vergangenheit. Ich vergaß meine Umgebung und las — Die Eiskruste, welche das Leben um mein Herz gebildet hat, fühlte ich allmählich schmelzen, die Jugend stieg in mir auf und mit ihr all die Gefühle, die ich einst durchlebte, so frisch, so lebhaft, als wenn es gestern gewesen wäre. Vergessen waren die Gegenwart, alle Sorgen, alle Leiden, die ich in den siebenundvierzig Jahren durchgemacht habe — ich war wieder die sechzehnjährige Pessele in ihrem trauten Heim, von Eltern und Geschwistern umgeben.

Und ein Bild nach dem anderen stieg plastisch in meiner Erinnerung empor: Die letzten Zeiten eines sorglosen Daseins; die Schule, das fleißige, eifrige Lernen; dann das neuerwachende Gefühl, das so plötzlich und unerwartet in mein Leben trat — die junge Liebe — Träume — Hoffnung — Sehnsucht — Verlobung — Hochzeit —

Sie lassen mich nicht los, all die lieben Erinnerungen, und der Wunsch wird in mir rege, alles das, was ich einst erlebte, niederzuschreiben für meine Kinder zum Andenken an ihre Mutter.

Nach der Vermählung meiner älteren Schwester E. F. hatte ich noch mehr als früher in unserer Wirtschaft zu besorgen.

Außer der Wirtschaft aber lernte ich sehr viel, ich wurde immer fleißiger, als ob mir eine innere Stimme sagte, daß ich nicht mehr lange im väterlichen Hause werde schaffen können. Ich besuchte mit noch einigen Mädchen eine Privatschule, wo wir in der russischen und deutschen Sprache unterrichtet wurden. Unser Lehrer war ein älterer Herr, namens David Podrewski. Sein schiefer Mund erschwerte ihm häufig die Aussprache mancher harten russischen Worte, weshalb wir ihn nicht immer verstehen konnten. Von den beiden Sprachen war ihm in der Tat nur die deutsche geläufig; seine Kenntnisse in der russischen Sprache waren sehr mangelhaft. Zwei Rubel monatlich für dreistündigen täglichen Unterricht — das war sein Honorar. Ich hatte eine große Freude an Büchern. Da uns aber in jenen Zeiten keine Kinderbibliothek zur Verfügung stand, so las ich alles, was mir unter die Finger kam: Märchen, allerhand Erzählungen in Jüdisch-deutsch, Gdules Josef, »Zenture, Wenture« (Abenteuergeschichten), Bobe-meisses, (Bowe-Korelewitsch). Am meisten aber fesselten mein Gemüt die reichen phantastischen, orientalischen Märchen von »Tausend und eine Nacht«.

Diese Lektüre befriedigte mich nur bis zu meinem elften Jahre; später wurde Robinson Crusoe mein Lieblingsbuch und noch später Zschokke und Schiller, dessen erster Band mit seinem poetischen Inhalt von uns Mädchen gesungen und auswendig gelernt wurde. Dieses Interesse für Schiller teilten wir mit der gebildeten jüdischen Jugend jener Tage, die sich an diesem großen Dichter begeisterte und seine Werke fleißig studierte. In die erdrückende, dumpfe Atmosphäre des Ghetto drang wie ein Frühlingshauch Schillers Poesie, und die Juden bewunderten all die Pracht und Schönheit, die vor ihnen so plötzlich auftauchte. Bei den Juden spielte Schiller eine wichtige Rolle, sowohl in ihrem Leben, wie in ihrer Literatur. Als die jüdische Jugend die Werke des Auslandes zu lesen anfing, griff sie zuerst zu

Schiller; an ihm begeisterte sie sich und bildete ihre Kenntnisse der deutschen Sprache aus. Schiller lernten die Männer auswendig, gleich uns jungen Mädchen. Und bald gehörte die Kenntnis der Schillerschen Werke mit zum Studienprogramm eines gebildeten Juden; er lernte den Talmud und Schiller und zwar den letzteren in der gleichen Methode wie den Talmud. Es wurde jeder wichtige Satz einzeln durchgenommen und laut über ihn nachgedacht; Fragen und mögliche Antworten folgten einander, es wurde diskutiert, solange bis man die befriedigende Lösung fand und den angeblich tiefen Sinn, der h in t e r den Worten stecken sollte. In jener Zeit erschienen auch zahlreiche Übersetzungen ins Hebräische, verfaßt von den besten jüdischen Dichtern, die sich alle an Schiller versuchten. Die Ursache dieser Popularität ist im Wesen der Schillerschen Poesie zu suchen, ihrem intellektuellen Charakter, in dem Ernst, dem Pathos, in seinem Idealismus, der alles Geschehene unter dem Gesichtswinkel des Sittlichen betrachtet.

In der Schule war's, wo ich zum erstenmal ein russisches Buch, eine Sammlung Gedichte von Gribojedow und Schukowsky, in die Hand bekam. Manches Gedicht dieser Sammlung rührte mich bis zu Tränen, und eine Erzählung in Prosa, die Lebensschilderungen eines Einsiedlers, der sich Wadim nannte und sein Freund Gostomisl — diese beiden Helden alter russischer Vergangenheit, mußte ich immer wieder und wieder lesen und heute noch, nach Verlauf von 65 Jahren, weiß ich die ganze Geschichte auswendig.

Monate vergingen seit der Hochzeit meiner Schwester, und ein Tag glich dem andern; ich ahnte gar nicht, wie nahe der Tag war, der diesem gleichmäßigen und ruhigen Leben ein Ende machen sollte. Als ich eines Morgens auf unserem Balkon saß und mit den Schulaufgaben zu tun hatte, näherten sich mir meine Eltern. Die Mutter faßte mich am Arm, befahl mir aufzustehen, drehte mich herum und unterzog meine ganze Gestalt einer Prüfung; dabei lächelte sie liebevoll und wechselte mit dem Vater verständnisvolle Blicke.

Obwohl ich dieses Verhalten meiner Eltern nicht verstand, wurde ich instinktiv unter ihren Blicken rot; ich wagte jedoch nicht, eine Frage an sie zu richten. Die Mutter sah meine Verlegenheit, streichelte mir zärtlich die Wange und entfernte sich im Gespräch mit dem Vater. Ich blieb auf meinem Platz zurück, nachdenklich und regungslos. Was sollte das sonderbare Benehmen der Eltern bedeuten? Lange quälte mich die Frage, bis ich eine Erklärung zu finden glaubte: Ich hatte an diesem Sommermorgen 1848 ein blaues Sommerkleid an, das meiner Mutter sehr gefiel, und wahrscheinlich wollte sie mich in diesem Kleide dem Vater zeigen, der uns Kinder stets hübsch gekleidet zu sehen wünschte.

So harmlos waren die Gedanken und Gefühle der Kinder zu jener Zeit, als ihre Eltern sich bereits mit Heiratsplänen für sie umhertrugen.

Seit jenem Morgen aber veränderte sich das Benehmen aller Hausgenossen mir gegenüber; man schenkte mir viel mehr Aufmerksamkeit als sonst, und es fiel mir auf, daß Vater, Mutter und Geschwister mich oft mit eigenem Interesse betrachteten. Erst in den nächsten Tagen erfuhr ich die Ursache dieser sonderbaren Aufmerksamkeit. Mein Vater hatte einen Brief, der einen Heiratsantrag für mich enthielt, zustimmend beantwortet. Dieser Brief rührte von dem Rebben (Talmudlehrer) her, der sich auf der Suche nach einer Braut für seinen Schüler befand.

Ganz nach der patriarchalischen Sitte hatten die Eltern meines Mannes den Rebben des erwachsenen Schülers in die Welt geschickt, eine Braut zu suchen. Die Schadchonim (Heiratsvermittler) zeigten ihm an, wo man hübsche Mädchen aus guten Familien finden könnte.

Der Rebbe, der sich an meinen Vater schriftlich wandte, war bereits in einigen Städten, hatte aber bisher die Gewünschte nicht gefunden. Und nun kam er nach Brest, um in unserem Hause eine Braut für seinen Schüler zu erlangen.

Die Eltern des betreffenden jungen Mannes waren reiche Leute und suchten für ihre Söhne Frauen aus vornehmen jüdischen Familien. Der vornehme, reiche Jude jener Zeit war immer bestrebt, eine Bas Towim, d. h. die Tochter eines talmudisch Gebildeten, für seinen Sohn zu finden. Andererseits scheute er keine Mühe und kein Geld, einen ebenso gebildeten Talmudisten seiner Tochter zum Manne zu geben. Die Talmudwissenschaft und ihre Pflege war für den damaligen Juden der Hauptinhalt seines Lebens, die einzige Quelle seiner Weisheit und geistigen Entwicklung.

Alles im Hause geriet in Aufregung. Jedermann wußte, wer der Fremde war, und welche Absichten ihn zu uns führten. Ich allein wagte nicht daran zu denken. Meine älteren Schwestern fanden sich mit ihren Männern zum Familienrate ein, und der ältere Schwager übernahm die Vermittlung zwischen meinen Eltern und dem Bevollmächtigten meiner künftigen Schwiegereltern. Der Familienrat beschloß, den Rebben zum Tee einzuladen. Niemand aber fand es für richtig, mich davon zu unterrichten. Am Mittagstisch sprach man von diesem Ereignis nur in Andeutungen. Die Eltern waren freudig gestimmt. — Meine Aufregung aber steigerte sich mit jeder Minute, und das arme Herz, in dem die Ahnungen deutlicher und deutlicher aufstiegen, drohte zu zerspringen. Die ganze Zeit am Tisch mußte ich mich zusammennehmen, um nicht in Tränen auszubrechen.

Nach Tisch ging ich aus. Ich mußte allein sein mit meinen Gedanken, mit all den neuen, ungekannten Gefühlen, die so plötzlich in mir erwachten, und meinem jungen Leben einen ganz neuen Inhalt gaben. Ich befolgte nicht den Rat meiner Schwestern, die mir zuredeten, ein schönes Kleid zu nehmen, sondern behielt mein blaues Kleidchen mit der schwarzseidenen Schürze an. »Er« sollte mich sehen, so wie ich jeden Tag bin, wie die Meinigen und wie ich selbst mich sah.

Als ich gegen Abend nach Hause zurückkehrte, hieß es, der fremde Herr sei bereits eingetroffen, wäre aber verhindert, zum Abendtisch zu bleiben. Da er mich aber sehen mußte, veranlaßte mich mein Vater, die brennenden Kerzen in sein Arbeitszimmer zu bringen, wo die beiden Herren sich befanden. Ich gehorchte, nahm beide Leuchter mit den brennenden Kerzen und ging in das Arbeitszimmer meines Vaters. Es war ein kurzer Weg. Aber mir kam diese Zeit wie eine Ewigkeit vor. Wie viele Gedanken rasten da in diesen wenigen Minuten durch meinen Kopf. Ein Sturm erhob sich in meiner Brust; das Herz schien still zu stehen. Äußerlich aber sah ich ganz ruhig aus. Ein leises Klopfen, und ich stand auf der Schwelle dieses Zimmers, wie auf der Schwelle eines neuen Lebens.

Da mich das Licht blendete, hob ich die Kerzen in die Höhe, über den Kopf, und stand so da, in ihrem vollen Lichte — und harrte. Da ertönte aus dem äußersten Winkel des Zimmers die Stimme meines Vaters, der mit dem fremden Herrn auf dem Sofa sich unterhielt. Ich folgte seiner Stimme, immer noch die Kerzen über meinem Haupte haltend.

Der Mann erhob sich vom Sofa, und mein Vater stellte mich ihm vor: »Das ist mein Pessele.« Ich fühlte ein Paar große, kluge, schwarze Augen forschend auf mich gerichtet. Es war ein prüfender, durchdringender Blick, der mir sogleich sagte, daß des Rebben Reiseziel hier erreicht war. Ich errötete unter diesem Blick und war nicht imstande, ein einziges Wort zu sagen. Meine Schüchternheit und Verwirrung war so groß, daß ich noch immer die Kerzen über meinem Kopfe hielt, bis mich mein Vater darauf aufmerksam machte. Ich stellte die Leuchter auf den Tisch, blickte noch einmal den Herrn an und entfernte mich lautlos aus dem Zimmer.

Im Speisezimmer harrten meiner schon alle Angehörigen, die mich sogleich mit Fragen bestürmten. Ich bat sie aber inständig, über die ganze Angelegenheit gar nicht zu sprechen, weswegen ich unaufhörlich ausgelacht und geneckt wurde.

Nach einer Stunde verabschiedete sich Herr Brim (so hieß der Rebbe) von meinen Eltern, und trat noch an demselben Abend seine Rückreise nach Konotop (800 russische Werst von unserer Stadt) an.

Bald kam aus Konotop ein Brief an, in welchem der Rebbe meinem Vater berichtete, er hätte alles nach seinem Wunsch geordnet, und Herr Wengeroff werde mit seinem Sohne und ihm selbst in den nächsten Tagen die große Reise antreten. Wir sollten mit meinem zukünftigen Bräutigam in einem 15 Meilen weit von uns entfernten kleinen Städtchen Kartuskaja Berjosa zusammentreffen und, wenn wir einander gefielen, dort gleich die Verlobung feiern.

Mein Mädchenherz kannte die Gefühle der Liebe noch kaum; plötzlich wurde es aus seinem Schlummer gerissen. Nie geahnte Bilder stürmten auf mich ein. In der Dämmerstunde saß ich jetzt oft und träumte von der Liebe, von dem Manne, der mein Lebensgefährte werden sollte, und unserem gemeinsamen Schicksal...... Es waren stille, lichte Träume, die ich damals in der Dämmerstunde jeden Abend träumte; denn mein tiefgläubiges Gemüt erhoffte alles Gute für die Zukunft. —

Ich suchte die Einsamkeit. Ich wollte allein sein mit meinen Träumen, die ich so lieb gewann. Aber allein war ich nie, denn das Bild meines Zukünftigen verließ mich nicht, und in meiner Phantasie nahm er die verschiedensten Gestalten an: Einmal war er blond, mit hellen Augen, ein anderes mal schwarz, und ein Paar dunkle, tiefe schöne Augen sahen mich voll Liebe an. Ich errötete vor mir selber: so beschämten mich meine Träume, aber ich hatte sie so lieb,

lieb über alles. —

Manchmal, wenn ich so im Garten saß, in meine Träume verloren, stimmten die Mädchen, die die Gartenarbeit verrichteten, neckende, schmeichelnde Liedchen für mich an. Am liebsten hörte ich das Lied von dem schönen Mädchen, das von vornehmen Rabbinern stammte:

Schejn bin ich, schejn,
Schejn is mein Numen;
Ich kim doch haraus
Von lauter Rabunim.

Auf dem Dach sitz ich,
Von der Sünn schwitz ich,
Bloe Socken trog ich,
Tausend Toler vermog ich.

Kawe in die Kriglach,
Met in die Flaschen,
Tausend Toler...
In die Taschen. —

Die Vorbereitungen zu meiner Verlobung waren großartig. Ich erhielt sehr schöne Sachen. Es wurde beschlossen, daß die jüngst vermählte Schwester mit ihrem Manne, der ältere Bruder, Schwester Käthy und der ältere Schwager Samuel Feigisch uns begleiten sollten.

Vierzehn Tage lang währte die Reise der Wengeroffs bis zu dem vereinbarten Städtchen. Endlich war das Ziel ihrer Reise erreicht, und sie setzten uns durch eine Estafette davon in Kenntnis. Wir reisten ab und erreichten bereits am nächsten Tage in der Nacht Kartuskaja Berjosa.

Es war der 15. Juni 1849 — ein Datum, das sich tief in mein Herz eingeprägt hat und das ich nie vergessen werde.

Im Gasthaus, in dem wir Quartier nahmen, wurde uns gesagt, die Wengeroffs wohnten im Gasthaus uns gegenüber; eine kleine, enge Gasse liege nur dazwischen, und der Wirt versicherte uns, wir könnten von unseren Fenstern auch in die ihrigen hineinschauen, zumal von dem Stübchen, das für mich hergerichtet wurde. Ich begab mich auf mein Zimmer, ordnete die Sachen und versäumte nicht, obwohl ich sehr müde war, den Musselinvorhang zu lüften, um einen verstohlenen Blick ins Nachbarfenster zu werfen.

Eine heimliche Stimme in meinem Herzen schmeichelte mir leise, daß von der anderen Seite das gleiche Manöver öfters erfolgt sein mußte. Endlich übermannte mich die Müdigkeit, und ich schlief fest ein.

Am nächsten Morgen weckten mich laute Stimmen aus dem Schlaf, die aus dem Nachbarzimmer meiner Eltern herrührten, und die ich unwillkürlich hören mußte. Die heftige Debatte zwischen meiner Mutter und meinem Schwager berührte — nach damaliger Sitte sehr eingehend — die materielle Seite der bevorstehenden Verlobung: Mitgift, Geschenke, Juwelen usw. Man war über diese Fragen nicht einig und redete hin und her. Erst mein Vater machte dem Streit ein Ende, indem er versicherte: »Wenn nur die Talmudkenntnisse des jungen Mannes gut sind, wird sich das andere schon machen lassen.«

Und nun rüstete sich mein Vater zu dem Akt, der mein Schicksal eigentlich erst entscheiden sollte — nämlich den zukünftigen Schwiegersohn in seinen Talmudkenntnissen zu prüfen; denn der Grad der Talmudkenntnisse war zu jenen Zeiten fast ausschlaggebend dafür, in welche Familie der junge Mann hineinzuheiraten würdig sei. Kein Wunder. Denn ausschließlich der Talmud war es, der als geistige Nahrung der damaligen jüdischen Jugend zugänglich war und auf sie veredelnd und verfeinernd wirken konnte. Zu anderen Wissensquellen führte die meisten kein Weg.

Nun ging mein Vater zu den Wengeroffs. In freudiger Stimmung kehrte er zu uns zurück; erging sich in den schmeichelhaftesten Äußerungen über den jungen Mann und lobte überschwenglich seine talmudischen Kenntnisse.

Von dem alten Wengeroff war er ebenfalls ganz eingenommen. Kurz, er wollte die Angelegenheit nicht verzögern und war entschlossen, noch an demselben Tage die Verlobung zu feiern. Wir beide, ich und mein Zukünftiger sollten noch vor dem offiziellen Verlobungsakt miteinander bekannt werden. Zu diesem Zweck wurden Vater und Sohn zu uns eingeladen.

Als ich ins Speisezimmer hineinkam, waren meine Angehörigen schon dort versammelt. Nach einigen Minuten trat ohne jede Meldung ein schöner, ältlicher Herr ein, begleitet von einer jugendlichen, aber mächtigen Gestalt. Alle erhoben sich und gingen auf die beiden zu. Ich konnte mich vor Aufregung kaum aufrechthalten. Wir setzten uns. Ich suchte mich zu beherrschen, um nach der damaligen Sitte ein Gespräch mit dem Vater meines Zukünftigen anzuknüpfen. Es fand sich bald so reichlicher Gesprächsstoff, daß die Unterhaltung allgemein wurde.

Die Meinigen sprachen das sogenannte Russisch-deutsch, während die beiden Wengeroff einen litauisch-jüdischen Jargon gebrauchten und auch den nur mangelhaft. Es stellte sich heraus, daß ihnen die russische Sprache viel geläufiger war, und deshalb unterhielten wir uns weiterhin meistens russisch. Bald war der kleine Kreis so vertraut miteinander, als hätte man sich seit Jahr und Tag gekannt.

Allmählich entfernten sich die jungen Leute in das Nachbarzimmer, mein Zukünftiger schloß sich ihnen ebenfalls an, und zuletzt forderte mich meine Schwester Kathy auf, den anderen zu folgen. Hier wurde die Etikette beiseite geschoben. Wir setzten uns zwanglos nebeneinander und selbstverständlich kam ich in die Nähe meines Bräutigams. Kaum saßen wir eine Weile nebeneinander, als das Zimmer leer wurde — alle entfernten sich, um uns beide ungestört zu lassen. Dieses Benehmen ärgerte mich dermaßen, daß ich nicht fähig war, ein einziges Wort hervorzubringen, und ich schwieg verlegen. Da fing aber mein Zukünftiger an zu reden. Zitternd vor Bewegung sprach er zu mir von seinen Gefühlen, von Liebe, Treue, von unvergänglicher Seligkeit. Viel mehr als seine Worte sagten mir seine Augen.

Aber zwei junge Leute vor ihrer Verlobung durften nicht zu lange miteinander allein bleiben. Es klopfte leise an der Tür, und Schwester Kathy kam uns abzuholen.

Im großen Zimmer warteten alle auf uns, um die Verlobung zu feiern. Nach der althergebrachten Sitte, die bei den frommen Juden noch heute gilt, wurde ein Schriftstück, die »Tnoïm« aufgesetzt, worin genau verzeichnet stand, wieviel Vermögen mein Bräutigam und ich mitbekommen, wann die Hochzeit stattfinden sollte usw. Nachdem dieses Dokument laut vorgelesen worden war, zerschlug man ein Gefäß. Diese Sitte war ein Symbol für die Zerbrechlichkeit des irdischen Daseins. Und eine Mahnung.

Man gratulierte einander. Wein und Süßigkeiten wurden gereicht. Es begann ein lustiges, munteres Treiben. Man speiste gemeinschaftlich zu Mittag, und mein Bräutigam wich nicht von meiner Seite. Am Nachmittag waren wir alle zum Tee bei den Wengeroffs eingeladen, wo uns am brodelnden Samowar und reich gedecktem Teetisch in gemütlicher Unterhaltung die Zeit verging. Mein Vater äußerte den Wunsch, sein zukünftiger Schwiegersohn solle die deutsche Sprache lernen, weil sie in unserem Lande aus gesellschaftlichen Rücksichten unentbehrlich sei, und sowohl der Schwiegervater wie sein Sohn erkannten die Berechtigung dieses Wunsches an.

Bei Wengeroffs erfolgte das gleiche Manöver wie bei uns: der Jugend wurde es zu enge bei der sachlichen Unterhaltung der Eltern, und einer nach dem andern verschwand in das naheliegende Zimmer meines Bräutigams. Es entstand die Frage, ob ich mich zu den anderen gesellen durfte. Meiner Mutter kam es als Sittenverletzung vor. Aber mein älterer Schwager trat für mich ein, und sie erlaubte es schließlich. Als ich am Arme des Schwagers im Zimmer meines Bräutigams erschien, wurde er vor Freude ganz närrisch. Mit jeder Stunde wuchs unsere Neigung, Sympathie und Anhänglichkeit, und wir schlürften vom Kelche der

Glückseligkeit mit vollen Zügen. —

> Ach wenn sie ewig grünen bliebe,
> die schöne Zeit der jungen Liebe!

Es wurde spät — nach der Meinung der Eltern. Die Mutter trat ins Zimmer und flüsterte mir zu, daß es unpassend sei, so lange beim Bräutigam zu verweilen, und ich fühlte in ihrem Ton eine leise Mißbilligung meines Benehmens. Wir gingen nach Hause. Auf dem dunklen Gange, der zu unserer Wohnung führte, hörte ich hinter uns die Schritte des jungen Wengeroff, der uns begleitete. Ich wagte aber nicht, mich umzuschauen, um die Unzufriedenheit meiner Mutter nicht noch zu vergrößern.

So streng wurden wir damals erzogen. So behüteten uns unsere Mütter, nicht etwa aus Mißtrauen, sondern einzig und allein, weil sie es als ihre durch Tradition geheiligte Aufgabe betrachteten, über ihren Töchtern zu wachen. Es war Zartheit und Fürsorge, die unserer Naivität zu Hilfe kommen wollte, keineswegs aber Furcht vor den Folgen weiblicher List. Die Mütter von heute, wenn sie diese Zeilen lesen, dürften sich vielleicht in jene guten alten Zeiten zurücksehnen.

Am folgenden Tage erwachte ich glücklich, freudestrahlend; und ohne jede Aufforderung zog ich meine besten Kleider an. Bald aber trübte sich meine Freude, als ich erfuhr, daß wir noch an demselben Tage nachmittags die Rückreise antreten sollten. Als aber unsere Eltern mir und meinem Bräutigam in die betrübten Gesichter schauten, fühlten sie Erbarmen, und die Abreise wurde bis zum nächsten Morgen verschoben.

Wir jubelten vor Freude. Die Älteren störten uns Junge nicht. Wir unternahmen im Wagen eine Spazierfahrt, waren unterwegs fast ausgelassen lustig, erlebten Abenteuer mit Bauern und kehrten in der glücklichsten Stimmung zu den Unsrigen zurück. Den übrigen Teil des Tages verbrachten wir mit Teetrinken, Naschen, mit allerlei Possen; wir sangen im Chor unsere polnisch-jüdischen Lieder, mein Bräutigam seine russischen, und so verging uns die Zeit bis zum Abendessen. Nach dem Abendessen übermannte uns die Müdigkeit, und wir trennten uns zeitig voneinander.

Aber ich fand keine Ruhe in jener Nacht, ich konnte nicht einschlafen. — Verwegene Gedanken und Bilder hielten mich wach. Mein Herz schwelgte in Seligkeit.

Der Leser wird den Umfang der Umwälzung gemerkt haben, die sich in der kurzen Zeit seit der Verlobung meiner Schwester im jüdischen Familienleben vollzogen hatte. Meine Schwester Eva erblickte ihren Bräutigam zum erstenmal in ihrem Leben unmittelbar vor der Hochzeitszeremonie. Sie sträubte sich zwar dagegen, indem sie sich weigerte, das Hochzeitskleid anzuziehen, bevor sie ihn gesprochen hatte. Doch genügte ein strenger Blick der Mutter, die Widerspenstige zu zähmen. Als nun endlich die beiden sich als Brautleute gegenüberstanden, durfte auch jetzt noch nicht ein Händedruck zwischen ihnen gewechselt werden. Mir aber erlaubte man, schon zusammen mit meinen Geschwistern in sein Zimmer zu kommen; gemeinsam mit ihm und ausschließlich in junger Gesellschaft einen Ausflug zu unternehmen.

Hier sehen wir die Zeit anbrechen, in der sich die Abgeschlossenheit des jüdischen Familienlebens zu lockern beginnt. Unvermerkt dringen in die urwüchsigen jüdischen Familiensitten fremde, nichtjüdische Elemente ein. Noch eine Generation, und die alte jüdische Sitte mutet wie ein längst verklungenes Märchen an.

Am folgenden Tage stand ich sehr früh auf, und in dumpfer, trüber Stimmung machte ich mich zur Abreise bereit. Der Wagen stand schon vor der Tür, meine Eltern und Geschwister waren reisefertig; die Wengeroffs kamen, um gemeinsam mit uns das Frühstück einzunehmen. Als ich meinen Verlobten ansah, bemerkte ich auf seinem Gesicht die Spuren von Tränen. —

Wir hatten uns noch so viel zu sagen und schwiegen beide.

Am Frühstückstisch sprachen nur die Älteren. Die Jugend schwieg beklommen. Die Stunde der Trennung kam. Man erhob sich vom Tisch. In diesem Augenblicke konnte ich mich nicht länger beherrschen und, als mein Bräutigam mich beim Abschied umarmte, — eine für jene Zeiten unerhörte Tat — da brach ich in ein heftiges Weinen aus. Die Eltern waren gerührt und erlaubten uns, eine ganze Strecke allein vorauszugehen. Die übrige Gesellschaft und der Wengeroffsche Wagen folgte. Ein Zwischenfall verlängerte unser Zusammensein: Ich entdeckte plötzlich, daß mir die neugeschenkte prächtige Uhr und Kette fehlten. Das gab Anlaß, einen Teil des Weges zurückzugehen, um das Verlorene zu suchen. Wir fanden beides wieder, und alle behaupteten, es sei von guter Bedeutung für uns.

Wir erreichten die Unsrigen und stiegen in die Wagen. Noch ein letzter Blick, und rasch entfernten sich die Wagen voneinander. Ich drückte mich in eine Wagenecke und versank in trübe Gedanken. Mir war, als schwinde das Teuerste, Schönste und Erhabenste meines Lebens von mir. Ich litt unsäglich in meinem Schmerz. Die Schwester versuchte mich zu beruhigen. Da ward mir plötzlich bewußt, daß ich das Innerste meines Herzens verraten hatte. Ich schämte mich meiner Schwäche. Das half. Ich wurde immer ruhiger und tröstete mich mit der Hoffnung auf ein Wiedersehen.

Meine Eltern aber suchten mich mit dem Versprechen zu beruhigen, daß wir mit meinem Bräutigam noch einmal vor der Hochzeit zusammenkommen würden. So legte sich denn der Trennungsschmerz. Frisch und munter kamen wir zu Hause an.

Bald besuchten uns Verwandte, Freunde und Bekannte und

gratulierten uns herzlich. Ich zeigte die kostbaren Geschenke, eine große Perlenschnur, lange Brillantohrringe, Kette mit Uhr. Zugleich mußte ich versichern, daß ich mich, wie der damalige Ausdruck lautete, »gottlob sehr glücklich fühle.«

In der Wahl der Geschenke, die man Kalle- und Chossen-Matones (Braut- und Bräutigamsgeschenke) nannte, folgte man gewöhnlich nicht nur dem persönlichen Geschmack, sondern richtete sich hauptsächlich nach der allgemein herrschenden Sitte. Gewisse Geschenke wurden als unumgänglich betrachtet, und jede Kalle und jeder Chossen, auch die Ärmsten, mußten sie erhalten. Auch der ärmste Chossen bekam zur Hochzeit vor allem einen Talles (Gebetmantel) und einen »Kittel« (Totenhemd), den der jüngere Mann ausschließlich am Jom-Kippur, der ältere, der schon erwachsene Kinder hat, auch an den Sederabenden anlegt. Wenn die Kalle arm war, so wurde für sie »gesammelt«, zu allererst für einen Talles für ihren Chossen. Zu den Geschenken gehörte noch ein Mützchen aus Silberfäden; zur Verlobung eine Uhr ohne Kette (die Herren trugen damals ihre Uhren an schwarzen seidenen Schnüren, welche die Braut gewöhnlich selbst verfertigte). Ich erinnere mich noch jetzt an das Kettchen, das meine Schwester für ihren Verlobten gemacht hatte — es war sehr kunstvoll geflochten, mit kleinen bunten Glasperlchen verziert.

War die Kalle ein reiches Mädchen, so erhielt der Chossen noch zur Hochzeit einen Streimel — eine Mütze aus dem kostbarsten Pelz — und eine »silberne Puschkele« (Schnupftabakdose).

Der Kalle schenkte man vor allem zur Hochzeit ein Gebetbuch, »Korben Minche« genannt.

Unter den Geschenken der sogenannten Balbatimtöchter (Töchter von wohlhabenden Leuten), welche oft nicht mehr als 100 Rubel Mitgift hatten, befand sich stets ein »Kanek« —

ein Halsband aus schwarzem Sammet, reihenweise mit kleinen, echten Perlen besetzt; die Perlen mußten e c h t sein; das Vermögen der Mechutonim (Schwiegereltern) konnte nur ihre Größe bestimmen. Am Kanek waren als Anhängsel einige Dukaten befestigt, oder bei den reichsten einige größere goldene Münzen, im Werte von 15 Rubel, oder noch größere Münzen, an der drei Königsköpfe im Profil zu sehen waren und die einen Wert von 30 Rubel hatten. Man nannte diese Geldstücke S c h a u s t ü c k. Ferner erhielt die Braut zwei »Schleierlach« aus feinem, weißen Nesselzeug, die man auf dem Kopfe trug. Bei den reichen Partien schenkte man der Braut Brillanten, hauptsächlich Ohrringe, Perlenschnüre und eine goldene Kette, aber ohne die Uhr — die als Brautgabe erst in den vierziger Jahren aufkam. Diese Kette trug man oft beim Ausgehen über den Straßenkleidern, wie ich es im ersten Bande geschildert habe. Sie wurde mit einer Nadel an der Brust in phantastischen Formen befestigt.

Diese Geschenke machten nicht die Verlobten einander, sondern sie wurden von den zukünftigen Schwiegereltern den Brautleuten am Tage der Hochzeit überreicht. Gegen 12 Uhr mittags brachte der »Baddchen«, begleitet von der Musik, die Geschenke ins Haus der Braut.

In dem patriarchalischen Leben jener Zeiten hatte die Sitte das ganze Leben geregelt. Die heutige Generation in ihrer übertriebenen Empfindsamkeit mag diese so sehr minutiöse Vereinbarung seltsam anmuten, vielleicht gar peinlich berühren. Und doch darf man sagen, daß die genauen Abmachungen nur den einen Zweck hatten, von vornherein alle Mißstimmungen, Zänkereien und Feindseligkeiten zwischen den beiderseitigen Familien zu vermeiden.

Das Brautjahr.

Ich kehrte in mein Alltagsleben zurück. Es war mir peinlich, als Kalle (Braut) behandelt zu werden. Ich bat meine Angehörigen, von meinem Bräutigam nicht zu sprechen. Ich duldete keine Bevorzugung im Hause und erfüllte alle meine Pflichten wie vorher. Ich besorgte jetzt hauptsächlich die Wirtschaft; denn meine ältere Schwester hatte kein Interesse dafür und unsere liebe Mutter verbrachte den Tag mit Beten, Psalmensingen und Lesen von heiligen Büchern, wie »Menojres Hamoer« und »Nachlas Zwi«.

Dabei lernte ich fleißig weiter bei Herrn Podrowski; denn ich hielt fest an dem Vorsatz, bis zu meiner Hochzeit die beiden Grammatiken, die russische von Wostokow und die deutsche von Heyse, ganz durchzuarbeiten. Jede Arbeit war mir jetzt leicht, soviel Frische, Freudigkeit und Lebenslust war in mir, solch ein Glücksgefühl übermannte mich; es teilte sich auch den andern mit, und Freude herrschte in unserm Hause.

Erst mehr als drei Wochen nach meiner Verlobung kam mein Vater freudestrahlend aus der Stadt zurück und übergab mir einen versiegelten, an mich adressierten Brief mit den Worten: »Da hast du einen Brief, gewiß von deinem Bräutigam.« Zum erstenmal in meinem Leben erhielt ich einen Brief; mit zitternden Händen öffnete ich ihn und las folgendes:

»Vielgeliebte und teure Peschinke, leben sollstu mir, gesund sein, einzige Seele meine!

Jetzund seinen wir in Sluzk. Du bist schoin gewiß zu Haus, bin schoin von Dir weit 275 Werst. Nur erst gestern bin gewen leben Dir (neben Dir), und ich habe gehört Deine süße, liebe Rede! O, wie glücklich ich bin gewen! Ober jetzund seh ich einzig, daß nach zwei Stunden, wos der Vater will hier verbrengen, wel ich müssen weiterfahren und weiter, mit jeder Minut, jeder Sekunde derweiten (entfernen) sich vun Dir, meine teure Pessunju. Meine teure, einzige Seele Pessunju, Du kennst Sich (Dir) vorstellen, wie mir ist gewen, als ich hob mich gesetzt in Wogen, die Reise zu machen, und zwei Sekunden nachdem hob Dich schojn mehr nit gesehn! Wie es ist mir gewen nochdem, konnte Dir beschreiben Seiten, aber ich fürcht mich efscher (vielleicht) west Du sein unruhig; nor Du kennst allein verstehen, Engel meiner, einzig das wet kennen sein mein Trost, as ich wel lesen Deine mir teure Handschrift, in welche ich wel lesen Deine Gefühle zu mir. Oh, daß wet mich neugeboren machen! Nachdem wet schon bleiben Eins, wie zu verbringen gicher (schneller) die Zeit, welche zerteilt uns einem von dem andern. Dazu wel ich halten Dein Befehl, dos wet sein mein Vergnügen und as ich wel noch erhalten Deine süße Briefe mit Deine Worte!

Inmitten der Reise hoben mir gehat noch ein Zustell (Aufenthalt). Zwei Stanzies (Stationen) obforendig von Berese. Mir seien dort gestanen sechs Stunden, von 10 Uhr des Morgens bis 4 Uhr des Abends. Diese Zeit ist mir gewen viel freilacher, ich hob mir baklert (überlegt) mit wie viel weiter wollt ich gewen von Dir als ich wollt gefohren jene Zeit. —

Ich verhoff, as Du west mir ton dem Vergnügen zu erfreien mich mit Deine Briefe, darum bet ich schon mehr nit.

Sei mer gesind und freilach, geb Gott mir sollen sich gicher (schneller) sehen mit Dir, meine teure Pessunju!

         Chonon Wengeroff.

P. S. Teuere! west kennen schreiben auf mein Nomen

den Konwert, bet ich Dich sehr. Verzeih mir, wos hob so schlecht geschrieben, darum, wos ich hob geschrieben mit dem Bleifeder. —

Ich bet Dich, bet von mir meinetwegen allemen sollen mir verzeihen, wos ich schreib sei nit; mir heilen (eilen) sehr. Verbleib mir noch a mol gesund, wie es wünscht Dir Dein

Dich liebender
Chonon.

8. Juli 1849. Uhr 10 Morgens.
Ich schreib dem Adreß of Dein Nomen, worim der Vater hot mir dos geheißen.« —

Grenzenlos war meine Verwirrung, während ich diese zärtlichen Herzensergüsse las. Meine Eltern fragten mich nach dem Inhalt des Briefes; den konnte ich ihnen aber nicht sagen. Nur mit Tränen in den Augen bat ich sie, die Bitte meines Bräutigams, ihm oft zu schreiben, erfüllen zu dürfen. Die Eltern willigten ein, was bei der orthodoxen Weltanschauung jener Zeit sehr erstaunlich und für die beiden Menschen bezeichnend war. So groß war ihre Freude, daß ihre Pessele einen auf ihren Namen adressierten Brief erhalten hatte, daß sie nachsichtiger wurden und wirklich ihre Erlaubnis zu diesem Briefwechsel gaben; und so fing unsere Korrespondenz an.

Die Briefe meines Bräutigams hab ich stets als mein Teuerstes aufbewahrt, und noch heute, nach neunundfünfzig Jahren, sind sie alle in meinem Besitz. Manchmal blättere ich in den vergilbten Papieren, beschwöre die schöne Zeit herauf und sonne mich noch heute in den Strahlen des einst erlebten Glückes.

Ich zögerte nicht mit der Antwort, bat aber meine Eltern stets, einige Worte zuzuschreiben, was ihre Zustimmung bedeuten sollte. Denn in jenen Zeiten konnte es als Frivolität gelten, wenn ich allein mit meinem Bräutigam den Briefwechsel geführt hätte.

Ein trauriger Zwischenfall trübte mein Glück. Meine jüngste Schwester Helene erkrankte plötzlich an einem gefährlichen Nervenfieber. Sie war schon von den Ärzten aufgegeben, als plötzlich Besserung eintrat, und unsere liebste kleine Schwester war uns von Gott wiedergeschenkt. Und das kam so: Als mein Schwesterchen leichenblaß und ohne Bewußtsein so dalag, versuchten die Ärzte ein letztes Mittel. Das Kind wurde in ein kaltes Bad gelegt, in dem es zehn Minuten blieb. Dann wurde es wieder in das gut vorgewärmte Bett gepackt. In der Erregung des Augenblicks hatte man eine heiße Wärmflasche vergessen. Das Kind lag auf der Flasche. Es bildete sich eine tiefe Brandwunde. Das war ein Glück für das Kind. Die Ärzte meinten, ohne diese Wunde wäre es zugrunde gegangen. Ich glaube, das hing mit den damaligen medizinischen Anschauungen zusammen. Man liebte es ja einst, bei gefährlichen Krankheiten die Methode des »Haarseiles« anzuwenden. Die eiternde Wunde — so meinte man — zöge die Krankheit aus dem Körper. Langsam, aber stetig machte die Genesung Fortschritte. Aber das Kind blieb doch noch monatelang ans Bett gefesselt. Ich mußte zugleich mit meiner jüngeren Schwester die Pflichten einer Pflegerin versehen, weil es dem leidenden Kinde angenehmer war, Anverwandte statt einer fremden Pflegerin in seiner Nähe zu haben. Tag und Nacht war ich bei ihr. Ich hatte ein Lager neben ihrem Bette und, da sie selbst nicht langen konnte, führte ich ihr die Speisen zum Munde. Es war eine böse Zeit für mich. Nur die Briefe meines Verlobten stärkten meinen Mut und gaben mir neue Kraft.

Aber auch für mich sollte eine Prüfungszeit kommen. Ich bekam es so »durch die Blume« zu hören, daß die Eltern den häufigen Briefwechsel mit meinem Bräutigam jetzt nicht mehr billigten, denn nach ihrer Meinung wäre »die Sache,

d. h. mein ganzer Brautstand überhaupt nicht ganz sicher«. Mein Schmerz war grenzenlos. Tage und Nächte brachte ich in Tränen zu. Ich forschte nach der Ursache der Verstimmung, konnte aber längere Zeit nichts erfahren. Endlich erbarmte sich meiner der jüngere Schwager und erzählte mir, mein Bräutigam wäre bei unseren Eltern verleumdet und als Ausbund aller bösen Eigenschaften bezeichnet worden. Ich litt unsagbar. Der Vater grämte sich. Die Stimmung im Hause war sehr gedrückt. Endlich schrieb der Vater nach Homel, einem Städtchen bei Konotop, wo ein Verwandter von uns, Reb Eisek Epstein, wohnte, und bat ihn, sich genau nach dem Stand der Sache zu erkundigen. Bald langte eine Antwort an, welche die Haltlosigkeit aller Verleumdungen erwies. Die Familie Wengeroff, schrieb unser Verwandter, wäre eine vornehme und der junge Mann ein braver Mensch und guter Talmudist. Diese Nachrichten dämpften den Sturm in unserem Hause. Die dunklen Wolken zerstreuten sich. Über meinem Leben strahlte wieder der helle, klare Himmel.

Ich jubelte auf. Meine Liebessehnsucht wurde noch mächtiger. Unser Briefwechsel häufiger. Die Geschwister neckten mich und lachten, wenn ein Brief kam. Aber sie freuten sich mit mir.

Das Leben im Elternhause ging seinen gewohnten Weg. Der Winter nahte seinem Ende, und der Frühling kündigte sich in diesem Jahre sehr zeitig an. Meine Schwester erholte sich gut und konnte bereits das Bett verlassen. Unsere Mutter traf große Anstalten zur Herstellung meiner Aussteuer. Leinewand, seidene und wollene Stoffe. Spitzen wurden bezogen. Man beriet, wählte, kaufte ein. Es war ein hastiges Treiben.

Auch mich zog man oft zu Rate. Aber ich äußerte meine Meinung stets nur schüchtern und errötend.

Die Wäsche wurde außerhalb des Hauses angefertigt, die

Kleider aber daheim genäht. Nicht Schneiderinnen, sondern Schneidergesellen arbeiteten daran. Es waren alles junge Burschen, die zufällig zugleich dem Synagogenchor angehörten. Während der Arbeit sangen sie oft und gern Lieder, meistenteils religiösen Charakters, wie Purimspiele, Ahasverusspiel, Josephspiel. Das letztere war ihr Lieblingsspiel, das sie sehr oft wiederholten. Sie verteilten die Rollen untereinander und sangen folgendermaßen:

1.

J a c o b :

Ich bin der Bäum vün der ganzer Welt, ün'
   duhs
Seinen meine Zweigen (mit der Hand auf seine
   Kinder weisend)
Drum bitt ich den Ojlom (*Publikum*),
Soll a Bissele schweigen.

2.

Schon zwei Johr bin ich vün Häus ojsgezojgen,
Ün nitchasw'schulem (*gottbewahre*) vün mein
   Parnusse wegen (*geschäftshalber*),
Nur vün die Zores (*Leiden*), wus is mir
   gekümmen entgegen,
La la la, la la la, lalalalala la la.
Mein Sühn Schimen, mein Sühn Schimen,
Di bist doch mein bester Sühn,
Di bist doch mein liebster Sühn,
Sug'sche (*sage doch*) mir die Wuhrheit,
Sug'sche mir die Wuhrheit,
Wie (*wo*) is er, wi is er, mein Sühn Josefl?

D i e S ö h n e :

Vuter (*Vater*), lieber Vuter sießer,
Wir weißen nit, wi er is.

(Wiederholung.)

Jacob:

Mein Sühn Riwen (*Ruben*), mein Sühn Riwen,
Du bist doch mein bester Sühn
Du bist doch mein liebster Sühn,
Dir wellen doch tun alle loiben,
Sug'sche mir die Wuhrheit, sug'sche mir die Wuhrheit,
Wo is er, wo is er, mein Sühn Josefl?

Die Söhne:

Vuter, lieber Vuter sießer,
Wie kennen mir dir derweisen den Ponim (*Gesicht*),
As mir hoben ihn verkäuft zu die Midjonim.

Jacob:

Willt ihr mir das Leben schenken,
Sollt ihr mir ihn bald brengen.

Joseph wird hineingeführt; Jacob gerät in freudige Ekstase. Joseph singt:

Ich hob viel Schuff (*Schafe*) ün' viel Rinder,
Ich hob a Frau mit zwei Kinder,
Einer heißt Menasse, der andere heißt Ephraim,
Hoben sie mich gemacht zum Groißen in dem Land Mizraim
La, la, la, la, lalalala, la, la, lalalala.

Auch das kleine lustige Liedchen eines Schneiders sangen sie mit Vorliebe:

Sitz ich mich, a Fissele iber a Fiß
Un sing mir a Liedele zucker-siß.
N' Schnaider zu sain is gor aus die Welt, —
Wohin er kummt, verdient er Geld!
As die Jolden (*lustige Jungen*) wollten sich wellen beklären,

Wollten sie alle Schnaiders weren. —

Manchmal sangen sie Lieder, die mir und meinem Brautstand galten. Einige von diesen Liedern leben noch ganz frisch in meiner Erinnerung:

Kalele, Kalele, wein, wein, wein,
Der Chosen wet dir schicken a Tellerl Chrein
    (*Meerrettich*)
Wellen sech die Tränen gießen
Bis die Zehen.
Sitz ich auf ein Stein
Nemt mich on a groiß Gewejn
Alle Medelach Kales werden
Ich nebech nejn. —

    Oder:

Nemmt der Bucher (*Jüngling*) die Mojd
    (*Mädchen*) far der Hand,
mejnt er die Welt is sein,
Git (*gibt*) er ihr grobe Woll spinnen aufn
    dünnen Seid.

    Die Mojd:

Ich wel dir grobe Woll spinnen aufn dünnem
    Seid,
Di sollst mir a Leiterel machen, wus in Himmel
    soll sein.

    Der Bucher:

Ich wel dir a Leiterl machen, wus in Himmel
    soll sein,
Di sollst mir die Stern zählen, wus in Himmel
    wet sein.

    Die Mojd:

Ich wel dir die Stern zählen, wus in Himmel
    wet sein,

> Di sollst mir dem Jam ausschöppen mit a
> Krigele dilein (*klein*)
>
> Der Bucher:
>
> Ich wel dir dem Jam (*das Meer*) ausschöppen
> mit a Krigele dilein (*klein*),
> Di sollst mir dem Fischele chappen, wos in Jam
> wet sein.
>
> Die Mojd:
>
> Ich wel dir dem Fischele chappen, wos in Jam
> wet sein,
> Di sollst mir dem Fischele kochen ohn Feuer in
> Wasser darein.
>
> Der Bucher:
>
> Ich wel dir das Fischele kochen ohn Feuer in
> Wasser darein.
> Di sollst mir sieben Kinder huben ün a jinge
> Frau zi sein. —

Auch die Wärterin Mariasche neckte mich mit einem Lied, wenn sie sah, daß ich froh und glücklich im Hause herumlief oder wenn sie mich in irgendeinem Winkel verträumt antraf:

> Oj, weih, wie kenn men leben
> Schwäh'r und Schwieger kowed (*Ehre*)
>   obzugeben.
> Steih ich auf spät
> Sogt main beise Schwieger:
> Ich lieg wie a Nweile (*faule*)
> Bis halben Tog in Bett!
>
> Oj, weih, wie kenn men leben
> Schwäh'r und Schwieger kowed obzugeben!
> Geh ich gich (*schnell*), sogt sie, ich zerreiß die
>   Schich,
> Geh ich pameilach (*langsam*), sogt sie, ich bin

freilach —
:|: Oj, weih, wie kenn men leben etc.:|:

Back ich greiße (*grosse*) Challes
Sogt main beise Schwieger,
As ich stell ihr gor b'dalles (*ruiniere sie*)
:|: Oj, weih, wie kenn men leben etc.:|:

Back ich kleine Challes
Sogt main beise Schwieger,
As ich zieh auf ihr dem Dalles
:|: Oj, weih, wie kenn men leben etc.:|:

Geih ich ongeton schein,
Sogt main beise Schwieger,
As ich mach ihr gor gemein (*arm*).
:|: Oj, weih, wie kenn men leben:|:

Geih ich ongeton mieß (*hässlich*),
Sogt main beise Schwieger,
As ich tu ihr on a Büsch (*Unehre*).
Oj, weih etc. —

Oder:

Tochter du liebste, Tochter du main,
'ch wel dir lernen wie ba (*bei*) a Schwieger zu
   sain:
As die Schwieger wet gaihn vun weiten,
Sollstu nit teilen kein oreme Leiten.

Tochter du liebste, Tochter du main,
'ch wel dir lernen, wie ba a Schwieger zu sain:
As die Schwieger wet geihn vün Schul,
Sollstu ihr trogen antkegen (*entgegen*) a Stuhl.

Tochter du liebste etc.
As die Schwieger wet geihn zum Tisch,
Sollstu ihr geben die beste Stick Fisch.

Immer näher rückte die Zeit meiner Trennung vom

Elternhause — eine Aussicht, die mein Glück störte. Vor der Abreise nach Konotop sollte ich noch nach Warschau gehen, um von Verwandten, vor allem aber vom Großvater Abschied zu nehmen und den Segen zu meiner Vermählung zu erhalten.

Es war Anfang August 1849. In jener Zeit existierte noch die polnisch-russische Grenze bei dem kleinen Städtchen Terespol, das vier russische Werst von Brest entfernt lag. Diese Reise unternahm ich mit meinem Vater. Aber vor der Grenze war er gezwungen, mich zu verlassen; und ich mußte selbst alle Grenzformalitäten erledigen. Es war mein erster selbständiger Schritt. Ich muß gestehen, mein Mut war nicht groß. Als ich in das Bureau kam, wo ich meinen Paß vorzuzeigen hatte, fühlte ich mich sehr beklommen. Tränen kamen mir in die Augen. Am liebsten hätte ich geschluchzt wie ein kleines Kind. Ich schämte mich dieser Schwäche und versuchte mich zu beherrschen. Im Bureau ließ man mich ein Dokument unterzeichnen: wieder eine selbständige Tat! Endlich befand ich mich auf der anderen Seite der Grenze. Hier wurde ich von unserem Freund Reb Jossele erwartet, der mich zu seiner Familie in das kleine Städtchen Terespol brachte. Am nächsten Tage kam mein sehnsüchtig erwarteter Vater, und wir reisten gemeinsam nach Warschau.

Unser Aufenthalt in Warschau dauerte acht Tage. Der Großvater empfing mich mit besonderer Aufmerksamkeit. Die Tanten und Onkel behandelten mich die ganze Zeit mit großer Zärtlichkeit. Ich erhielt von allen hübsche Hochzeitsgeschenke und vom Großvater ein Silberstück und — den Segen.

Es war ein Augenblick, den ich nicht vergessen kann: Großvater stand in der Mitte des Salons. Mit klopfendem Herzen näherte ich mich ihm und beugte das Haupt in demütiger Ergebung. Er legte seine Hände auf meinen Scheitel und sprach laut den Segen mit bewegter, zitternder

Stimme. Feierliche Stille herrschte im Zimmer. Nur die Tanten schluchzten leise. — Mir war so ernst zumute, so traurig. Hier erst fühlte ich so recht, welche ernste Wendung mein Leben nehmen sollte. Bangen Herzens verabschiedete ich mich von meinem lieben, ehrwürdigen Großvater; denn der Gedanke wollte mich nicht verlassen, daß ich ihn zum letztenmal in meinem Leben sah.

Nachdenklich und ernster, als ich gekommen war, kehrte ich nach Hause zurück. Die Aussteuer war fertig. Meine Mutter packte all die schönen neuen Sachen mit Liebe und Sorgfalt in einen massiven, großen, mit Eisenblech beschlagenen Koffer ein. Außer der Wäsche erhielt ich folgende Sachen:

1. Das Hochzeitskleid: aus schwerer grauer Seide — ein Streifen »moiré antique« und ein Streifen Atlas, mit breiten grauen Blondenspitzen (Spitzen aus Flockseide) garniert;
2. ein Kleid aus Mousseline de laine — dunkelblau und weiß kariert; fußfrei, ganz leger, einfache Fasson; oben mit einem Sattel, in der Mitte Gürtel, lange griechische Ärmel;
3. ein Kleid ans dunkelblauem Atlas, mit dunkelblauem Samt vorne garniert; schmale, lange Ärmel mit Samtmanschetten;
4. ein schwarzes Taftkleid — »Mantine« genannt — ohne jede Garnitur;

5. ein Kleid aus grünem Wollenstoff mit schwarzer Tresse in schönen Mustern garniert;

ferner: 2 Schlafröcke:

einen aus hellblauem Musselin mit einfachen weißen Spitzen,
einen anderen aus »Teefteek« (türkischem Stoff); ganz

lose verfertigt — »Rubaschka« (Hemdchen) genannt.

Ferner: 3 Mäntel:

> eine »Mandaronka« — so wurde die damalige übliche Regenmantelform genannt — aus dunkelblauem Tuch;
> eine »Ziganka« — grauer Seidenstoff; ein viereckiges Stück einfach am Halse und an den Ärmeln zusammengerafft; garniert mit rotem, seidenem Band und grauen Quasten;
> eine »Algierka« — ein langer Mantel mit griechischen Ärmeln, empire, aus schwarzer Seide. Vorne an der Brust waren zwei seidene Schnüre befestigt, die über die Schultern auf den Rücken mit zwei großen Quasten lose herabfielen.

Ferner 2 Tageshauben:

> eine aus Blondenspitzen mit blauem Band — für Feiertage, die andere einfacher für jeden Tag
> und dazu sechs Morgenhäubchen in koketten Formen.
> Ferner ein Paar rosa Handschuhe mit weißen Tüllspitzen garniert — zur Trauung! —

Alles war also bereitet, und man machte Anstalten zu der großen Reise. Ich war mir selbst überlassen und hatte Zeit, von allem, was mir lieb war, Abschied zu nehmen. Es waren schwere Tage für mich — ein Durcheinander von Gefühlen und Empfindungen tobte in meinem Inneren. Bald brachte mich der Gedanke an das Wiedersehen mit meinem Heißgeliebten in solch eine strahlende Freude, daß jeder, der mir in den Weg kam, lächeln mußte. So glücklich sah ich aus. Bald kamen mir Tränen in die Augen, und ich schluchzte leise in irgendeinem Winkel, vom Trennungsschmerz übermannt. Bald aber lachte ich schon wieder und lachte vor Seligkeit und Glück.

Den letzten Sonntag vor der Abreise hatte ich noch Abschiedsbesuche bei Verwandten, Freunden und Bekannten zu machen — ich erfüllte diese Pflicht in Begleitung einer älteren Frau, Reisele genannt, die in der ganzen Stadt als Sarwerke[3] bekannt war und allen jüdischen Bräuten in Brest als Ehrenbegleiterin diente.

Es kam der vorletzte Tag. Wir saßen alle beisammen am Mittagstisch, als meine ältere Schwester auf mein ungewöhnlich blasses Aussehen aufmerksam wurde. Auch die anderen bemerkten es, und der Vater forderte mich zärtlich besorgt auf, ihm die Ursache meiner Sorgen zu sagen. Es war ein Traum, der mich quälte: Mir träumte, ich wäre ganz allein in der kleinen, engen Gasse, durch die ich einst als kleines Mädchen täglich mit dem »Behelfer« zum Cheder gegangen war. Plötzlich raste ein großer, schwarzer Ochse in wilden Sprüngen auf mich zu. Ich bebte vor Schrecken, denn der Ochse mit seinen Riesenhörnern kam immer näher. Ich suchte mich zu verbergen, konnte aber keinen Winkel finden, lief nach rechts und links. Doch das schwarze Ungeheuer folgte mir überall. Ich war endlich ganz erschöpft vor Angst und Müdigkeit und ergab mich meinem Schicksal. Da tauchte plötzlich im Halbdunkel des engen Gäßchens ein kleines Männchen auf. Es trug einen seidenen schwarzen Kaftan mit Gürtel und hoher Zobelmütze. Sein Gesicht war ganz runzlig. Es hatte die Züge meines Großvaters. Sein Gesicht umrahmte ein ungewöhnlich langer grauer Bart, der bis zu den Knien reichte. Das Männchen näherte sich mir, nahm mich an der Hand und sagte, indem es einen Seitenblick auf das Ungeheuer warf: »Komm mit mir, fürchte dich nicht!« Vertrauensvoll und dankbar ging ich mit ihm. Nach einer Weile aber blieb er stehen, ließ meine Hand los, wies mir den geraden Weg und verschwand ganz plötzlich meinen Blicken. Mit einem Male war auch das Ungeheuer nicht mehr da. Am ganzen Körper zitternd, erwachte ich und konnte den Eindruck dieses schweren Traumes gar nicht mehr loswerden. Alle hörten mir mit Spannung zu. Am meisten bewegt aber war der Vater. Als ich mit dem Erzählen zu Ende war, erhob er sich rasch vom Tisch und begab sich in sein Arbeitszimmer, wo er in einem Buch nachblätterte. Freudestrahlend kam er zurück und rief mir zu: »Sei ruhig, meine Tochter, du wirst Kinder haben, die viel lärmen werden.«

Ich wurde schamrot und wagte niemanden anzuschauen. Die Meinigen lachten und neckten mich und wollten mich zum Aufschauen zwingen. Ich aber verharrte bis zum Schluß des Mittagmahles in der gleichen Haltung.

Für den nächsten Tag war unsere Abreise bestimmt. Schon stand unser Reisewagen vor dem Hause. Es war ein langes, mit Leder überzogenes und mit kleinen Fenstern und Vorhängen versehenes Fuhrwerk, »Fürgon« genannt. Drei Postpferde waren davorgespannt. — Die Aufregung im Hause erreichte ihren Höhepunkt. Man lief hin und her. Man raffte noch mancherlei zusammen und packte es in den Wagen: es gab noch sehr viel zu tun in dieser letzten Stunde vor der Abreise. Der Wagen war also außen und innen stark beladen, sollten wir doch vierzehn Tage unterwegs bleiben. Deshalb nahmen wir großen Vorrat von Backwerk, geräuchertem Fleisch, gesalzenen Sachen mit, ferner eine ganze Kiste mit Cognak, Rum, Schnaps, Wein, Tee und Zucker. Das mußte ja reichen für uns alle. Diese Nahrungsmittel fanden Platz in einer großen, viereckigen, mit weißem Fell überzogenen und mit Blechstreifen beschlagenen Kiste, »Pogrebez« genannt. Fünf bequeme Sitze wurden für die Reisenden hergerichtet.

Ich konnte mich gar nicht vom Hause trennen. Da rief der Vater in befehlendem Tone: »Genug, genug!« und entschlossen half er mir zuerst in den Wagen. Es folgte meine Mutter, die jüngere von mir innig geliebte Schwester und der achtjährige Bruder. Ein kurzer, echt russischer

Befehl »pascholl!« (los), und der Wagen setzte sich in Bewegung. Unter den Tränen, Wünschen und Segenssprüchen der Zurückgebliebenen fuhren wir ab. Ich schluchzte wie ein kleines Kind: der Wagen rollte immer schneller. Durch Tränen hindurch sah ich alte vertraute Straßen schwinden, Häuser, in denen ich jahrelang ein- und ausgegangen, um liebe Freunde zu besuchen, Menschen, denen ich solange jeden Tag begegnet. Meine Lieblingsplätzchen zogen an mir vorbei. Und hinter mir verschwand, um nie zurückzukehren, die schöne Zeit der sorglosen, glücklichen ersten Jugend. —

Es war im Jahre 1850, den 5. August.

Ankunft in Konotop. Hochzeit.

Wir fuhren Tag und Nacht, unterbrachen die Reise nur der Sabbathruhe wegen von Freitag Mittag bis Samstag Abend. Nach sieben Tagen, als wir die Hälfte unseres Weges zurückgelegt hatten, versagte der Wagen. Wir waren gezwungen, auf freiem Felde ein Lager aufzuschlagen. Es wurde ein Teppich ausgebreitet und unser Vorrat herausgeholt. Bald brodelte und summte der Samowar. Wir setzten uns alle um ihn herum und bei seinem Summen, im vertrauten Geplauder vergaßen wir unsere unangenehme Lage.

Der Hochzeitstag rückte immer näher heran, und wir waren noch so weit von unserem Ziele entfernt. Der Vater sandte eine Stafette nach Konotop und bat um Verschiebung der Hochzeit. In Konotop war man darüber untröstlich und trug diese achttägige Verzögerung noch lange meinen Eltern nach, mußten doch die großen Vorräte an Geflügel und anderen Speisen bei der heißen Jahreszeit verderben.

Wir reisten noch volle sechs Tage, erlebten verschiedene Abenteuer und gelangten endlich nach der vorletzten Station, Baturim.[4] Hier brachte uns ein Bote die Nachricht, daß uns der Schwiegervater in Gesellschaft einiger Herren auf der nächsten Station erwarte.

Mein Herz schlug stürmisch. Aber ich schwieg beharrlich. Denn ich fühlte, daß gleich dem ersten Worte ein Tränenstrom folgen müßte. Ich war ja am Ziele meiner schönsten Träume: in einer Stunde sollte meine Sehnsucht zur Wirklichkeit werden. — Ich wagte kaum zu denken an solche Seligkeit, die wohl nicht jedem Mädchen vom Schicksal beschieden wird.

Wir Mädchen machten Toilette. Ich wählte ein Kleid, das mir

sehr gut stand, und musterte mich selbst im Spiegel, der mir von meinem eigenen Glücke erzählte. — Dann stiegen wir ein und fuhren rasch weiter. Unterwegs kam uns ein Wagen entgegen. Wir erkannten bereits aus der Ferne meinen Schwiegervater und den Herrn Brim. Die letzte Station vor Konotop erreichten wir in einer halben Stunde, und von da aus waren wir unserm Reiseziel ganz nahe. Wir fuhren in Konotop ein. Die Vorstadt war nicht vielversprechend: lauter kleine Hütten mit Strohdächern. Meine Schwester war fast entsetzt über den Dorfcharakter des Städtchens. Mir aber war alles gleichgültig. Was ging mich damals die Stadt an! Es schwebte nur das Bild meines Verlobten vor mir gleich wie die leuchtende Feuersäule in der Nacht vor den Israeliten in der Wüste und bannte alle trüben Gedanken.

Wir fuhren durch eine lange ungeebnete Straße. Rechts und links die gleichen strohbedeckten Hütten. Endlich kamen wir an einen weiten Platz, wo das erste große, vornehme, steinerne Haus mit einem grünen Blechdach stand. Es war das Ziel unserer Reise; das Haus der Familie Wengeroff. Begleitet von einer neugierigen Menge fuhr unser Wagen durch das Einfahrtstor und machte vor einem großen Balkon, der ganz mit Menschen besetzt war, Halt.

Meine zukünftige Großschwiegermutter kam mir entgegen, küßte mich und übergab mir ein »süßes Brot«. Ernst und ehrfurchtsvoll war der Eindruck, den diese Frau auf mich machte. Dagegen wußte die Tante, die Stiefmutter meines Bräutigams, sogleich mein Vertrauen und meine Zuneigung zu gewinnen. Auch schien mir ihre Umarmung herzlicher, traulicher und zärtlicher als die der anderen. Es wurden mir noch die Frau des älteren Bruders meines Bräutigams und seine jüngere Schwester vorgestellt. Von dieser wußte ich bereits soviel Gutes und Liebes, daß ich sie wie eine längst vertraute Freundin herzlich umfing. Aber über all diese Menschen hinweg schweifte mein Blick weiter und suchte den Liebsten, den Nächsten, nach dem ich mich das ganze lange Jahr so heiß gesehnt hatte. Aber nirgends war er zu sehen. Von allen begleitet gelangte ich durch das Vorzimmer in den Salon. Hier empfing mich glückstrahlend mein Bräutigam. Unsere Begrüßung war stumm: es bedurfte wirklich keiner Worte. Die Augen sagten so viel; sie sagten so manches, wofür noch kein Dichter den Ausdruck gefunden hat. —

Es wurde Abend. Zahllose Lichter brannten, und Wohnung und Menschen sahen feierlich aus. Man reichte den Tee. Die ältere Schwägerin wich nicht von der Seite meiner Mutter, die jüngere nicht von der meinigen. Mein Bräutigam mußte, um die Sitte nicht zu verletzen, meinem Vater Gesellschaft leisten und in der Herrengesellschaft bleiben. Er wagte es aber, ab und zu auf eine Weile an meiner Seite Platz zu nehmen, um mir einige liebe Worte zuzuflüstern.

Bald forderte man uns zum Tanz auf. Wir beide, meine Schwester und ich, mußten uns auch daran beteiligen, obwohl unsere Lust nicht sehr groß war. Wir tanzten die Polka-Mazurka mit Figuren, was großen Beifall erregte. Überhaupt: an diesem Abend waren wir der Mittelpunkt der lustigen Hochzeitsgesellschaft.

Nach dem Tanze wurde zu Tisch gebeten. Mein Bräutigam saß wieder mit den älteren Herren an der anderen Seite des Tisches, und nur durch Blicke konnten wir uns verständigen.

Das Abendessen war zu Ende. Halbschlafend vor Müdigkeit trennte ich mich von meinem Bräutigam und allen Anwesenden. — Als ich mit meiner Schwester in unserem Logis allein zurückblieb, tauschten wir noch allerlei Bemerkungen und Beobachtungen über die Gesellschaft aus, die wir soeben verlassen hatten. Plötzlich öffnete sich die Tür, und im Zimmer erschien ein ganz komisches Wesen. Es war eine kleine, untersetzte Person mit sehr stumpfer, echt russischer Nase, kleinen lebhaften Augen, breitem, sonnverbranntem Gesicht in einer ganz eigenartigen, kleinrussischen Tracht. Auf dem Kopfe trug sie einen Turban aus wollenem, buntem Tuch, an welchem grellrote, künstliche Rosen mit noch grelleren, grünen Blättern befestigt waren, die ihr tief ins Gesicht fielen. Vorn und hinten war der ganze Körper mit zwei bunten Schürzen bedeckt — darunter ein viel längeres weißes Hemd mit bauschigen, buntgestickten Ärmeln. Am Halse eine Masse Korallen, bunte Perlen, Messingmünzen und große Ringe in den Ohren. Schuhe und Strümpfe fehlten, und die nackten Füße ließen an Reinlichkeit viel zu wünschen übrig. Es war das Dienstmädchen, das uns frisches Wasser brachte und sich nach unseren Wünschen erkundigte. Wir sahen zum erstenmal diese wunderliche Tracht, waren im ersten Augenblick sprachlos vor Überraschung und brachen plötzlich in ein lautes, mutwilliges Lachen aus. Wir lachten noch lange, nachdem das Mädchen fort war und plauderten vergnügt. Vor dem Einschlafen umarmte mich meine Schwester Cäcilie stürmisch und rief aus: »Du bist glücklich und wirst sehr glücklich sein, Schwester!« Auch ich glaubte an mein Glück. Das Herz war so voll, schlug so stürmisch. Ich hätte die ganze Menschheit in jener Stunde umarmen können. Vom Glücksgefühl übermannt, in süße Träume eingewiegt, schlief ich ein.

Als ich am nächsten Morgen erwachte, war der Vater bei den Mechutonim[5]. Mutter und Schwester waren zum Ausgehen bereit. Von drüben fragte man schon einige Male nach mir. Ich zog mich rasch an, und als ich mit meiner Toilette fertig war, brachte mir die Mutter selbst den Ziganka, und wir verließen unser Quartier. Bei Wengeroffs wurden wir zum Frühstück erwartet.

In der zwanglosen, intimen und herzlichen Stimmung schwand auch meine Schüchternheit; wir jungen Leute durften uns in ein anderes Zimmer zurückziehen. Zweimal ließen wir uns dies nicht sagen und waren lustig und ausgelassen.

Die Schwiegermutter und die zukünftige Schwägerin äußerten den Wunsch, meine Aussteuer zu sehen. Sie betrachteten alles Stück für Stück mit Sachkenntnis und eingehendem Interesse, und meine Mutter erntete bei dieser Besichtigung großen Beifall. Über einen Gegenstand in der Wäsche waren sie aber sehr erstaunt, nämlich über die Unterröcke, denn als ich nach Konotop kam, trug keine einzige Frau solche. Auch in der Aussteuer meiner Schwester Eva fehlte dieses Stück Wäsche. In der kurzen Zeit seit der Verheiratung meiner Schwester war so manche neue Sitte in unserem Hause eingeführt worden. Die Frauen in Konotop trugen auch noch keine Unterröcke, sondern das Kleid direkt über dem Hemd. Unterröcke zu tragen, wurde schon als »christlich« betrachtet. Nur im Winter hatten die Frauen dicke Flanellunterröcke und sehr dicke hohe Herrenstiefel an. — Selbstverständlich wußte man nach kurzer Zeit in ganz Konotop von diesem Bestandteil meiner Aussteuer; und es dauerte nicht lange, so folgten andere Frauen in Konotop meinem Beispiel. Jedenfalls brachten es die Jüdinnen in Konotop leicht über sich, ein neues, modernes Kleidungsstück in ihre Toilette aufzunehmen.

Kulturell hauptsächlich aber gesellschaftlich stand Konotop noch weit hinter Brest zurück. Von der Mode wußte man hier nicht viel. Meine Sachen wurden bewundert; ich selbst, so oft ich durch die Straßen ging, angestaunt; und nach kurzer Zeit galt ich in Modesachen für tonangebend in ganz Konotop.

Am Tage vor der Hochzeit erwartete man noch Gäste aus Petersburg, einen Bruder und Schwager meiner künftigen Schwiegermutter. Sie kamen während des Mittagessens an. Es waren zwei hübsche, vornehm aussehende Herren. Sie trugen kurze hellseidene Sommerkostüme, eine Art Reiseanzug, und breitrandige weiße Strohhüte, die sie beim Eintritt ins Speisezimmer abnahmen, so daß sie mit bloßem

Haupt sitzen blieben, während die übrigen Herren beständig ein kleines, schwarzes Samtkäppchen aufbehielten. Mein Schwiegervater war sogar etwas betroffen. Das freie, ungezwungene Benehmen seiner Gäste störte ihn um so mehr, als die Gegenwart meines lieben Vaters eine tiefreligiöse Stimmung verbreitete. Doch merkten die jungen Leute schnell ihren Fehler und suchten sich bald den anderen anzupassen. So setzten sie zum Nachtischgebet die Hüte auf und murmelten gezwungen vor sich hin, was uns sehr possierlich vorkam.

Nach dem Mittagessen verließ ich die Gesellschaft, denn nach den althergebrachten Gesetzen mußte ich mich vor meiner Hochzeit der rituellen Reinigung unterziehen. Bei dieser Zeremonie litt ich die unerträglichsten Qualen, und meine Feinfühligkeit wurde dabei auf eine harte Probe gestellt. Die religiösen Formalitäten in der »Mikwe« (dem rituellen Bade) wollten kein Ende nehmen. Ich wurde gewaschen. Man putzte mir sorgfältig die Nägel und zum Schluß mußte ich nach der Vorschrift dreimal ganz im Bassin untertauchen. In stummer Ergebung erfüllte ich die Befehle der alten Weiber, die mich wie ein Opferlamm behandelten. Wie froh war ich, als ich sie endlich verlassen durfte!

Am Abend wurde wieder getanzt. Und jetzt waren es nicht nur Mädchen allein, sondern auch einige junge Leute nahmen daran teil. Es war zwar gegen die Sitte; die Alten waren aber in einem entfernten Zimmer versammelt, und die günstige Gelegenheit nutzte die Jugend aus. An diesem Abend, dem Vorabend meiner Hochzeit, trennten wir uns zeitig voneinander, doch konnte ich lange nicht einschlafen und nahm mit Wehmut von meinen Mädchenträumen Abschied.

Am nächsten Tag erwachte ich mit dem Gedanken, daß es der bedeutendste Tag meines Lebens sei. Wir machten heute alle große Toilette. Ich legte das schwere grauseidene Kleid an, setzte den Myrtenkranz mit dem langen, weißen Schleier auf. Weiße Handschuhe, Fächer und ein zierliches Spitzentaschentuch ergänzten meinen Anzug. Man warf mir den Zigankamantel um, und wir bestiegen den Wagen, der uns, von einer gaffenden, neugierigen Menge begleitet, vor das Wengeroffsche Haus brachte. Die beiden Schwägerinnen empfingen uns. Im Salon wurden wir von den Schwiegereltern und vielen fremden Damen und Herren begrüßt. Erst nach einiger Zeit erschien mein Bräutigam, umgeben von zahlreichen Herren. Er wagte kaum mich anzusehen, denn nach der Sitte des Ortes sollten Braut und Bräutigam in der letzten Stunde vor der Trauung am meisten voneinander entfernt bleiben.

Ohne jede Feierlichkeit führte man mich in den Hochzeitssaal. Nicht einmal der bei uns gebräuchliche Lehnsessel wurde mir angeboten. Ich mußte an die Hochzeit meiner Schwester zurückdenken —: wie feierlich war dort alles zugegangen, wie bewegt waren wir Geschwister, als Vater und Mutter unter Klängen einer rührenden Musik die Braut in den Saal hineinführten, und sie dann auf einen Armstuhl, der sich in der Mitte des Salons auf einem Teppich befand, niederließen —. Mir wurde traurig bei dieser Erinnerung, und ich verspürte eine leise Enttäuschung. Meine Empfindlichkeit steigerte sich bis zum Ärger, als ich erfuhr, daß die ganze Zeremonie der Hochzeit nach der dort herrschenden Sitte auf dem Hofe in einer großen Bretterscheune stattfinden sollte. Mutter, Schwester und ich konnten es kaum fassen. An eine Weigerung war aber nicht zu denken, und wir mußten uns fügen. Zu unserer Beruhigung versicherte man uns, daß eine Hochzeit in Konotop nie anders gefeiert würde, wenn auch die prächtigsten Räume zur Verfügung ständen.

In der Scheune nahmen wir auf Stühlen Platz, während die Menge sich auf Bänken niederließ. Die Musik stimmte in grellen, schrillen Tönen an, und in die Scheune tanzte in

wilden Sprüngen, sich im Kreise drehend, eine alte Frau herein. Hoch überm Haupte hielt sie einen runden Kuchen, und, lustig singend, brachte sie folgende Worte hervor: »Ziwie Kumanow, Ziwie Kumanow, Ziwie Kumanow!« Dabei ermunterte sie die Musik, weiter zu spielen.
Ich und meine Schwester hatten noch nie Ähnliches erlebt. Unser Erstaunen war grenzenlos. Bald aber ergriff uns eine Lachlust, der wir gar nicht widerstehen konnten. Die Schwägerin merkte es und beeilte sich, uns diese Szene zu erklären: Nach dem Brauch des Ortes sandte jede Freundin des Hauses der Hausfrau einen Kuchen, der in dieser seltsamen Weise überreicht wurde. Diese Erklärung machte die Sache nicht weniger komisch und unsere Lachlust nicht geringer. Die gleiche Zeremonie wiederholte sich noch mehrmals, nur mit dem Unterschied, daß jedesmal der Name einer anderen Freundin ausgerufen wurde.
Um drei Uhr nachmittags waren die Feierlichkeiten in der Scheune zu Ende, und ich entfernte mich, um das Vorabendgebet zu verrichten und das Kleid zu wechseln. Die Mutter begleitete mich. Mit bewegter Stimme sprach sie zu mir von dem Ernste des Hochzeitstages, der für die Braut einen zweiten Versöhnungstag bedeute, an dem sie Gott um Vergebung aller ihrer bisherigen Sünden anflehen müsse. Tränen entflossen unaufhaltsam meinen Augen. Ich umklammerte krampfhaft das Gebetbuch und betete... Meine fromme und weihevolle Unterredung mit Gott dauerte eine gute Stunde, und mit verweinten Augen erschien ich wieder in der Scheune. Die anwesenden Mädchen näherten sich mir, nahmen mir den Brautkranz ab, lösten das Haar, das zu kleinen Zöpfchen geflochten war, damit die ganze Frauengesellschaft an dem Auflösen der Haare teilnehmen könnte, und breiteten es auf Schultern und Nacken aus. Ich schluchzte vor Bewegung. Da erschien der Bräutigam im Kreise der Herren, nahm das weiße Seidentuch, das über einer mit Hopfenblumen gefüllten Platte ausgebreitet lag,

und auf Anweisung des Rabbiners bedeckte er damit meinen Kopf, wobei alle Umstehenden mich mit Hopfen bestreuten, ganz in derselben Weise, wie ich es bei der Hochzeit meiner Schwester Eva ausführlich beschrieben habe. — Dann wurde mein Bräutigam zur Synagoge gebracht, und ich wurde von Vater und Mutter dorthin geführt, wo der Akt der Trauung vor sich ging. Darauf trat ich am Arme meines Neuvermählten unter lustigen Musikklängen den Rückweg an. Ich sah den Weg nicht, da mein dichtes seidnes Tuch über den Augen mich wie blind machte.

Zu Hause angelangt, zogen wir uns ins Gastzimmer zurück, wo ich endlich das seidene Tuch auf einen Augenblick lüften durfte, um meinen Mann zum erstenmal nach der Trauung ins Auge zu sehen. Man servierte uns Tee, den wir mit wahrer Wonne tranken. Denn nach der jüdischen Sitte hatten wir bis zu dieser Stunde gefastet.

Während des Abendessens, zu dem in der Scheune gedeckt wurde, und an dem das ganze Städtchen teilnahm, saß ich am Damentisch und mein Mann am Herrentisch. Die »Schewa broches«, die sieben Segenssprüche, welche der Rabbiner bei der Einsegnung des Ehepaares rezitiert hatte, wurden hier wiederholt, eine Zeremonie, die eine ganze Woche hindurch, aus besonderem Anlaß sogar während des ganzen Honigmonats, beobachtet werden muß. Dieses Trauungsmahl (Chuppewetschere) dehnte sich bis Mitternacht aus, denn die Aufheiterung des Chossen und der Kalle (m'ssameach chosson w'kaloh) gehörte zu den größten Mizwaus, d. h. gottwohlgefälligen Handlungen.

Am nächsten Morgen erschien die mit einer Schere bewaffnete Frau, und auf Befehl meiner Mutter schnitt sie mir das Haar ab. Man ließ mir zum Andenken noch etwas vom Stirnhaar zurück. Aber auch dieses verdeckte die Perücke.

Die Perücke war bereits ein Fortschritt; meine

letztverheiratete Schwester hatte nur eine festanliegende Kopfbedeckung aus Stoff und einem haarfarbenen Bande erhalten.

Die Operation war zu Ende. Ich warf einen Blick in den Spiegel und war entsetzt, über mein verwandeltes Äußere. Mein Mann tröstete mich aber liebevoll und versicherte, daß ich ebenso nett wie früher aussehe. So beruhigte ich mich allmählich. In der kunstvoll gearbeiteten Perücke mit einem koketten Häubchen, im hübschen Seidenkleid erschien ich, von Mutter und Schwiegermutter geführt, im Saale. Ich gefiel allgemein in meiner neuen Tracht, und es fiel so manche Bemerkung, die mich erröten ließ. Mein Mann wich nicht von meiner Seite.

Die letzten vier Wochen vor der Hochzeit wurde ich dermaßen behütet, daß ich buchstäblich keinen Schritt allein machen durfte. Ein Aberglaube herrschte sowohl im Volke, wie unter der damaligen jüdischen Intelligenz, daß die bösen Geister in den letzten vier Wochen, die man: kupferne, messingne, silberne und goldene nennt, besonders aber in der letzten, von der Braut Besitz ergreifen und leichten Zugang zu ihr haben könnten, wenn sie allein sei. Aus diesem Grunde wurde eine Braut, sowohl am Tage, wie bei Nacht, bis nach der Chuppe keinen Augenblick allein gelassen. Nach der Chuppe verloren die bösen Geister die Macht. Nun hörte auch meine Angst vor den Geistern, die ich überall auf mich lauern sah, auf, und ich freute mich meiner Freiheit.

Einige Tage vergingen in Lust und Freude. Ich fühlte mich heimisch in den neuen Lebensbedingungen und dachte nicht mehr mit solcher Angst an die Trennung von den Eltern.

Roschhaschonoh war vor der Tür, und meine Eltern wollten fort. Aber die Wengeroffs ließen sie nicht fahren. Sie nahmen die herzliche Einladung an, und wir verlebten gemeinsam die Feiertage. Aber nach den Feiertagen traten sie ihre Rückreise nach Brest an, und wir nahmen Abschied voneinander auf einige Jahre.

Und so kam ich als Gattin eines heißgeliebten, aber mir noch unbekannten Mannes in ein fremdes Land, unter fremde Leute, fremde Sitten und mußte mich in all dem Neuen mit meinen achtzehn Jahren zurechtfinden. So haben die Eltern in jenen Zeiten ihre unvorbereiteten, fast ahnungslosen Kinder verheiratet und, obwohl sie sie zärtlich liebten, hegten sie keinen Zweifel und keine Bedenken. Mit Zuversicht in Gottes Beistand übergaben sie die Kinder ihrem Schicksal. So nahm denn mein geregeltes jüdisches Eheleben seinen Anfang...

Vier Jahre im Hause der Schwiegereltern.

Konotop, das von nun an meine zweite Heimat werden sollte, war ein kleines Städtchen von zehntausend Einwohnern. Dem Aussehen nach machte Konotop ganz den Eindruck eines Dorfes.

Die Hauptbevölkerung in Konotop bildeten Christen — Kaufleute, Beamte und Ackerbauer. Die Juden, die hier in einer ganz geringen Zahl lebten, waren hauptsächlich Getreidehändler und Schankwirte. Mein Schwiegervater, der reichste Mann im Orte, war der »Otkupschczik« von Konotop. In jener Zeit übergab die Regierung einem reichen Kaufmann — Russen, Juden oder Griechen — kontraktlich das Monopol auf Branntwein und alkoholische Getränke. Nach diesem Vertrag war der Konzessionär »Otkupschczik« verpflichtet, außer der Kaution, die in liegenden Gütern und Staatspapieren bestand, jeden Monat eine bestimmte Summe in die Staatskasse zu entrichten; blieb die Zahlung einen, höchstens zwei Monate aus, so ging die Kaution verloren, und die Konzession fiel an die Regierung zurück. Jede Stadt hatte einen solchen Konzessionär. Diese Verpachtung war für den Staat sehr einträglich — der Gewinn wurde auf hundert Millionen Rubel jährlich berechnet, eine Summe, die, wie es allgemein hieß, ausschließlich für die Armee verwendet wurde. Aber auch die Konzessionäre hatten, wenn die Geschäfte normal gingen, ihren guten Verdienst dabei. Sie erfreuten sich aller Freiheiten und des Schutzes seitens der Behörden, führten ein vornehmes, reiches Leben, gaben oft große Gesellschaften, bei denen üppig geschmaust und getrunken wurde. Die schönsten Pferde, die elegantesten Equipagen der Stadt gehörten ihnen. Kleinen Selbstherrschern gleich lebten sie in ihrer Umgebung.

Mein Schwiegervater besaß, wie gesagt, eine solche

Branntweinkonzession. Den Genuß von Wein und Bier kannten damals nur die oberen Schichten der Gesellschaft. Das Volk trank Schnaps. Freilich verachteten auch die oberen Zehntausend den Schnaps nicht und tranken gern ein Gläschen, um ihren Appetit anzuregen. Der Arbeiter gebrauchte schon größere Dosen, um in den Ruhepausen »seine Kräfte zu stärken«. Den größten Absatz fand aber der Schnaps auf dem Lande bei dem Bauern, der ihn trank, um sich zu betäuben. Die Schänkstube war sein Klub, wohin er stets nach der Arbeit seine Schritte lenkte, wo er seinen »Wodka« trank, bald traurige, bald lustige Lieder dabei singend und oft im Rausche tanzend.

Der verführerische Schnaps war in den Städten viel teurer als auf dem Lande. Daher wurde Schmuggel damit getrieben. Es gab damals eine »Rogatka« (Schlagbaum) vor jeder Stadt. Ein »Straschnik« (Wächter mit einem großen Messingzeichen, dem Embleme der Konzession, auf der Brust und dünnem Eisenstock in der Hand) war der Hüter der Grenze. Mit diesem Stock durchstöberte er jeden Wagen, der an ihm vorbeifuhr, und wehe dem Bauern oder dem Kaufmann, bei dem etwas gefunden wurde. Der Unglückliche wurde ins Verwaltungsbureau geschleppt, der Tatbestand zu Protokoll genommen. Man behandelte den Ertappten dabei wie einen Verbrecher; und er entging nie einer großen Geldstrafe.

Mit solchen glücklichen Zufällen rechneten die Konzessionäre von vornherein. Sie bestritten teilweise die großen Ausgaben für das Personal, für die zahlreichen Aufseher zu Fuß und zu Pferde. Aber trotz der zahlreichen Hüter der Grenze wurde sehr viel geschmuggelt, und ganze Sendungen von 20 bis 30 Fässern auf Umwegen durch Schluchten, durch Wälder in finsteren stürmischen Winternächten in die Städte befördert. Da kam es nicht selten zu erbitterten Kämpfen zwischen den bewaffneten Hütern der Grenze und den ebenfalls bewaffneten

Schmugglern. Wie oft gab es bei diesen Zusammenstößen Tote und Verwundete! Die erbeuteten Wagen wurden mit Triumph in das Verwaltungsgebäude gebracht; und nun begann der Prozeß. — Die Angestellten kannten keine Ausnahme — jeder, der durch die Grenze kam, mußte sich einer Revision unterziehen. Und so behelligten sie auch die Pilger, die von allen Enden Rußlands barfuß nach der heiligen Stadt Kiew wallfahrteten, wo die Katakomben der unermeßlich reichen Kirche »Peczerskaia Lawra« die Überreste vieler Heiliger aufbewahren und wo sich das Grab des ersten russischen Herrschers Wladimir des Heiligen, befindet. Das Fläschchen Branntwein, das die Pilger, unter denen sich oft die vornehmsten Frauen und Männer des Landes befanden, zu ihrer Stärkung und zur Einreibung der wunden Füße bei sich trugen, wurde ihnen zumeist unter Schimpfen und Drohen fortgenommen. Nur selten ließ man die Pilger ungestraft ihres heiligen Weges gehen.

Die meisten Juden in Konotop waren Chassidim, eine in ihrem Wesen so vielfach verkannte, in ihren Lehren so oft verleumdete Sekte. Vor etwa hundertfünfzig Jahren ist der Chassidismus in Wolhynien entstanden als Reaktion gegen die vornehmlich in Litauen herrschende, trockene Talmudgelehrsamkeit. Es war gleichsam der Kampf des aufkommenden Mystizismus und der Romantik gegen den kühlen Rationalismus. Nicht in Klügeleien und komplizierten spitzfindigen Auslegungen eines Bibelwortes, nicht in unaufhörlichem Brüten über dem Talmud, nicht in den leblosen Wortgefechten besteht die echte, wahre Frömmigkeit. Mit Herz und Gefühl soll Gott gedient werden. Begeisterung, Inbrunst, Ekstase müssen den Menschen allem Materiellen entrücken und ihn in die geistigen Höhen zu der Sphärenharmonie emporheben. So lehren die Chassidim. Nach ihren späteren Lehren können immer nur wenige — durch absolute Vergeistigung eine höhere Erleuchtung, eine göttliche Inspiration erlangen.

Dies ist der Zaddik, der Rebbe, dem unbedingter Glaube und Vertrauen entgegenzubringen ist. Das Leben soll nicht getötet, sondern erhöht und gesteigert werden. Der Gottesdienst muß freudig und jauchzend verrichtet werden, und überall muß Schönheit sein. Die Schönheit des Rebben offenbart sich in allen seinen Bewegungen und reißt seine Anhänger zur Entzückung hin. Und so pilgern die Chassidim bei jeder Gelegenheit zum Rebben, nicht nur um Thora zu lernen und Gebete zu sagen, sondern um in der Frömmigkeit zu leben und seine Schönheit zu genießen. Der Rebbe hat Anteil an Gott. Seine Anhänger wollen Anteil haben an ihm. So greifen sie leidenschaftlich nach den Resten seiner Speisen. So verfolgen sie in Ekstase seine kleinsten Bewegungen, suchen ihn in seinem Tanze zu beobachten und tanzen mit ihm. Tanzend werden Gebete verrichtet, freudig gemeinsame Mahlzeiten eingenommen und zwischen den einzelnen Mahlzeiten Lieder im Chor gesungen, die der Rebbe einleitet. So erzählt ein chassidischer Weiser, Rabbi Leib: »Ich fuhr oft zum Magid (Prediger) von Mezritz, (einem Fleckchen in Polen), nicht etwa um Thoraneuigkeiten zu hören, sondern um zu sehen, wie er seine Strümpfe ab- und anlegt.«

In einem anderen chassidischen Buche wird erzählt: »Nie ist der Großvater aus Spale[6] Gott so nahe gekommen, nie hat er sich so innig mit ihm vereinigt, wie während seines Tanzes am Sabbath und Jomtow.« Er besaß dann die natürliche Leichtigkeit und Fröhlichkeit eines vierjährigen Kindes. Wer seinem Tanze zuschaute, dem würden sofort die Gefühle der Buße und Reue wach. Das Herz füllte sich mit Freude, und die Augen wurden tränenvoll. Rabbi Scholem war einst beim »Großvater aus Spale«. Voll Ekstase saß er in einer Zimmerecke, während in einer anderen der »Großvater« saß. Nach dem Essen richtete plötzlich der Großvater an Rabbi Scholem die Frage, ob er tanzen könne. »Nein,« antwortete Rabbi Scholem. »Dann sieh, wie der

Großvater tanzt.« Der Großvater erhob sich schnell von seinem Platze und begann einen herrlichen Tanz. Voll Begeisterung stand Rabbi Scholem da: »Seht, seht, wie der Großvater tanzt!« Diese Szene wiederholte sich einige Mal, und Rabbi Scholem sprach zu den Anwesenden: »Glaubt mir, seine Gliedmaßen sind unendlich weihevoll, mit jedem Schritt hebt er sich zur Gottheit empor, vereint sich mit der Gottheit.« Am anderen Tage saß Rabbi Scholem unbeweglich da und betrachtete bewundernd den alten Großvater.

Auch für die Naturschönheiten haben die Chassidim großes Verständnis; und es mutet uns fast pantheistisch an, wenn von Rabbi Nachman aus Bratzlaw erzählt wird, er habe die höchsten Stufen der Göttlichkeit erklommen, weil er in Feldern und Wäldern umherirrte, gemeinsam mit der Natur Lobhymnen an Gott richtete, in tiefen Höhlen Psalmen hersagte und ganz allein in einem kleinen Kahn auf dem großen, weiten See umherfuhr.

Der Rebbe ist die Verkörperung alles seelischen Adels. In ihm ist Gott am reinsten offenbart. Muß es da nicht selbstverständlich sein, daß man das Leben des Rabbi loslöst von allen materiellen Sorgen? Jeder, selbst der ärmste Chossid hält es für seine vornehmste Pflicht, für den Unterhalt des Rebben die sogenannten Pidjonim zu spenden. In diesem Eifer sind sich die mannigfachsten Untergruppen der Chassidim einig.

Es ist ein seltsames Leben, das die Chassidim führen. Sie weihen ihren Körper, denn auch er ist ein Geschenk des Herrn. Nur in höchster Reinheit wollen sie vor ihren Gott treten. Häufige Waschungen, mehrmalige Bäder am Tage, besonders in fließenden Gewässern, ganz gleich, ob es Winter oder Sommer ist, sind gottesdienstliche Handlungen. Trotz all den frommen Übungen muß doch bemerkt werden, daß die litauischen Chassidim viel nüchterner sind und dem praktischen Leben mehr Verständnis entgegenbringen als die polnischen. Sie sind besonnene Kaufleute, gute Familienväter und treue Ehemänner. Ihre ganze weltentrückte Ekstase findet ihren Ausdruck im Gebete. Vollends in jenen heiligen Stunden, wenn sie einmal im Jahre zum Rosch-Haschonoh-Feste zu ihrem Rebben fahren. In ihrem Rebben ist Seligkeit und die Gewißheit der Zukunft. Da braucht man nur auf das Grab des Zaddiks ein Stück Papier zu legen, das alle Wünsche für das kommende Jahr enthält, und man kann getrost heimgehen. Der Rabbi wird das Schicksal beugen. Tiefe, mystische Vorstellungen beherrschen das Sinnen und Handeln der Chassidim. Und es hieße, die verschlungenen Wege der Kabbala wandeln, wollte man die tieferen Beziehungen ihrer oft seltsamen Bräuche zu erkennen suchen. So entsinne ich mich, daß vor dem furchtbaren Tage der Versöhnung, an dem der Allmächtige über Leben und Tod entscheidet, in den chassidischen ebenso wie in den misnagdischen Häusern große Wachslichte angefertigt werden. Aber der siebenmal gefaltete Docht wird nicht früher in das Wachs gelegt, als bis aus den Fäden die Namen eines jeden lebenden Familienangehörigen, wie jedes toten zusammengelegt worden ist. Zwischen den Lebenden und den Toten ist ja nur ein äußerer Unterschied.

Reicher an Bräuchen, ungleich verinnerlichter ist das Leben der polnischen Chassidim. Hat doch auch heute noch — in diesen aufgeregten Tagen — der Chassidismus gerade in Polen die größte Zahl seiner Anhänger. Dort hat er nur wenig von seiner alten Kraft und seinen alten Formen verloren. In jenen Zeiten, von denen ich hier berichte, war der polnische Chossid ein Wesen, dessen Leben zwischen Himmel und Erde schwebte und in seiner Verklärtheit dem praktischen Alltag entrückt schien. Im Gebet erst reifte sein Menschtum zur Ganzheit und Schönheit aus. So heilig war das Gebet, daß es erst aus der Seele emporsteigen konnte, wenn alle irdischen Gedanken verbannt waren. Lieber gar nicht beten, als ohne Inbrunst beten, war ihr Grundsatz. Sie verschmähten darum die zeitlichen Grenzen, die für das Gebet vorgeschrieben waren, sie harrten der Feierstunden. Und wollte sich die Seele nicht aufschwingen zur Weltvergessenheit, dann mußte ein Gläschen Wein — des Brechers der Sorgen, des Bringers der himmlischen Freuden — nachhelfen. Ihr Auge, aus dem die Flammen des inneren Brandes schlugen, sah die Welt erfüllt mit guten und bösen Geistern. Sie nahmen mannigfache Formen an. So erschien ihnen die Frau als ein Dämon, der die Menschen verführt und in die Niedrigkeit herabzerrt. Lieber einen weiten Umweg machen, als zwischen zwei Frauen hindurchgehen.

Das Verhältnis der übrigen Judenheit — der Misnagdim — zu den Chassidim ist sehr feindlich. Zwischen den litauischen Chassidim und Misnagdim bestehen weniger Unterschiede. Und Konflikte sind nur selten, weil sie auch viel Gemeinsames haben, hauptsächlich die Talmudverehrung. Die polnischen Chassidim dagegen ignorieren mehr oder weniger den Talmud und schöpfen ihre Weisheit und Begeisterung aus i h r e n heiligen Büchern. Ein interessanter und bezeichnender Beleg für dieses feindliche Verhältnis zwischen den beiden Richtungen ist das Liedchen der Misnagdim über die Chassidim:

:|: Wer geht in Schül arayn?:|:
Unsere heilige Idelach.

:|: Wer geht in Schenk arayn?:|:
Unsere Kotzker Chassidimlach.
:|: La, la, la, la, la, la:|:
:|: Unsere Kotzker Chassidimlach.:|:

Auch die Wengeroffs waren Chassidim, aber litauische. Ich, die Tochter des Misnagid, sah und hörte hier viel Neues und mußte mich allmählich an manches Fremde gewöhnen.

Meine Schwiegereltern waren sehr gastfreundlich, und in

ihrem Hause verkehrten viele Leute. Dieser Verkehr war aber ein ganz anderer als der bei den Meinigen in Brest. Da es in Konotop keine vornehmen jüdischen Familien gab, so bildete sich allmählich der Verkehr mit Nichtjuden aus, der sich bald recht freundschaftlich und rege gestaltete. Junge Offiziere, Gutsbesitzer mit ihren Frauen und Geschwistern besuchten meine Schwiegereltern oft und gerne. Auch manche künftige Berühmtheit Rußlands befand sich darunter, wie: Dragomirow, der spätere Generalgouverneur von Kiew und Lehrer Alexander des III., Ponamariew, Mescenzow und noch andere, die später als Schriftsteller oder auf militärischem Gebiete bekannt wurden. Durch diesen Verkehr schlichen sich unvermerkt auch »christliche« Sitten ins Schwiegerelternhaus ein. Es entstand ein Gemisch von echt jüdischer Religiosität und nichtjüdischen Gebräuchen.

Allmählich fing ich an, mich an das neue Leben zu gewöhnen und schloß mich fest und innig meinen Schwiegereltern und den Geschwistern meines Mannes an. Sie bemühten sich alle, mir über den Schmerz der Trennung von den Meinigen hinwegzuhelfen, mir das eigene Elternhaus zu ersetzen. Ich war wie die Tochter im Hause. Auch manche Arbeit in der Wirtschaft übernahm ich. So war das Teeeingießen des Morgens und Abends, das je zwei Stunden andauerte, bald mein Amt. Anstrengend war die Erfüllung dieser Pflicht im Hochsommer während der großen Hitze. Nach vollendeter Arbeit war ich triefend naß. Hier, am brodelnden Samowar war es, wo mein Schwiegervater, sonst ein schweigsamer und etwas mürrischer Mann, mit mir die liebevollsten Gespräche führte und sich stets nach meiner Gesundheit erkundigte.

Zwei Menschen im Hause waren am meisten tätig: der Schwiegervater und die Großmutter. Ungeachtet ihres hohen Alters versorgte die alte Frau eine große Wirtschaft. Sie war das Muster einer Wirtin und verstand vortrefflich zu backen und zu kochen. Vom einfachsten Schwarzbrot bis zu den schmackhaftesten Leckerbissen wußte sie alles herzurichten. Sie war ein besonderer Künstler im Einkochen der mannigfachsten Früchte, denen sie dabei ihr natürliches Aussehen zu wahren verstand. Sehr beliebt waren ihre »Knischi«, Pastetchen, die sie mit Gänseschmalz, Grieben, Gänseleber, auch mit in Gänseschmalz gedämpftem Sauerkohl zu füllen pflegte. Ihr Meisterstück aber auf dem Gebiete stellten ihre Honiglekachs (Lebkuchen) dar. Sie siedete weißen Honig und goß ihn nebst etwas fein gesiebtem Ingwer in Roggenmehl, rührte alles mit einem Holzlöffel gut durcheinander und ließ die Masse ein wenig abkühlen. Dann nahm sie etwas von dem Teig, in den noch gute große Haselnüsse hineingeknetet wurden, zwischen beide Hände und rieb, zog, drückte ihn so lange, bis er ganz weich wurde und sich leicht von den Handflächen ablöste. So wurde mit dem ganzen Teig verfahren, der dann in einer Blechkasserolle im Ofen gebacken wurde.

Neben ihrer Kocherei hatte sie noch viel zu tun. Denn den ganzen Tag kamen Leute zu ihr, um sich Rat und Unterstützung zu holen. Sie war der Geburtshilfe ebenfalls beflissen und stand auch in dieser Hinsicht den Armen stets zur Seite. Täglich fast sah man die alte Frau von einer Menschenmenge umgeben aus der Synagoge zurückkehren. Der eine wollte von ihr Rat wegen einer Stellung. Ein anderer wegen Verheiratung seiner Tochter. Ein dritter klagte ihr über Schmerzen in der Brust. Eine Frau bittet sie, schleunigst zu ihrer Schwiegertochter zu kommen, die in Geburtswehen daliegt, usw. Die meisten fertigte sie noch unterwegs mit guten, verständigen Worten ab. Die andern, bei welchen die Not größer war, begleiteten sie ins Haus. Zu Hause sah sie sich zuerst in der Wirtschaft um, nahm eine Kleinigkeit zu sich und entfernte sich ins Kontor, um sich hier über verschiedene geschäftliche Angelegenheiten zu informieren. Hastig kehrte sie zurück, warf ihren Mantel um und eilte zu der Wöchnerin.

Sie leistete ärztliche Hilfe Juden und Christen in gleicher Weise. Sie verfügte über eine große Reihe von Rezepten und Heilmethoden, von denen mir noch einige in Erinnerung sind. Bei Brustschmerzen und starkem Husten ließ sie während eines ganzen Monats das folgende Getränk nehmen: Hafermehl, Sahne, Butter und vier Lot kandierten Zuckers mußten zusammen gut aufgekocht werden. Dieses außerordentlich nahrhafte Getränk kräftigte die Leute sehr bald und der Husten ließ nach. Zur Nachkur mußte der Kranke süße Sahne nehmen, die in einer Flasche so lange geschüttelt wurde, bis sich an der Oberfläche kleine Krümel Butter zeigten. Wurde diese Kur gewissenhaft durchgeführt, so war sie meistens erfolgreich. — Bei Rheumatismus, Blutstockungen und Kopfschmerz ließ sie vier bis sechs Wochen lang einen großen Kelch einer Abkochung von Sarsaparilla trinken. Bei Blutwallungen nach dem Kopfe und Schwindelanfällen war ihr souveränes Mittel der Aderlaß, wobei ein Teller voll Blut abgelassen wurde. Bei Fußbeschwerden ließ sie Bäder von durchgekochten grünen Pappelblättern machen. Sehr häufig empfahl sie auch Bäder aus einer Abkochung von trockenem, zerriebenen Heu. Dabei bevorzugte sie jene zerriebenen Heubröckel, wie sie sich in der Scheuer bei lange lagerndem Heu am Boden finden. Diese Bäder galten ihr übrigens auch als ein treffliches Mittel für kranke und schwächliche Kinder. Als allgemeines ableitendes Mittel bei den mannigfachsten Beschwerden liebte sie Pflaster von spanischen Fliegen. Diese wurden so lange auf der kranken Stelle belassen, bis sich eine Blase bildete, die sie dann mit einer Scheere öffnete und mit Buchnersalbe — eine Art auf Leinwand gestrichener Zugsalbe — längere Zeit offen hielt. Bei skrofulösen Kindern empfahl sie, Bäder aus Malz oder Rinde von jungen Eichen zu machen. Senfpflaster gab sie zwei- und dreijährigen Kindern bei Leibschmerzen. Ein sehr rabiates Mittel wandte sie bei Halsschmerzen und Mandelentzündungen kleiner Kinder an. Sie tauchte ihren Zeigefinger in heißes Wasser und massierte die Drüsen vom Munde her. Die Kinder machten dabei natürlich einen großen Lärm; und ich sehe noch die Alte, wie sie durch Schnalzen und Schmatzen mit den Lippen die Kinder zu beruhigen suchte. Versagten aber alle ihre Methoden, dann griff sie zu einem heroischen Mittel. Ich selbst hatte die Gelegenheit, diese Prozedur bei meinem Kinde zu verfolgen. Nach dem Tode meines erstgeborenen Kindes gebar ich ein Mädchen, das in seinem ersten Jahre — es wurde noch an der Brust ernährt — plötzlich zu kränkeln anfing. Es wurde immer blasser, immer schwächer und magerte ganz ab. Die Alte hatte alle ihre Mittel schon angewandt. Aber keines half. Das Kindchen siechte immer mehr und mehr dahin. Mit einem feierlichen Ernste sagte sie mir: sie werde noch ein Mittel probieren, aber das sei ein furchtbares Mittel, und es sei nicht unmöglich, daß das Kind unter Umständen dabei zugrunde gehen könnte. Das Kind schien uns ohnehin verloren. Und so entschlossen wir uns denn, diesen letzten entscheidenden Versuch zu wagen. Ein Ochse wurde auf dem Hof geschlachtet. Noch ehe man das Fell abzog, schnitt man den Leib auf und nahm den dampfenden Magen heraus. Er wurde in eine Krippe gelegt und mit einem wollenen Tuch bedeckt, damit er warm bliebe. So wurde er in das Krankenzimmer gebracht. Die Alte schnitt nun mit einem großen Küchenmesser den Magen auf, schob den dampfenden Speisebrei auseinander und setzte nun das halbtote Kind mitten hinein. Mit der einen Hand hielt sie das Köpfchen fest, mit der andern bedeckte sie immer wieder das Körperchen des kranken Kindes mit dem dampfenden Mageninhalt. Schon nach wenigen Minuten röteten sich die Wangen des blassen Kindes wieder. Die sonst halbgeschlossenen Augen öffneten sich und mit schwacher Stimme rief es mich: — Mamm', Mamm'. Nun nahm die Alte das Kind aus den Ochsenmagen, badete es und legte es in die Wiege. Nach einem halbstündigen, ruhigen Schlaf verlangte es zu essen. Seit jener Stunde, von der an es sich immer kräftiger und kräftiger entwickelte, aß es mit bestem Appetit und ich kann versichern, daß dieser Appetit auch heute noch meine Tochter — sie ist nun schon 55 Jahre alt — nicht wieder verlassen hat.

Man kann von der Großmutter wie von einem gesuchten Arzte sagen, daß sie eine große Praxis besaß. Natürlich hatte sie auch in der Nacht keine Ruhe. Ihr Zimmer, das einen Schrank mit Medikamenten enthielt, hatte ein Seitenfenster, an welches zu jeder Stunde der Nacht angeklopft werden durfte, wenn ihre Anwesenheit bei einer kreißenden Frau unentbehrlich war. Man brauchte nur ganz leise zu klopfen und den Namen »Beileniu« zu rufen, so erwachte die alte Frau sofort. In zehn Minuten stand sie fertig zum Ausgehen da. Ihre Kleidung war den Verhältnissen angepaßt. Sie trug große, warme Stiefel, ein warmes Kleid, auf dem Kopfe eine schwarze, warme Atlashaube und einen langen Pelz. Rasch nahm sie einige Medikamente mit und fuhr davon. Manchmal war die Armut der Leute, zu denen sie hinkam, so groß, daß sogar Windeln für das Neugeborene fehlten; da überlegte die menschenfreundliche Frau nicht lange. Sie riß ihr eigenes Hemd entzwei und wickelte darin das Kind ein. Sie machte selbst das Feuer im Ofen an, kochte Tee, badete das Kind, bedeckte die Kranke mit ihrem warmen Mantel und wich nicht von ihrer Seite, bis die Schmerzen ganz nachgelassen. Von solchen Wegen kam sie gutgelaunt zurück und erzählte häufig und gern von ihren Erlebnissen.

Nach der unter den Juden dieses Ortes herrschenden Sitte wurde die Hebamme stets nach der geleisteten Geburtshilfe mit einem weißen Hemd beschenkt. Meine Großschwiegermutter besaß viele solcher Hemden, deren Annahme sie aus Zartgefühl nie verweigerte. Sie lagen in einer Kommode aufbewahrt. Verlobte sich im Städtchen ein armes Mädchen, oder war die Not irgendwo so groß, daß sogar Wäsche fehlte, dann wurde die Kommode geöffnet und der Vorrat hervorgeholt.

Wenn ich jetzt die russisch-jüdischen Mädchen betrachte, die zahlreich und wissensdurstig die Universitätsauditorien und Kliniken füllen und der Gleichstellung der Frau in der Gesellschaft und Wissenschaft den Weg ebnen, so taucht in meiner Erinnerung das Bild jener Matrone auf, die sich in ihrem kleinen beschränkten Kreise ein Betätigungsfeld schuf und das soziale Empfinden in diesen edlen Formen betätigte. So sehe ich den Entwicklungsgang der jüdischen Frauen als eine lange ununterbrochene Kette, bei der sich Glied an Glied reiht, und nicht als etwas Zufälliges, Plötzliches und Neues im jüdischen Leben an.

Es könnte dem Leser etwas vag vorkommen, daß ich an ein einziges Beispiel anknüpfend zu solch allgemeinen Schlüssen gelange. Aber die Frau, deren Wesen und Leben ich hier so ausführlich geschildert habe, war keine Ausnahme, keine Einzelerscheinung. Es lebten unter den Juden viele solcher Frauen, und man kann von ihr wie von einem Typus erzählen. — Es war eine wunderbare Frau. Nach ihren nächtlichen Ausflügen ging sie oft, ohne zu ruhen, an die Tagesarbeit, versorgte schnell die ganze Wirtschaft und widmete dann den Rest des Tages dem Geschäfte.

Gewöhnlich stand sie um fünf Uhr morgens auf, sang mit Andacht viele Kapitel aus den Psalmen und nahm dann eine Tasse Tee. Um 7 Uhr morgens besprach sie die wirtschaftlichen Angelegenheiten mit der Köchin und ging dann in die Synagoge.

Ihre persönlichen Bedürfnisse waren sehr gering. Sie aß wenig und einfach. Für die Gäste aber mußte stets ein reichbesetzter Tisch hergerichtet werden, was in jenen

Zeiten in jedem reichen, vornehmen jüdischen Hause üblich war.

Die Bevölkerung, auch die christliche, von Konotop verehrte sie, alle Bekannten und Freunde brachten ihr die größte Achtung entgegen. Ihr Wunsch war jedem heilig. Ihr Wort galt als ein Gesetz, besonders bei ihrem Manne und uns Kindern.

Trotzdem sie aber die Macht besaß, ließ sie dies niemals jemanden fühlen. Nichts von Egoismus und Selbstüberschätzung war in dieser Frau, keine Starrheit der Gesinnungen, nur tiefer Ernst, religiöse Bescheidenheit und eine ungeheuchelte fromme Unterwerfung unter den Willen Gottes — das waren die Hauptmerkmale ihres Wesens. — Daß diese Frau das meiner sterbenden Schwiegermutter einst gegebene Wort in Treue hielt, braucht es besonderer Betonung? Sie war den drei Waisen gewordenen Kindern eine wahre Mutter, eine treffliche Erzieherin, die in ihrem weiten Blicke die Kinder zum Talmudstudium, wie auch zu dem der russischen Sprache anhielt.

Ihr Gatte, ein hageres Männchen mit blitzenden, gutmütigen Augen, war ihr ganz ergeben und fügte sich, weil er wußte, daß sie ihm in jeder Hinsicht überlegen war, ihrem Willen. Er war zwar auch im Geschäfte tätig. Das entscheidende Wort führte jedoch seine Frau. Wohl konnte er gelegentlich gegen die Enkelkinder streng werden. Aber niemand fürchtete ihn, weil man sein weiches Gemüt kannte. Er war tief ergriffen von allem menschlichen Elend. Szenen auf dem Hofe, die sich unter Dienstleuten abspielten, und die sonst niemand bemerkte, konnten ihn tief rühren. Im gewöhnlichen Leben war er ohne Initiative, energielos... Aber beim Vorbeten in der eigenen kleinen Synagoge wurde er ein neuer Mensch. Seine ganze Gestalt veränderte sich in dem Augenblick, da er die ersten Gebetworte sprach. Eine Kraft und ein Feuer kamen in seine Stimme, daß man staunen mußte, wo dieser winzige Körper sie hernahm. Der

Ton seines Betens wurde immer bewegter, immer verinnerlichter. Er geriet in eine weltentrückte Verzückung. Der kleine gebückte Mann wurde groß, so groß und erhaben, wie die Worte es waren, die er sprach.

Mir persönlich war er sehr gewogen und später, als mein Erstgeborener einige Monate zählte, kam der Urgroßvater jeden Morgen vor Tagesanbruch zu ihm ins Zimmer und spielte eine Stunde mit dem Kinde. Der Kleine erkannte ihn stets und streckte ihm die Händchen entgegen. Er nahm ihn aus der Wiege, hob ihn hoch über den Kopf und sang dabei: Haisurki, haisurki...

Das Kind lachte laut, zappelte vergnügt in der Luft und fuhr mit den Händchen dem Alten ins Gesicht und in den Bart.

Diese Szene wiederholte sich regelmäßig jeden Morgen. Halbschlummernd hörte ich manchmal aus meinem Schlafzimmer dem Spiel zu, und es wurde mir dabei stets so warm, so behaglich zu Mute.

Eine Geschichte, die in der Familie ein Geheimnis war und mir erzählt wurde, knüpft sich an dieses Ehepaar: Vor vielen Jahren wurde der Mann infolge einer Denunziation ins Gefängnis gebracht. Die tief erschütterte Frau schreckte vor keiner Gefahr zurück, um ihrem Mann Trost und Mut zu bringen. Sie besuchte ihn häufig im Gefängnis, als Soldat verkleidet — eine Tat, die, wäre sie entdeckt worden, ihr den sicheren Tod gebracht hätte.

Auch in dieser heroischen Tat kommt sie mir wie ein Vorbote derjenigen jüdischen Frauen vor, die seit den 80er Jahren an der russischen Revolution teilnahmen und unerschrocken für die gute Sache kämpfen. Aber zu jener Zeit war Rußland noch in tiefen Schlaf versunken, und für eine jüdische Frau gab es damals noch keine andere Möglichkeit, ihren heroischen Geist zu offenbaren, als im engen, geschlossenen Familienleben. Innerhalb dieses

Kreises hat sie auch vollauf ihre Mission erfüllt.

Munter trug meine Großschwiegermutter ihre Sorgen und blieb bis ins hohe Alter gesund und rüstig. Als ich ins Wengeroffsche Haus kam, war sie noch schön — eine Gestalt von mittlerer Stärke, ein ovales Gesicht, kluge, gute Augen, eine leicht gebogene Nase und ein sehr kleiner Mund mit blendend weißen Zähnen, der sich aber fast nie zum Lachen verzog; ein Kinn, auf dem seltsamerweise ein Bart wuchs, den sie sich jede Woche entfernen lassen mußte.

Ihr ganzes Trachten und ihre Mühe galten ihrem Sohne, meinem Schwiegervater. Er war der Mittelpunkt ihrer Gedanken und Bestrebungen, ihrer Sorgen und Wünsche. Sie hatte wohl noch eine Tochter. Aber ihr brachte sie wenig Interesse entgegen. Ihr ganzes Mutterherz gehörte dem Sohne, dem lichten Stern ihres mühevollen Lebens.

Meinen Schwiegervater hatte ich nur wenig Gelegenheit näher kennen zu lernen, weil er sehr oft auf Geschäftsreisen ging; und wenn er nach Hause zurückkehrte, nahmen ihn auch die Geschäfte ganz in Anspruch. Er war ein kluger Mann mit großen, talmudischen Kenntnissen; taktvoll gegen jedermann und seiner Frau gegenüber der liebenswürdigste Kavalier und geduldigste Ehemann. Seine Frau, eine gescheite, aber zugleich herrschsüchtige Gattin war von ihrer Allwissenheit überzeugt. Die allgemeine Achtung seitens aller Hausgenossen und die grenzenlose Vergötterung ihres Mannes unterstützten sie noch mehr in ihrem Selbstbewußtsein. Sie besaß Kenntnisse des Hebräischen, was ihren Stolz noch vergrößerte, um so mehr, als Bildung bei den Frauen nicht nur in Konotop, sondern in ganz Klein-Rußland damals zur Seltenheit gehörte.

Sie stand sehr spät auf. Wenn sie im Eßzimmer erschien, suchten entweder meine ältere Schwägerin oder ich ihr das Frühstück mit aller Aufmerksamkeit zuzubereiten. In diesem

Augenblick schon setzte ihre Kritik ein. Sie kritisierte den ganzen Tag, und alle Stubenmädchen und Bediente erhielten ihr Teil sogleich während des Frühstücks. Nach dem Frühstück nahm sie auf einer Veranda Platz, von wo sie einer Fürstin gleich ihr ganzes Hab und Gut übersah und beherrschte. Und alle im Hause, männliche und weibliche Dienstboten zitterten bereits vor ihrer Stimme.

Außer einem Schwager und seiner Frau, der Schwägerin Kunze, einer ungewöhnlich guten und schönen Frau, waren die übrigen Mitglieder des Hauses ganz junge Geschwister meines Mannes, noch Kinder.

Das war die Umgebung, in der ich mein neues Leben lebte. Es war ein vornehmes jüdisches Haus. Hier bot sich mir die Gelegenheit, alles das, was ich im Elternhause gelernt hatte, weiter auszuüben und zu entwickeln: Gastfreundschaft, Armenpflege, Studium, Gottesfurcht und Verehrung der Eltern — Tugenden, durch die wir Juden selig zu werden hoffen und die hier mit großem Eifer gepflegt wurden. Besondere Achtung und Verehrung empfand ich für meine Schwiegereltern deshalb, weil sie Waisenkinder wie Kinder armer Verwandten ins Haus nahmen, sie standesgemäß erzogen, sie verheirateten, und ihnen Geschäfte gründeten.

Auch der Sabbath wurde hier heilig gehalten. Aber ihn verschönte nicht jene Feierlichkeit, wie in unserem Elternhause. Der Freitagabend kam mir im Schwiegerelternhause gar nüchtern vor. Es störte meine Andacht, daß am Tisch von Geschäften die Rede war. Mein Schwiegervater unterhielt sich mit seinem Vater über neu gekaufte Pferde, ihre guten und schlechten Eigenschaften und ihre Krankheiten. Die jungen Leute — mein Mann machte es nicht anders — schliefen oft aus Langeweile bei Tisch ein, bis sie die Schwiegermutter lachend und neckend zum Tischgebet weckte... An Smiraus, die heiligen Sabbathlieder, dachte hier niemand. Man erfüllte zwar die Sabbathssitte ganz so wie sie vorgeschrieben war; man umging sie aber, wenn der Nutzen es forderte, auf eine schlaue Weise. Kam ein Geschäftsbrief am Sabbath an, so öffnete ihn der Schabbesgoj, und man las ihn dann ruhig durch.

Wie anders war es in meinem Elternhause! Der Sabbath war wirklich heilig, und mein Vater glich an diesem Tage einem ehrwürdigen Rabbi! Nichts verriet in ihm den Geschäftsmann, und weder Freitag abends, noch den ganzen Sabbath durch fiel ein einziges Wort über geschäftliche Angelegenheiten; sogar Briefe, die an diesem Tage ankamen, wurden beiseite gelegt und erst am Abend geöffnet. Im Wengeroffschen Hause war man nüchterner. Die stille, verklärte, fromme Begeisterung, die an Feiertagen in meinem Elternhause herrschte, fehlte hier ganz. Sonst erinnerte mich die Art, wie das Haus eingerichtet war, stets an mein Elternheim: ebenfalls große Räume, kostbares Mobiliar, schönes Silbergeschirr, Equipagen, Pferde, Dienerschaft, häufige Gäste...

Ich las in Konotop sehr viel, hauptsächlich russisch. Die deutschen Bücher, wie Schiller, Zschokke, Kotzebue, Bulwer, die ich aus Brest mitgebracht hatte, waren schon alle durchgelesen, — und jetzt kamen die russischen Bücher, welche die Wengeroffsche Bibliothek aufwies, an die Reihe. Ich las die Journale »Moskauer Nachrichten«, »die Nordbiene« usw. und unterrichtete meinen Mann, der äußerst lerneifrig war, in der deutschen Sprache. Sein Hauptstudium aber widmete er dem Talmud; jeden Montag und Donnerstag verbrachte er die Nacht mit seinem Rebben, über großen Folianten gebückt. Beim Tagesanbruch verließen sie erst das Studierzimmer.

Häufig saß er dort mit seinem Melamed, stundenlang auf einem niedrigen Schemel, von oben bis unten in einen großen Lappen, »Plachte,« gehüllt, das Haupt mit Asche beschüttet und tat »Goles abrichten« d. h. das Joch des Exils beklagen. Ein alter Brauch, den heute vielleicht von

Tausenden Juden einer übt.

Seit unserer Verlobung erfüllte meinen Mann mehr und mehr eine mystisch-religiöse Stimmung. Er vertiefte sich in die heiligen Geheimnisse der Kabbala. Dieses Studium weckte allmählich in dem schwärmerischen Jüngling den heißen Wunsch, nach Libawitz, dem Sitz des Oberhauptes der Litauischen Chassidim, zu wallfahren. Dort müsse er vom Rebben eine erschöpfende Antwort auf alle qualvollen Fragen und Rätsel erhalten. Dort wollte er seine Jugendsünden bekennen und um Ablaß bitten.

Kaum vor zwei Jahren noch hatte mein Mann freie Ideen vertreten, — was sogar zu Zwistigkeiten mit den Eltern geführt hatte. Nun verfiel er nach so kurzer Zeit in das Gegenteil und verlor sich in mystisch-ekstatischen Stimmungen.

Eines Morgens — es war Purim — während ich in der Wirtschaft tätig war, kam mein Mann zu mir in die Küche und erzählte mir freudestrahlend, aufgeregt, sein Vater erlaube ihm und seinem älteren Bruder in Begleitung ihres Rebben nach Libawitz zu reisen. Als Misnagdim-Tochter verstand ich nicht die Tragweite und den Ernst dieses Ereignisses. Zweifelnd fragte ich meinen Mann, ob es sein Ernst sei. Ich erhielt zur Antwort ein kurzes, aber vielsagendes »Ja«.

Man traf die Vorbereitungen. Und bald stand eine Kutsche mit drei kräftigen Pferden zur Abreise bereit.

Die Wandlung.

Ich weiß nicht, was bei dem Rebben vorgefallen war, denn nie sprach mein Mann von diesem traurigen Erlebnis; ich weiß nur, daß ein Jüngling voll Hoffnung und Begeisterung die Seinigen verließ und zu dem Rebben wallfahrtete, wie zu einem Heiligen, der einzig und allein die Macht besitzt, den Schleier von den großen Geheimnissen zu heben... und daß er ernüchtert zurückkehrte. Die blaue Blume, auf deren Suche er, so manchem anderen gleich, auszog, fand er nicht sonnenbeglänzt am Rande einer reinen, erfrischenden Quelle, sondern welk und unähnlich dem Bilde seiner Träume. Nicht Verzweiflung, sondern eine ruhige Trauer legte sich über sein Wesen. Der Zauber schwand und mit ihm das Interesse und die Inbrunst, die er im letzten Jahre den religiösen Gebräuchen und Pflichten entgegengebracht hatte. Und es begann das Sichlossagen von all dem, was bisher teuer und nahe war, so nahe, daß es mit dem Menschen verwachsen und in sein Blut übergegangen zu sein schien. Nicht plötzlich, nicht auf einmal kam es zum Vorschein — nur allmählich und leise, so leise, daß man es zuerst kaum merkte... Mein Mann verrichtete immer noch seine Gebete. Auch das Lernen mit dem Rebben dauerte fort. Ja, sogar das nächtliche Sitzen und Arbeiten über den Folianten hörte nicht auf... Aber das liebende Herz eines Weibes, das zu lauschen versteht und die leiseste Regung wahrnimmt, kann nichts täuschen... Das war nicht mehr das lebhafte Interesse des Forschers und Suchers, nicht mehr das inbrünstige, heiße Beten, das sich zur Ekstase erhebt, in welcher sich der Mensch Gott nahe fühlt und mit ihm redet ... Nein, es war eine tote Erfüllung der Pflicht. Jung und unerfahren, wie mein Mann war, verstand er es nicht, den goldenen Mittelweg zu finden. Von Enthusiasmus und religiöser Begeisterung zur vollkommenen Ernüchterung war bei ihm ein Schritt. Er tat ihn und betrat den entgegengesetzten Weg, den viele Juden bereits gegangen waren. Mein tiefreligiöses Gemüt erfaßte sogleich diese Wandlung. Es wurde mir gar schwer zumute. Ich ahnte schon damals all die Kämpfe, die mir in den nächsten Jahren bevorstehen sollten.

Die Erfüllung der religiösen Pflichten ohne die religiöse Überzeugung wurde meinem Manne auf die Dauer lästig. Er fing allmählich an, sie zu vernachlässigen. Die Eltern merkten es bald. Es entstand eine Spannung zwischen ihnen und dem Sohn. Die erste Auseinandersetzung erfolgte, als mein Mann sich den Bart schneiden ließ. Die Eltern waren darüber ungehalten und machten ihm bei dieser Gelegenheit schwere Vorwürfe, auch wegen der Vernachlässigung anderer religiöser Gebräuche, die sie bisher stillschweigend geduldet hatten.

Damals kam es auch zum ersten Konflikt zwischen mir und meinem Mann. Ich beschwor ihn, der Eitelkeit nicht nachzugeben und den Bart weiter wachsen zu lassen. Er fühlte sich verletzt, wollte nichts davon hören, erinnerte an seine Herrenrechte und forderte von mir Gehorsam und die Unterwerfung unter seinen Willen... Das war ein scharfer Stich für mein zartfühlendes Herz; der blaue Himmel meines Eheglücks trübte sich...

In dieser Zeit wurde ich Mutter. Der Wunsch meiner Eltern und Schwiegereltern ging in Erfüllung: Gott schenkte mir einen Sohn. Es war der erste Enkel und Urenkel männlichen Geschlechts. Die Freude war groß.

Es war eine schwere Stunde, aber die Liebe und die Sorgfalt halfen mir darüber hinweg. Im Getto hatte man ganz besondere Mittel, um der kreißenden Frau die Geburt zu erleichtern. Die erste Bedingung war, daß niemand im Hause außer der Hebamme und der ältesten Frau von der bevorstehenden Geburt erfahren durfte. War aber die bevorstehende Niederkunft bekannt, so war man sicher, daß sie lange dauern würde und gefährlich werden konnte. Neunmal wurde die Kreißende um den Eßtisch herumgeführt. Dann mußte sie dreimal über die Schwelle ihres Zimmers hin und her gehen. Alle Schlösser an den Schränken, Kommoden und Türen, sogar die Hängeschlösser an der Speisekammer wurden aufgeschlossen. Alle Knöpfe an der Leibwäsche der Kreißenden wurden aufgeknöpft, alle Knoten wurden aufgebunden. Dann, so glaubte man in der naiven Symbolik des Volkes, müßte auch das Kindchen leichter entbunden werden.

Die Wöchnerin wurde natürlich aufs sorgsamste gepflegt. Am ersten Tage bekam ich nur Schleimsuppe und Tee mit geröstetem Weißbrot. Am zweiten Tage begann die spezifische Wöchnerinnenschwelgerei. Schon früh am Morgen wurde Tee mit der besten Sahne gereicht. Nach zwei Stunden kam jene »Trianke« an die Reihe, jene Haferschleimsuppe, von deren Zubereitung ich besonders bei der Behandlung von Brustkranken sprach. Die Alte reichte sie mir immer mit den Worten: Dieser Teller Suppe, mein Kind, wird dir deine Eingeweide und deine Brust stärken und heilen. — Nach weiteren zwei Stunden mußte ich eine fette Hühnersuppe mit etwas Huhn zu mir nehmen. Bald folgte wieder eine »Trianke«. Die war aber wieder anders hergerichtet. Sie bestand aus gekochtem Honig, der einige Tage im Warmen offen gestanden hatte, und war mit einem spirituosen Auszug von Gewürzen, wie Kalhan, Badjan, Muskatnuß, Kaneel, Nelken, Zimt, Feigen, Johannesbrot übergossen. Ein Glas von diesem Nektar — und man schlief köstlich. Beim Erwachen hatte man meist starken Durst, der mit Tee kräftig bekämpft wurde. Natürlich fehlten Butterzwiebacke nicht. Nach weiteren zwei Stunden gab es Pflaumenkompott mit Mandeltorte, zum Vorabend wieder Hühnersuppe mit Huhn. — Diese Schwelgerei dauerte acht Tage. In besonderen Fällen wurde sie bis zu vier Wochen fortgesetzt. Es war eine feststehende Anschauung bei den alten Frauen: solange nicht ein ziemlich großer Topf mit Hühnerknochen gefüllt war, d. h. solange die Wöchnerin nicht eine bestimmte Anzahl von Hühnern verzehrt hatte, war sie immer noch als Wöchnerin zu betrachten.

Nach der allgemeinen Sitte kamen im Laufe der ersten Lebenswoche meines Sohnes jeden Abend mehr als zehn Knaben mit dem »Behelfer« (Hilfslehrer) zu mir ins Zimmer, um die erste »Parsche« (Teil) des Krias Schema (Abendgebet) herzusagen. Dieses geschah nach dem Glauben der frommen Juden zur Behütung des Neugeborenen vor den bösen Mächten. Die Kinder erhielten jedesmal nach dem Gebet Rosinen, Nüsse, Äpfel und Kuchen und der »Behelfer« nach Verlauf dieser Woche eine Geldgabe.

Zu dem gleichen Zweck der Behütung des Neugeborenen wurde bei den Juden kabbalistische Gebete, »Schemaus« genannt, über dem Kopfe der Wöchnerin an der Wand angeheftet, ein zweites Blatt an der Tür und ein drittes zwischen die Kissen des Kindes gelegt. In der letzten Nacht vor dem »Briß« (Beschneidung) wurde das Kind am meisten behütet — man nannte sie die »Wachnacht«. Am Vorabend der rituellen Zeremonie pflegte der »Mohel« das Messer in einer Scheide und häufig ein kabbalistisches Werk zu bringen, und die Hebamme legte beides unter die Kissen des Neugeborenen. Wenn nun das Kind gerade aufschluchzte, so bemerkte gewöhnlich die Hebamme bedeutungsvoll: Er weiß schon, was kommen wird. Lächelte er aber im Schlaf, so hieß es, daß der »Malach« (gute Engel) mit ihm spiele.

Am Vorabend der Beschneidung meines Sohnes gaben wir den Armen ein Mahl, wie es bei den vornehmen Juden vor einem Briß und einer Hochzeit Sitte war. Den Tag vorher sandte man den Synagogendiener »Schames« in die

Armengegend und lud die Armen formell ein — sogar die Straßenbettler wurden mit »zur Wachnacht gebeten«. In einem großen Raume des Hauses, das die Gastgeber bewohnten, stellte man einige Reihen langer Tische auf, an denen die Gäste Platz nahmen. Zuerst wurden die Männer und dann gesondert die Frauen bewirtet. Die Speisenfolge selbst wurde mit der Zeit ebenfalls typisch. Und so befand sich auf jedem Platz eine »Bulke« (Weißbrot), daneben ein Glas Branntwein und ein Stück »Lekach« (Lebkuchen); sodann folgten Fische oder Heringe, Braten und Grütze. Große Krüge Bier standen auf den Tischen. Man trank nach Belieben. Der Wirt, die Wirtin und ihre Kinder bedienten selbst die Gäste. Vor einer Hochzeit kamen auch die Braut und der Bräutigam zu der Armen und nahmen die übliche Gratulation — »Maseltoff« — entgegen. Die Armen benahmen sich gewöhnlich mit Anstand. Die Mahlzeit verlief nach allen Vorschriften der Religion. Zuerst wusch man sich die Hände. Dann wurde das Gebet gesprochen. Am Schluß wurde mit »M'sumon gebenscht« — es waren ja mehr als drei Leute da, an unserer Tafel sogar mehr als zweihundert. Nach dem Tischgebet gingen die Männer unter Segen- und Dankessprüchen. Dann kamen die Frauen an die Reihe. Vor dem Fortgehen erhielt noch jeder Arme ein Almosen.

Zu unserer Familienfeier bekamen wir liebe Gäste von auswärts: den Vater meiner Großschwiegermutter Reb Abraham Selig Selensky und seine Frau aus Poltawa. Das war ein kluger, vornehmer, religiöser, sehr alter Mann, der alte Selensky, der sich in Poltawa einer sehr großen Popularität erfreute. Es war noch einer vom alten Schlage, den der Geschäftseifer nicht hinderte, den Talmud stets fleißig zu studieren und die religiösen Pflichten streng auszuüben. Seine vier Söhne erhielten bereits europäische Bildung, haben es aber verstanden, das Neue zu erfassen und es in sich zu verarbeiten und gleichzeitig dem

Alten nicht zu entsagen. Der älteste unter ihnen war ungewöhnlich sprachkundig, der zweite Hofmaler, der dritte Rechtsanwalt und der jüngste ein berühmter Talmudist. Dieser Talmudist war dermaßen fromm, daß er sich nicht dazu entschließen konnte, seinen langen Bart schneiden zu lassen. Er trug ihn stets in einer Halsbinde halb versteckt, um nicht ausgelacht zu werden.

Doch ich wollte ja vom Briß sprechen. Schon früh am Morgen traf die Hebamme ihre Vorbereitungen für das Bad. Denn das Baden vor der Beschneidung ist eine ganz besonders feierliche Zeremonie. Das Kind wird sehr frühzeitig gebadet. Das Wasser darf nicht sehr warm sein, denn das Kind durfte nicht erhitzt werden. Sonst würde in der damaligen Anschauung nach der Operation eine Blutung eintreten. Beim Baden waren immer eine große Menge alter Frauen zugegen. Galt es doch als ein verdienstliches Werk, über das Kind zwei Hände voll Wasser zu schütten. Bei dieser Prozedur ließen die Frauen eine Silbermünze in das Wasser gleiten. Sie war für die Hebamme bestimmt.

In dem Zimmer, in dem die Beschneidung stattfindet, werden schon früh um 10 Uhr zwei große Kerzen in hohen Leuchtern angezündet. Auf einem besondern Tisch sind die Utensilien des Briß hergerichtet. Eine Flasche Wein, ein Becher, der mindestens den Inhalt von einundeinerhalben Eierschale fassen muß, ein Teller voll Sand, eine Büchse mit Puder, das aus altem verfaulten Holz besteht. Gegen 10 Uhr kommen schon die ersten Gäste an. Der Mohel ordnet an, daß das Kind jetzt gewickelt werden soll. In den reichen Häusern wurde für diese Windeln die feinste Leinwand verwendet. Das Kind erhält ein Mützchen auf den Kopf, wird in ein seidenes Steckkissen getan und mit einem Deckchen aus ebenso feiner Seide zugedeckt. Für das Wickeln vor der Beschneidung war eine ganz bestimmte Methode üblich. Eine Windel wurde dreieckig gelegt. Die

Händchen des Kindes wurden gerade an die Körperseiten angelegt und mit je einer Ecke der Windel umschlungen. Das feine, mit Spitzen besetzte Hemdchen wurde über dem Leibe des Kindes in einem breiten Saum hochgeschlagen. Dann wurde das Kind in eine große Windel gepackt, um die ein sehr langes und breites Wickelband so fest herumgeschlungen wurde, daß das Kind wie eine Mumie aussah. Nur die Füßchen blieben frei, damit dem Kinde nicht zu heiß würde, weil ja jede starke Erhitzung die Gefahr der Blutung gäbe.

Wehmütig blickte ich mein Kind an, das nun das Opfer für sein Volk darbringen sollte. Ich preßte es an mein pochendes Herz. Aber bald nahm mir die Hebamme das Kind fort und reichte es der ältesten und würdigsten Frau, die neben dem Bett stand. Sie wiegte es ein paarmal auf ihren Armen und reichte es dann der nächststehenden Frau, die es auch mehrmals hin und her schaukelte, um es dann weiterzugeben. So wandert das Kind von Arm zu Arm, bis es schließlich der Gevatterin überreicht wird. Sie tritt mit dem Kinde bis an die Schwelle des Zimmers, in dem der Akt vor sich gehen soll. Sobald die Festversammlung des Kindes ansichtig wird, rufen die Herren ihm ein Boruch Habo »Gesegnet sei der Kommende« zu. Der Gevatter (Quatter) übernimmt dann das Kind und reicht es dem Sandik (Syndikus), der, in einen großen Tallis gehüllt, auf einem Lehnstuhl Platz genommen hat. Seine Füße stehen auf einem Holzschemel. Dann spricht der Mohel ein ergreifendes Gebet. Er fleht Elijahu, den Schutzengel der Beschneidung, den wundertätigen Schirmer der Juden in Not und Fährde, um seinen Beistand an. Und nun folgt die eigentliche Beschneidung. Ein heftiger Aufschrei des Kindes. Und während der Mohel den Segen über den Wein spricht und dem Kinde den Namen gibt, hört man noch das leise Wimmern des Kindes, das sich erst dann manchmal beruhigt, wenn ihm der Mohel mit dem kleinen Finger ein paar Tropfen Wein auf die Lippen gibt. Vielfach ist es Sitte, daß bei den einzelnen Akten nach der Beschneidung beim Segen über den Wein, beim Namengeben und beim Schlußgebet je ein anderer Herr mit der Ehre, das Kind halten zu dürfen, ausgezeichnet wird. — Die Zeremonie endet damit, daß der Gevatter das Kind wieder der Gevatterin überreicht. Glückstrahlend nimmt dann die Mutter das Kind in Empfang, und das kleine Kerlchen darf nun an der Mutter Brust wieder seine genußreiche Ruhe finden. Er ist nun in den Bund Israels aufgenommen und ein Nachkomme des Patriarchen Abraham. Die Gäste bleiben noch lange bei einem Festmahl zusammen, gilt doch diese Szude als ein ganz besonders heiliges Mahl.

Ist die Beschneidung glücklich vorüber, — und ich erinnere mich eigentlich nie eines traurigen Zwischenfalles — dann ist die Macht der bösen Geister gebrochen. Nach drei Tagen war bei meinem Kinde die Wunde geheilt. Diese glückliche Heilung wurde wieder durch ein Festmahl gefeiert. Und bald konnte nun die mütterliche Sorgfalt sich ganz der körperlichen Pflege ihres Kindes widmen.

Es war ganz selbstverständlich, daß damals jede Mutter ihr Kind selbst stillte. Bevor die Mutter dem Kinde die Brust reichte, wurden jedesmal einige Tropfen zur Seite abgedrückt, weil Aufregungen, Kummer und Sorgen die ersten Tropfen vergiftet haben könnten. Die Entartung der Saugflasche war in das Getto noch nicht eingedrungen. Hatte eine Mutter zu wenig Nahrung, so steckte sie dem Kinde einen Schnuller in den Mund. Sie tat Weißbrot, im Notfalle Schwarzbrot mit einem Stückchen Zucker, nachdem sie es ordentlich durchgekaut hatte, in ein Läppchen und band es mit einem Faden zu. Ganz wunderliche Methoden gab es, um schreiende Kinder zu beruhigen. Das Kind wurde gebadet und nach dem Abtrocknen von der zumeist alten und erfahrenen Wärterin auf ein großes Kissen gelegt. Dann wurde der Leib mit Provenceröl tüchtig eingerieben, das linke Füßchen mit dem rechten Händchen über dem Bäuchlein des Kindes so zusammengedrückt, daß Ellenbogen und Knie nebeneinander kamen. Das gleiche Manöver wurde mit dem linken Händchen und dem rechten Füßchen vorgenommen. Dann wurden die Beinchen gestreckt und die Arme fest an den Körper gelegt. So wurde das Kind in die Höhe gehoben und für einen Augenblick mit dem Kopf nach unten geschaukelt. Alsdann wurde das Kind auf den Bauch gelegt, Rücken und Füßchen zart gestrichen. Mochte das Kind auch aus Leibeskräften geschrien haben, es wurde still.

Noch viel drastischer war die folgende Methode. Wollte noch so wildes Hin- und Herschaukeln der Wiege, die meist zwischen zwei am Kopf- und Fußende angebrachten Stricken frei schwebte, nichts helfen, so trug die Wärterin das Kind in die Küche, schaukelte es zunächst auf den Händen, und hob es dann für ein paar Minuten über den Herd in den Schornstein, wobei sie unverständliche Worte murmelte. Und wirklich: das Kind wurde ruhig, vorausgesetzt, daß die Wärterin nicht vorher vergessen hatte, Pfeffer und Salz in zwei kleine Beutelchen zu tun oder im Notfall in ihre Hand zu schütten und damit mehrmals um das Kind herumzugehen. Manchmal genügte dieses Umkreisen des Kindes schon allein, um es zu beruhigen. Sicher aber war es ein Mittel gegen den bösen Blick, der besonders dann zu fürchten war, wenn fremde Leute ein schlafendes Kind betrachteten. Ein anderes »unfehlbares Mittel« war, daß die Mutter sich auf ein Knie niederlassen mußte, während das Kind dreimal zwischen den Beinen hin und her geschoben wurde.

Leider aber gab es viele Kinder, bei denen die Unruhe schon der Beginn einer Krankheit war. Kam ein Kind nicht vorwärts, blieb es mager und schwach, dann stellten die alten erfahrenen Weiber die Diagnose: Rippküchen. Die Rippen des Kindes fingen zu dörren an. Ich glaube, das muß wohl so eine Krankheit sein, die man heute als englische Krankheit bezeichnet. Diese Kinder weinten natürlich sehr viel. Und um der Ursache dieser Unruhe zu begegnen, wußten die wohlweisen Weiber ein kräftiges Mittel. Sie legten das Kind aufs Bett und nahmen ein Rollholz, um das man in jenen Zeiten die Wäsche zu wickeln pflegte, legten dieses Rollholz auf die Rippen des Kindes und schlugen mit einem gekerbten dicken Brett, mit dem man ansonsten über das umwickelte Rollholz fuhr, neunmal darauf. Das war ein hartes Mittel, aber es half, wenn man die richtigen Beschwörungsworte wußte. Die bösen Geister liefen dann davon.

Allein es gab Kinder, die selbst nach dieser Prozedur und selbst nach den noch so feierlich gesprochenen Beschwörungen nicht ruhig wurden. Die Wärterin überlegte dann. Aber Gott half ihr, und sie fand die richtige Diagnose: das Kind hat Haare auf dem Rücken. War diese Diagnose gestellt, so ging man schnell an die Therapie. Das Kind wurde gebadet, abgetrocknet; und dann wurden Kugeln aus frisch gebackenem weichen Roggenbrot fest auf dem Rücken des Kindes hin und her gerieben, wobei ein Teil der Rückenhärchen sich an die Brotkugel festsetzte. Dann rieb sie nur mit der Handfläche den Rücken des Kindes weiter, bis die kleinen Härchen fest wie die Borsten standen. Und wirklich, meist wurden die Kinder ruhig.

Für ganz elende und abgemagerte Kinder wandte man noch die folgende Methode an: Das Kind wurde nach dem Mittagessen in das noch mit allen Brotkrumen bedeckte Tischtuch gewickelt, dann auf einen Augenblick in einen großen, verschließbaren Koffer gelegt. Schnell wurde der Deckel geöffnet. So machte man es täglich durch vier Wochen. In dem Tischtuch pflegte man das Kind alle Woche zu wägen. Wenn das Kind gesunden sollte, so nahm es jede Woche an Gewicht zu. Wenn dann die erste schmale Sichel des Mondes sichtbar wurde, dann hielt man das Kind so dem Monde entgegen, daß es ihn sehen konnte. Dazu sprach man die folgenden Worte: Mjesjatz, Mjesjatz wisokoss, dai tyello nassej kosst, zu deutsch: Mond, Mond, wachse, gib Fleisch auf diese Knochen.

Nach 18, oft schon nach 15 Monaten wurde das Kind entwöhnt. Gab die Mutter dem Kinde zum letztenmal die Brust, so setzte sie sich auf die Schwelle und gab dem Kinde so lange zu trinken, bis es von selbst aufhörte und müde den Kopf zur Seite legte. Das war ein schwerer, aber doch festlicher Tag. Die grobe Abhängigkeit des Kindes wurde da gelöst. Hatte aber die Mutter an diesem Tage so manchen Schmerz, so war es ein Jubeltag, wenn das Kind zum ersten Male sich auf die Beinchen stellte und ging. An dieser Stelle machte dann die Mutter einen Einschnitt in die Diele, das bedeutete: die »Pente zerschneiden«. Die Fesseln waren von den Füßchen des Kindes genommen.

Gleichzeitig mit dem Briß meines Sohnes fand noch eine große religiöse Zeremonie statt. Meine noch junge Schwiegermutter Cäcilie ließ seit einem Jahre eine »Sefer Thora« schreiben, wofür sie mehrere hundert Rubel bezahlte. Sie wollte die heilige Rolle in der Synagoge, welcher sie gewidmet war, einweihen lassen. Diese Handlung meiner Schwiegermutter fand sowohl in ihrem Hause, wie im Städtchen großen Beifall und wurde einer Frau hoch angerechnet. Der Sofer, d. h. der Schreiber der Thora, ein wahrhaft religiöser Jude, der mit Beten und Fasten sein Leben verbrachte und als ehrlicher Mann in Konotop bekannt war, brachte die heilige Rolle zu uns ins Haus.

Die Zeremonie der Thoraeinweihung beging man wie eine Hochzeit; man holte die »Chuppe« (Baldachin), stellte sie in einem großen Saal auf. Dem Rabbiner war die Ehre zugeteilt, die Thora zuerst auf die Hände zu nehmen und mit ihr unter die Chuppe zu treten. Dann begab man sich nach der

Synagoge — der Rabbiner voran, und ihm folgten die Würdigsten und Ältesten der Stadt. Zuletzt die Frauen und Mädchen mit brennenden Kerzen in silbernen Leuchtern. Selbst die Mädchen in diesem Zuge durften nicht mit entblößtem Haupt mitgehen. Als sich der Zug gerade in Bewegung setzte, ertönte die fröhliche Musik einer Kapelle. Ein munterer Marsch erschallte durch die Straßen. Unter seinen Klängen hüpfte der ganze Zug im Tanz. Lebhaft tanzten die Männer, leidenschaftlich in die Hände klatschend. Hinterher hüpften die Frauen und Mädchen. Alle zusammen jubelten, jauchzten, freuten sich und ehrten die schöne Tat der frommen Frau.

So kam der Zug in der Synagoge an. Da die Zeremonie bis zum Vorabend dauerte, verrichtete die große Menge gleich dort das Minchagebet.

Die Einweihung der Thora gehörte zu den feierlichsten Handlungen. In einem jüdischen Städtchen war es ein Ereignis, das man nicht leicht vergaß. Ich erlebte es zum erstenmal. Es machte auf mich einen großen Eindruck. Aus einem Fenster sah ich dem Zuge zu und bedauerte sehr, ihn nicht mitmachen zu können.

Nach diesen Feierlichkeiten verreisten unsere Gäste aus Poltawa. Jedermann nahm seine Pflichten wieder auf. Das Leben im Schwiegerelternhause ging seine gewohnten Wege. Ich erholte mich allmählich. Das Mutterherz schwelgte in neuen Seligkeiten. Ich vergaß die Sorgen der letzten Zeit, als ich das Büblein anschaute, das kleine winzige Wesen, das noch so ruhig schlummerte, nichts hörte, nichts sah und nichts von der jungen Mutter wußte, die stundenlang an seiner Wiege stand, ihn anblickte, ihm zulächelte und von seinem künftigen Glück und seiner Größe träumte. — Monate vergingen, und mein lieber herziger Bub — er war blond und hatte blaue Augen, ganz verschieden von dem Wengeroffschen Typus — wurde immer größer, er gedieh zu einem kräftigen, gesunden

Kinde. Mit jedem Tag wuchs meine Freude an ihm...
Welchen neuen Inhalt erhielt mein Leben! Meine Liebe teilte sich jetzt zwischen meinem Mann und dem Kinde, und wahrlich, beide kamen nicht zu kurz dabei! Selbstverständlich war der Kleine der Liebling des ganzen Hauses.

Daß unser Eheleben noch zärtlicher, unsere gegenseitige Anhänglichkeit und treue Liebe durch dieses Kind noch intensiver wurde, brauche ich das noch zu sagen?

Es verging die Zeit, und unser Sohn wurde zwei Jahre alt. Seine geistige Entwicklung eilte der körperlichen weit voraus. Er war über sein Alter aufgeweckt und klug. Ich war mit meinem Manne stolz auf unseren Erstgeborenen. Wir schmiedeten große Pläne für seine Zukunft.

Aber es gefiel Gott anders, und er nahm ihn zu sich, diesen unseren Liebling... Vom ununterbrochenen Wachen an seinem Krankenbette müde, verließ ich das Lager meines kranken Kindes. Im Nebenzimmer legte ich mich kraftlos auf das Sofa und versank in einen schweren Schlaf. Mir träumte, ich wäre im Eßzimmer; durch die geschlossenen Läden dringe etwas Licht hinein; im Zimmer herrschte Halbdunkel. Trotz der geschlossenen Läden konnte ich doch alles, was draußen vorging, wahrnehmen. Ein großer schwarzer Hund heulte furchtbar, den Kopf ganz in den Nacken werfend, und hinter ihm stand eine Anzahl Musikanten; sie spielten auf Geigen, die mit schwarzem Tuch überzogen waren und die sie verkehrt in den Händen hielten. Erstaunt fragte ich sie, warum sie auf diese Weise spielten, und erhielt die düstere Antwort: »Heute müssen wir so spielen«... Ich erwachte in Angst und Schrecken und stürzte in das Krankenzimmer. Doch man ließ mich nicht mehr zu meinem Kinde. — Es war nicht mehr das meine! — Weit, weit von mir, in die Himmelshöhen ging es und nahm mein junges, verzweifeltes Mutterherz auf immer mit sich.

Es war der erste schwere Schicksalsschlag, der mich traf, und erst die beiden Kinderchen, die mir Gott in den nächsten Jahren schenkte, trösteten mich ein wenig und linderten meinen Schmerz.

Inzwischen hatte sich der Konflikt zwischen meinem Gatten und seinen Eltern noch zugespitzt. Mein Mann fand keine Freude mehr daran, mit dem Rebben gemeinsam den Talmud zu studieren. Er holte die großen Folianten (Gemores) zu sich in unsere Wohnung und lernte selbständig. Er sah es gern, wenn ich mit einem Buch oder einer Handarbeit neben ihm saß, und wenn er müde wurde, lasen wir dann zusammen in einem deutschen Werke. Dieses Talmudstudium verlor aber ganz den früheren religiösen Charakter und wurde bei meinem Manne mehr zum Philosophieren, zu einer kritischen Betrachtung und Prüfung und spielte nicht mehr die Hauptrolle in seinem Leben. Er widmete sich jetzt mehr dem Erwerbsleben und unternahm sogar mit meiner Mitgift selbständige Geschäfte, wobei er aber das ganze Geld verlor. In den kaufmännischen Angelegenheiten hatte ich bei ihm keine Stimme; meine Ratschläge nannte er Einmischung und wollte von ihnen nichts hören. Er war der Meinung, daß eine Frau, besonders aber die seinige, keine Begabung in dieser Richtung besitze und empfand meine Einmischung als eine Erniedrigung für sich. Diese Meinung war damals bei den meisten Juden Kleinrußlands verbreitet, besonders aber bei den Konzessionären, die in ihrem Dünkel sich als Selbstherrscher fühlten und keine Ratgeber dulden wollten.

Wohl keinem meiner Geschwister ist das Lied von der Wanderung so oft und so vernehmlich an der Wiege gesungen worden wie mir. Die vier Jahre, welche wir im Schwiegerelternhause verleben sollten, waren um; und nun hieß es, ein selbständiges Leben beginnen. Die Schwiegereltern besorgten für uns ein Geschäft, ebenfalls eine Konzession auf Branntwein, und wir mußten nach einer anderen Stadt übersiedeln.

Eines Morgens stand eine große, bequeme Equipage vor dem Hause zur Reise fertig und noch ein Wagen mit Lebensmitteln daneben. Die Abschiedsstunde war gekommen. Begleitet von Segenssprüchen, bestiegen wir, mein Mann, ich, zwei Kinder und zwei Bediente, unseren Wagen, und fort ging es in die Welt, den neuen Schicksalen entgegen.

So verließen wir nach vierjährigem gemeinsamem Leben dieses Haus, wo wir das patriarchalische jüdische Familienleben zuletzt gelebt haben; wir verließen es für immer.

Weitere Schicksale.

Luben hieß der Ort, in dem wir unsere selbständige Existenz begründen wollten. Die jüdische Bevölkerung in diesem zu Kleinrußland gehörenden Städtchen war in der Kultur weiter fortgeschritten als die in Konotop; zumal in der äußeren Lebensweise, den Gebräuchen und Sitten näherte sie sich mehr der europäischen Art. Die wenigen Juden in Luben, die dem überlieferten Judentum noch treu anhingen, spielten hier keine Rolle. Man führte hier ein Leben, das durchsetzt war mit Sitten und Gebräuchen der großen Mehrheit der christlichen Bevölkerung. Es gab dort keine Talmudisten, keine großen jüdischen Gelehrten, nicht einmal eine große Synagoge. Es war aber nicht eine Irreligiosität, die die Aufklärung mit sich bringt. Es war einfach ein Mangel an Tradition, Unwissenheit und ein Aufgehen in fremder Art.

Es existierte in Luben eine kleine jüdische Gemeinde, deren Mitglieder ganz ungebildete und unwissende Leute waren, die uns als die geistige Aristokratie betrachteten.

In Luben fanden wir bereits eine kleine Wohnung vor, welche die Schwiegereltern unseren Bedürfnissen und Ansprüchen entsprechend eingerichtet hatten. Es dauerte nicht lange, und ich fand mich in meiner ziemlich großen Wirtschaft zurecht und führte sie mit Sachkenntnis. Mein Mann übernahm das Geschäft, für das er, wie sich erwiesen hat, Fähigkeiten besaß.

Nun war die Rücksicht auf die Eltern nicht mehr wirksam. Mein Mann durfte frei nach eigenem Willen sein Leben gestalten. Das tägliche Beten in Tallis und Tefillin hörte jetzt auf. Aber das Interesse am Talmud dauerte noch an. Er diskutierte gern und lange mit dem Rabbiner der Stadt, welcher häufig als Gast in unserem Hause verkehrte; doch hatte dieses Interesse, wie ich schon früher bemerkte, einen rein wissenschaftlichen Charakter angenommen.

Die berühmte kleinrussische Gastfreundschaft herrschte auch in unserem Hause; wir wurden schnell bekannt und beliebt, und die Besuche von Verwandten, Freunden und Bekannten hörten gar nicht auf. Dreimal täglich war der Tisch reichlich für acht bis zehn Personen gedeckt. Es gab fast nie eine Mahlzeit ohne Gäste. Unsere Wirtschaft vergrößerte sich von Tag zu Tag. Sie wurde freilich viel zu groß für unsere Verhältnisse. Die Schwiegereltern machten uns schwere Vorwürfe wegen dieser Verschwendung.

»Es ist eine Nachricht von Kathy gekommen.« Mit diesen Worten trat mein Mann an einem Samstag Morgen in mein Schlafzimmer und reichte mir ein Blatt Papier, auf dem mit Bleistift folgendes geschrieben war: »Schwester, schicke mir etwas zu essen, ich und mein Kind sind hungrig und wir haben nichts bei uns.« Mein Mitleid und mein Schreck waren grenzenlos, und ich überhäufte meinen Mann mit Fragen. Ich erfuhr, daß der Bote in der Küche wartete, warf hastig etwas über und lief zu ihm hinaus. Von dem Überbringer des Briefes, einem jungen Bäuerlein, erfuhr ich, daß der jüdische Fuhrmann, mit dem meine Schwester gekommen war, Freitag abends in einem Dorfe unweit Luben haltgemacht hatte und wegen der Sabbathruhe und eines Schadens an dem Wagen nicht hatte weiter fahren wollen, trotzdem er selbst, sowie seine Passagiere, auf diese Weise ohne Lebensmittel bis zum Abend des nächsten Tages unterwegs zu bleiben gezwungen waren. »Heute Abend«, fügte das Bäuerlein hinzu, »kann sie schon hier sein.«

Ich überlegte nicht viel, lief ins Speisezimmer, packte in eine Serviette lauter gute, schmackhafte Speisen ein: ein Sabbathbrot, kaltes gekochtes Huhn, Butter, Käse, etwas Likör und Mandeltorte, die meine Schwester, wie sie mir nachher erzählte, sofort an unsere Kindertage, an die Heimat erinnerte. Dieses Paket sollte der Bauer, welcher für seine Mühe einen Silberrubel erhielt, schleunigst meiner Schwester hinbringen.

Nachdem der Bote abgefertigt war, kleidete ich mich an, ordnete das Nötige in der Wirtschaft, wobei mich eine nervöse, freudige Ungeduld gar nicht verlassen wollte. Am liebsten hätte ich den Wagen anspannen lassen, um meiner Schwester entgegenzufahren und sie abzuholen. Aber es war ja Samstag, und in jenen Zeiten, in denen die Religion bei uns Juden in Rußland das ganze Leben, Tun und Handeln regelte und bestimmte, durfte ich meinem Herzenswunsch nicht nachgeben; hatte doch auch der Kutscher fast nur des Sabbaths wegen seine Passagiere beinahe verhungern lassen...

Es wurde dunkel; ich deckte den Teetisch, traf Vorbereitungen für die lieben Gäste und wartete. Endlich kamen sie. Wie herzlich war unsere Begrüßung! Wir freuten uns so sehr miteinander! An diesem Abend gingen wir spät zur Ruhe. Ich begleitete meine Schwester in das für sie bequem eingerichtete Zimmer, küßte sie herzlich und lud sie ein, gemeinsam mit uns morgen zu frühstücken. Als wir am nächsten Morgen zum Tee erschienen, erwartete uns bereits mein Mann. Ich bemerkte sogleich eine Befangenheit im Benehmen meiner Schwester, suchte nach der Ursache, konnte sie aber nicht finden. Mein Mann verließ uns. Wir beide blieben noch lange am Teetisch sitzen und plauderten von unseren Erlebnissen. Wir vergaßen vollkommen die Gegenwart und verloren uns in der Vergangenheit. — Dann kehrte mein Mann vom Geschäft zurück. Wir speisten in munterer Stimmung zu Mittag und plauderten immerfort bis spät in die Nacht hinein. — Das Fragen und Erzählen hatte kein Ende; was wollten wir alles voneinander erfahren nach der vierjährigen Trennung!

Als ich Schwester Kathy an diesem zweiten Abend unseres Zusammenseins auf ihr Zimmer begleitete, lud ich sie wieder herzlich ein, mit mir und meinem Manne gemeinsam das

Frühstück einzunehmen. Da umarmte sie mich und bat befangen, in ihrem Zimmer allein frühstücken zu dürfen, und als ich sie befremdet nach der Ursache fragte, antwortete sie mir verlegen: »Ich habe außer meinem Manne noch keinen Mann im >Chalat< (Morgenrock) gesehen, und das geniert mich bei deinem Manne.« Obwohl ich diese für die damaligen Jüdinnen bezeichnende Schamhaftigkeit etwas seltsam fand, bat ich doch meinen Mann, dem Wunsch der Schwester nachzugeben. Er erschien von nun an, trotz seines Hanges zur Bequemlichkeit, am Frühstückstisch vollständig angekleidet. So rücksichtsvoll blieb er die ganze Zeit; er bezeigte seiner Schwägerin vom ersten Tage ihrer Ankunft an stets die größte Ehrerbietung und Aufmerksamkeit und fand es ganz in der Ordnung, daß ich ihr stets den ersten Platz am Tisch einräumte, auch wenn die vornehmsten Gäste zugegen waren. Ihr fünfjähriges Töchterchen wurde von uns allen zärtlich geliebt und gepflegt.

Drei Monate vergingen seit der Ankunft der Schwester Kathy, als wir von unserer älteren Schwester Marie die Nachricht erhielten, daß sie uns in den nächsten Tagen besuchen würde. Wieder umfing mich eine ungeduldige, freudige Spannung. Es vergingen aber mehrere Tage, und sie kam immer noch nicht. Auch blieb jede weitere Nachricht von ihr aus. Unsere Unruhe wuchs. Eine Möglichkeit der schnellen Verständigung in die Ferne wie heute gab es nicht. Und so blieb uns nichts anderes übrig, als geduldig zu warten, bis sie uns eines Tages überraschte. Stürmisch war die Freude des Wiedersehens. Ihr Aufenthalt in unserem Hause verbreitete allgemeinen Frohsinn. Wir wurden lustiger, jugendlicher. Das Verhältnis zwischen meinem Mann und Marie gestaltete sich viel gemütlicher und unbefangener als seine Beziehungen zu Kathy. Man lachte, sang und scherzte den ganzen lieben Tag. Wir suchten alles, was Luben an Unterhaltung bot, auszunutzen, um uns gut zu amüsieren.

Zu den Belustigungen, die Luben während des Aufenthalts meiner Schwester Marie bei uns bot, gehörte auch das Theater, das regelmäßig einmal im Jahre zur Zeit des großen Jahrmarkts in unser Städtchen kam. Dieses Theater, das aus einer wandernden Truppe bestand, befand sich noch in einem sehr primitiven Zustande. Als Theatergebäude diente hier, wie auch sonst in Provinzstädten, eine Scheune. Die Wände schmückte man mit bunten Bettüchern. Aus Brettern wurde eine Erhöhung, die Bühne, hergestellt. Bänke, Stühle, sowie das ganze notwendige Mobiliar, ja selbst einzelne Kleidungsstücke lieferten die wohlhabenden Bewohner von Luben. Dafür hatten sie freien Zutritt. Man erhielt aber keine Freikarten, wie es heute zu geschehen pflegt. Es genügte, wenn man vor der Kasse den geliehenen Gegenstand laut nannte, um ohne weiteres hineingelassen zu werden. »Ein Leuchter«; »drei Kattundecken«; »zwölf Stühle«; »ein Rock«, hörte man die Gäste rufen. Gleich zog sich der geliehene Kattunvorhang zurück, und der Gast konnte seinen Platz einnehmen.

Die Vorstellung in diesen Theatern sollte gewöhnlich um neun Uhr abends beginnen, fing aber fast nie vor elf Uhr an, weil stets auf die Würdenträger des Ortes gewartet wurde.

Während der Pausen spielte eine Musikkapelle, zumeist ausschließlich aus jüdischen Musikanten — »Klesmorim« — bestehend. Da diese mit dem Publikum gut bekannt waren, so geschah es oft im Theater, daß die Gäste von ihren Sitzen aus den Musikanten ihre Wünsche zuriefen: »Jankel, spiel a Polke!« Dann wieder »a Walzer« usw. Jankel erfüllte selbstverständlich den Wunsch seines Bekannten, sein Kollege wieder den des seinigen, so daß die Pausen sich bis ins Unendliche hinauszogen. Oft kam es vor, daß es schon heller Tag war, wenn die Leute das Theater verließen.

Das Theater war ein Ereignis im Städtchen. Man begrüßte es immer mit großer Freude und besuchte es jeden Abend. Von den Juden ging nur die Jugend ins Theater. Die Alten und Frommen besuchten es nie, ließen aber die Jugend gewähren und schwiegen weise dazu.

Da wir zu den Wohlhabendsten des Städtchens gerechnet wurden und sehr viele Gegenstände geliehen hatten, so überließ man uns mehrere Plätze. Wir gingen fast jeden Abend dorthin in großer, lustiger Gesellschaft und amüsierten uns köstlich.

Wir hatten in dieser Zeit viel Besuch; an den drei täglichen Mahlzeiten nahmen bis fünfzehn Personen teil. Dabei wurde streng auf »Koscher« geachtet; Milch- und Fleischgeschirr waren voneinander geschieden sowohl im Gebrauch, wie auch beim Abwaschen.

Am Freitag abend wurden nach dem jüdischen Gebrauch für jeden Herrn zwei ganze Brote (»Challes«) zur »Mauze« seinem Gedeck beigelegt; und die Zahl der Herren in jenen lustigen Wochen war nicht gering... da gab es viel zu tun!

Marie blieb einige Wochen bei uns und verließ uns sehr entzückt über die gastfreundliche Aufnahme. Die Solidarität zwischen den Angehörigen einer Familie gehörte zu den größten Tugenden, die sogar unter dem Einflusse der ganzen Sturm- und Drangperiode, die so manche gute Sitte des jüdischen Familienlebens zerstörte, bestehen blieben, wenn auch nicht in dem hohen Maße wie vorher. Wie alle Ethik bei den Juden, wurzelte sie in den religiösen Gesetzen, in denen es heißt: »Du sollst dich deinem Blute nicht entfremden.«

Und so blieb Kathy, da sie wegen des Krimkrieges nicht zu Haus bleiben konnte, vierzehn Monate unser Gast — lange, lange Monate, in welchen die arme Frau viel Leid und Kummer durchgemacht hat.

Tage und Wochen vergingen. Ihre Niederkunft stand nahe

bevor. Die Großmutter meines Mannes, von deren ärztlichen Kenntnissen und Fähigkeiten ich ausführlich gesprochen habe, erbot sich, zu uns nach Luben herüberzukommen. Im November erhielten wir die Nachricht, daß die opferwillige Frau auf dem Wege zu uns war. Der böse Zufall wollte es, daß nicht Frost und Schnee, wie sonst um diese Zeit in Rußland, sondern regnerisches Wetter herrschte, und statt einer bequemen, schnellen Fahrt im Schlitten mußte die alte Frau den beschwerlichen Weg in der »Postkibitka« machen, einer höchst primitiven Kutsche ohne Federn. Nach zweitägigen Reisestrapazen langte sie bei uns an, ermüdet und erschöpft. Zum Glück war sie in einen Riesenpelz gehüllt, der sie vor Erkältung bewahrte.

Der neue Familiensprößling ließ nicht lange auf sich warten. Es war ein Sohn. Nach dem Briß reiste die Großschwiegermutter fort. Kathy erholte sich allmählich, wir kehrten zu unserm normalen Leben zurück. Nach wie vor verging keine Mahlzeit ohne Gäste. Der Keller und der Geflügelhof waren stets voll und boten den Gästen die schmackhaftesten Leckerbissen. Das Geflügel war in Luben zu jener Zeit sehr billig. Ich glaube, es ist nicht ohne Interesse die damaligen Preise anzuführen: es kostete ein Truthahn 15 Kop. = ca. 35 Pf., eine Gans 30 Kop. = 65 Pf., ein großes fettes Huhn 30 Kop. = 65 Pf.

Das Jahr 1855. Eine wichtige Epoche für das russische Reich, die Epoche des Krimfeldzuges. Die Zeitungen, die dreimal in der Woche nach Luben kamen, brachten unaufhörlich die schrecklichsten Nachrichten vom Kriegsschauplatze. Eine Niederlage folgte der anderen. Die russische Armee, in der der unglaublichste Wirrwarr herrschte, hatte viele Schwierigkeiten, denen sie nicht gewachsen war, zu überwinden, wie den Transport des Militärs, der Munition, des Proviantes. In den endlosen Steppen der Krim fand man im Frühjahr so manche Militärabteilung, die im Winter zu Fuß nach dem Kriegsschauplatze befördert worden war, vom Schneesturm verschüttet, erstarrt, erfroren. Der russische Adel, die Gutsbesitzer und die Kaufmannschaft rüsteten ganze Regimenter auf eigene Kosten aus, die »Ratniki« genannt wurden. Aber es waren nur undisziplinierte, ungeschlachte Bauern, die man auf dem Kriegsschauplatze nur als Kanonenfutter verwerten konnte.

Wenn einmal die russische Armee ausnahmsweise einen Sieg davontrug oder ein General wie Malakoff auf eine geniale Idee verfiel[7], so war es nur ein momentaner Triumph, der die vollständige Niederlage nicht verhindern konnte. Es war nicht nur ein Kampf feindlicher Heere, sondern der Kampf zweier Systeme; und der Sieg gehörte dem neuen, besseren, vervollkommneten, das alle Errungenschaften der europäischen Kultur in den Kampf begleiteten.

Die Stimmung im russischen Volke wurde immer düsterer. Nur denen, die schon längst im stillen gegen das bisherige Regime murrten, war diese Niederlage eine traurige Genugtuung. Denn nur durch äußere Erschütterungen, glaubten sie, könnte das gewaltige Reich von seinen Schäden geheilt werden.

Im April wurde ich wieder Mutter. Mein Söhnchen erhielt den Namen Simon. Ich erholte mich sehr rasch.

Der Frühling kündigte sich in diesem Jahre mit ungewöhnlicher Hitze an. Und dazu brachten die Zeitungen die Schreckensnachricht, daß auf dem Kriegsschauplatz und in seiner Umgegend die Cholera zu wüten anfinge, und sie mahnten die Bevölkerung zur Vorsicht im Essen und Trinken.

Ich hatte von dieser Krankheit nur eine dunkle Erinnerung von meiner Kindheit her. Eine furchtbare Angst packte mich, so daß keine Vernunftgründe imstande waren, mich zu beruhigen. Wie ein Gespenst verfolgte mich der Gedanke an die Seuche. Er wurde zu einer Zwangsvorstellung, von der ich mich gar nicht befreien konnte. Meine Gesundheit litt sehr darunter. Melancholisch, niedergeschlagen ging ich im Hause umher.

Und nun wollte das trotzige Schicksal, daß ich in nahe Berührung mit der schrecklichen Krankheit kommen sollte. — Es war gegen Ende Mai, als wir von der Tante meines Mannes eine Einladung erhielten, sie in Kremenschuk, wo sie wohnte, zu besuchen. Wir nahmen unser ältestes Kind Lise mit auf die Reise nach dem Süden. Wir wurden dort mit großer Freude empfangen. Am vierten Tage unseres Aufenthaltes versammelten sich viele Verwandte und Bekannte, um mich, die angeheiratete Nichte, kennen zu lernen. Es war sehr lustig, und die Zeit verging uns auf die angenehmste Art. Am nächsten Morgen trat die Tante zu uns ins Schlafzimmer und kündigte uns an, daß die Seuche schon in Kremenschuk eingezogen sei, und mit Tränen in den Augen erzählte sie, daß manches Mitglied der gestrigen munteren Gesellschaft sich nicht mehr unter den Lebenden befinde. Mein Entsetzen war grenzenlos. Wir rafften unsere Sachen zusammen, und in einigen Stunden verließen wir traurig und tief erschüttert die Stadt.

Auf der ersten Poststation ließ man uns nicht mehr ins Wartezimmer hinein. Wir vernahmen von dorther das Stöhnen und Schreien eines in Schmerzen sich krümmenden Cholerakranken. So mußten wir für die Nacht draußen im Freien lagern. Es war eine Juninacht, warm und kurz. Um zwei Uhr morgens ging die Sonne auf. Doch uns kam diese Nacht wie eine Ewigkeit vor. Meine Angst und Beklommenheit steigerten sich noch, als mein Töchterchen Lisenka über Magenschmerzen zu klagen anfing. Mit zitternden Händen gab ich dem Kinde Medikamente, die wir von der Tante mitgenommen hatten. Gegen hohes Entgelt erhielt ich von den Bauern ein wenig warmes Wasser, womit ich dem Kinde Pfefferminztee bereitete, und bangenden Herzens erwartete ich den kommenden Tag. Endlich bekamen wir Pferde und setzten die Reise fort. Das Kind fühlte sich besser. Die Schmerzen ließen nach, und als wir abends zu Hause eintrafen, war es wieder ganz munter.

In Luben erfuhren wir, daß die Cholera auch hier bereits wütete. Der Arzt kam und verordnete strenge Diät. Noch an demselben Abend erkrankte meine Schwester ganz unmittelbar und plötzlich, nachdem sie noch einige Augenblicke vorher an der Abendmahlzeit teilgenommen hatte. Ich war vor Angst einfach wie besessen, brach zusammen und mußte ins Bett gebracht werden. — Meine Schwester genas. Aber ihr Kindchen, das sie selber nährte, steckte sie an, und es starb nach einem Tage furchtbarer Schmerzen.

Die Seuche verbreitete sich von Sebastopol über das ganze Land mit Riesenschritten, und tausende Menschen fielen ihr zum Opfer. Und es waren gar viele Verwandte und Freunde dabei.

Kein Wunder! Es konnte bei den damaligen hygienischen Verhältnissen nicht anders sein, bei dem vollkommenen Mangel aller Vorsichtsmaßregeln. Wie günstig mußten die Bedingungen für die Verbreitung der Cholera in den fünfziger Jahren des 19. Jahrhunderts gewesen sein, wenn noch jetzt, 1908, die Cholera den ganzen Sommer, Herbst und bis spät in den Winter hinein wütet und ihr so viele Menschen wie Fliegen auf der Straße zum Opfer fallen. Und doch liegt ein halbes Jahrhundert dazwischen, ein Zeitraum, in welchem gerade die westeuropäische Kultur nach dieser Richtung so große Fortschritte gemacht hat. Aber zwischen Westeuropa und Rußland besteht eine strenge Grenze, und der Fortschritt schleicht sich in Rußland nur auf Schmugglerwegen ein: St. Petersburg besitzt noch heute keine Kanalisation, und das Volk glaubt nicht an die kleinen verderblichen Bakterien, die im klaren Wasser leben sollen.

Nicht ohne Interesse ist es, daß unter den Juden die

Epidemie ungleich weniger verbreitet war als unter der übrigen nichtjüdischen Bevölkerung. Ihr Leben war durch das Gesetz geregelt, war einfacher und entsprach mit seinen zahlreichen Waschungen, den strengen Speiseverboten wesentlich mehr allen hygienischen Forderungen.

Ich selbst litt furchtbar, wurde immer schwächer und lag tagelang apathisch und melancholisch zu Bett. Mein Gemüt war unter dem Eindruck der letzten Erlebnisse erschüttert.

Und so kam der Juli. Eines Tages erhielt meine Schwester die frohe Nachricht von der Ankunft ihres Mannes. Wir freuten uns alle herzlich auf sein Kommen; und diese freudige Erwartung brachte einen freundlichen Schein in unser so düsteres Leben. Während der Anwesenheit unseres Schwagers Abraham Sack, der ein munteres, heiteres Wesen besaß, verlor sich meine Schwermut ein wenig, und ich atmete freier auf. In den zehn Tagen seines Aufenthaltes bei uns führten wir alle unser altes normales Leben. Er verreiste voll Hoffnung auf eine Besserung seiner materiellen Verhältnisse. Mit ihm verließ die Freudigkeit wieder unser Haus. Ich verfiel von neuem in trübe, melancholische Stimmung. Meine Schwester blieb zurück und wartete weiter und harrte von Tag zu Tag, von Woche zu Woche auf Nachrichten. Sie litt unsäglich und fürchtete schon das Schlimmste. Aber Gott hat Erbarmen. Je größer die Not, um so näher die Hilfe. Der langersehnte Brief kam an. Er war an mich adressiert und enthielt ein Schreiben für mich, ein zweites für Schwester Kathy. Mein Schwager berichtete von der glücklichen Wendung in dem Gange seiner Geschäfte, die ihm nunmehr endlich gestatteten, seine Frau wieder zu sich zu nehmen. Unsere Freude hatte keine Grenzen. Wir jauchzten den ganzen Tag vor Glück, und meine Schwester vergoß Tränen der Rührung und Dankbarkeit. Ich half ihr beim Packen, und in kurzer Zeit war sie zur Abreise fertig. Ich begleitete sie mit meinem Mann bis nach Poltawa, wo wir ihr halfen, eine elegante Equipage mit drei guten

Pferden zu kaufen, einen Kutscher und eine jüdische Köchin mieteten und sie sodann weiterbeförderten.

Meines Schwagers Hoffnungen hatten sich erfüllt. Er war ein reicher Mann geworden. Das war eine der großen Schicksalswendungen, die das Kriegsjahr 1855 mit sich brachte, das Jahr, in dem das launische, verschleierte Weib Fortuna das Rad der Menschenschicksale in Rußland in rascherem Tempo rollen ließ und mit einem mächtigen Stoß alles Obere zu unterst, alles Untere zu oberst kehrte.

Meines Schwagers Genius führte ihn immer höher und höher, sein Selbstvertrauen gab ihm Beharrlichkeit in seinen Bestrebungen. Und auch die Zeit war günstig. Alexander II. hatte den Thron bestiegen. Eine neue Ära war angebrochen. Tüchtige und ehrliche Menschen konnten sich jetzt in Rußland auf allen Gebieten betätigen. —

— Wir blieben in Luben bis 1859. In diesem Jahre übernahmen die drei großen »Otkupscheriki« — der Großvater und der Vater meines Mannes und Herr Kranzfeld — die Konzession auf die Akzise des Branntweinmonopols — eine Pachtung, die sich auf das ganze Gouvernement Kowno erstreckte. In diesem Unternehmen erhielt mein Mann einen hohen Posten. Er wurde Chef des Bureaus.

Mein Wanderlied konnte ich wieder singen. — Wir liquidierten unser Geschäft in Luben, packten unser Hab und Gut zusammen und gingen nach Kowno.

Ehe ich aber von meinen weiteren persönlichen Lebensschicksalen weiter erzähle, will ich zuerst noch einmal vom Jahre 1855 sprechen, das nicht nur im Leben ganz Rußlands, sondern speziell für die Juden den Beginn einer neuen Epoche bedeutet. Es ist das Jahr der Thronbesteigung Alexanders II.

Alexander II.

Und Gott sprach: Es werde Licht, und es ward Licht! Die Sonne ging golden auf und weckte mit ihren erwärmenden Strahlen alle verborgenen Keime zur Blüte und zum Leben: Alexander II. bestieg 1855 den Thron. Dieser edle, feinsinnige Fürst gemahnte an die Sprüche des königlichen Psalmensängers (Ps. CXIII, 7, 8 und PS. CXVIII, 22):

> »Er richtet empor aus dem Staube den Armen, aus dem Kehricht erhöht er den Dürftigen, daß er ihn setze neben die Edlen, neben die Edlen seines Volkes.
> Der Stein, den die Bauleute verwarfen, ist zum Eckstein geworden.«

Alexander II. hat diese Worte tatsächlich in Erfüllung gebracht, indem er hochherzig 60 Millionen leibeigner Bauern vom Frondienste befreite und auch uns Juden die drückendsten Fesseln löste. Er öffnete uns die Tore seiner Residenzen, so daß ein Schwarm jüdischer Jünglinge sich in die Hauptstädte ergoß, um an den Universitäten den Durst nach westeuropäischer Bildung zu stillen.
In dieser glänzenden Periode geistiger Blüte durfte und konnte sich der geknechtete Geist der Juden wieder nach Herzenslust recken und strecken. Der Jude nahm jetzt an der freudigen Aufregung des großen Volkes teil, an dem Aufschwunge der schönen Künste, an der Entwicklung der Wissenschaften und trug damit sein Scherflein zu dem geistigen Gut des Landes bei. Die Wirkungen der Reform der vierziger Jahre zeigten sich bereits nach zwei Dezennien. Es gab da schon eine Reihe jüdischer Professoren, Ärzte, Ingenieure, Schriftsteller, Musiker, Bildhauer, die auch im Auslande Anerkennung fanden und ihrem Lande Ehre

machten.

Für die Emanzipation der Juden in Rußland sind Generalgouverneur von Neurußland und Bessarabien Graf Alexander Strogonow und Generalgouverneur von der Krim Graf Woronzow in den Jahren 1856-1858 energisch eingetreten[8]. Sie äußerten ihre Meinung in der Antwort auf die Anfrage der eingesetzten Kommission (der Vorsitzende dieser Kommission war Graf Kisselew) zur Lösung der Judenfrage in Rußland wie folgt:

»Wenn die Juden auf das einheimische Volk einen schlechten Einfluß ausüben sollten, so ist es doch nicht ratsam, sie im Nordwesten Rußlands, auf dem kleinen Teil des Einheimischen zu lassen. — Unserer Ansicht und Erfahrung nach wäre es doch rationeller, diese wenigen Millionen Juden Rußlands auf das ganze große Reich zu verteilen und sie damit unschädlich zu machen. Ich bin auch nicht weit von der Meinung entfernt, daß unser einheimisches Volk von den Juden so manches Gute, wie den Handel und die Enthaltsamkeit vom Trinken, Bescheidenheit im Essen, lernen könnte. — Es ist unrecht, unserer Meinung nach, diesem historisch ältesten Volke alle Rechte zu rauben, die das einheimische Volk besitzt, und zu gleicher Zeit alle Pflichten zu fordern, Geld und Menschenmaterial zum Schutz und Trutz des Landes gegen die Feinde aufzubieten! Nicht mit Strenge kann und soll man Fehler eines Volkes aus dem Wege schaffen. Wir wollen wie die westeuropäischen Staaten den Juden erst die Gleichberechtigung geben, dann wird ihr angeblich unmoralisches Wesen sich bessern können. Die Befreiung vom Drucke, vom Elend wird schneller wie alle repressiven Mittel helfen. Sie sind von allen höheren Ämtern im Lande ausgeschlossen, so müssen sie notgedrungen zum Handel greifen, manchmal auch zum Betruge. Daß sie aber fleißig, befähigt, beharrlich in ihrem religiösen alten Glauben sind, kann niemand leugnen.« Die Kommission antwortete, daß sich in den westeuropäischen Staaten viel weniger Juden finden als in Rußland; auch wären sie viel gebildeter. Hier habe man noch Schwierigkeiten, den Juden die Bildung beizubringen.

Die Entwicklung der Dinge brachte es mit sich, daß die Juden auch auf dem Gebiete des Handels und der Industrie einen ungeahnten Einfluß gewannen. Niemals vorher und nachher kannten die Juden in St. Petersburg ein so reiches und vornehmes Leben wie damals, da die Finanzgeschäfte in den Residenzen zum guten Teil in ihren Händen lagen. Es entstanden jüdische Bankhäuser. Es wurden Aktiengesellschaften gegründet, die Juden leiteten. Die Börsen- und Bankgeschäfte nahmen unerwartete Dimensionen an. Hier auf der Börse fühlte sich der Jude in seinem Element. Die Börse schuf oft über Nacht reiche Leute. Aber auch so mancher stürzte in die Tiefe. Diese Art geschäftlicher Tätigkeit war in Rußland etwas Neues. Von den Juden aber wurde sie geradezu genial erfaßt, selbst von denen, deren Erzieher nur der Talmud gewesen. —

Gegen Ende der fünfziger Jahre erfuhr das alte Branntweinmonopol »Otkup« eine Einschränkung, die zugleich in mancher Beziehung eine Verbesserung war. Hatten sich seit Beginn des vorigen Jahrhunderts viele Kaufleute, Juden, Russen und Griechen, an diesem Geschäft bereichert, so entwickelte sich jetzt das Akzisesystem, das in dem vollständigen Branntweinmonopol der Regierung landete. Schon die Einführung der Akzise machte das Geschäft für die Unternehmer unlohnend. Mit dem Monopol der Regierung hörte die Privatinitiative vollständig auf. Da wandten die jüdischen Kaufleute ihr Kapital anderen Erwerbszweigen zu und entwickelten eine große Tätigkeit besonders auf dem Gebiete der Eisenbahnkonzessionen. Hier fand ihr nüchterner und reger Geist ein dankbares Feld. Großer Gewinn belohnte ihre Mühe und brachte große Kapitalien in ihre Hände. Die völlig neue Beschäftigung erheischte freilich eine Lebensweise, die von der altgewohnten bedeutend abwich. Die jüdische Religion und die Tradition kamen ins Gedränge. Mit dieser Tätigkeit ließ es sich eben kaum noch vereinen, daß die jüdischen Angestellten wie einst das Studium des Talmuds pflegen und alle religiösen Vorschriften getreulich beobachten konnten. Die Bezeichnungen »Akzisnik«, d. h. ein beim »Otkup« oder bei der Akzise Angestellter, und »Schmin-Defernik«, das ist ein Angestellter beim Bahnbau (chemin de fer), waren gleichsam Spitznamen geworden. Und die altjüdische Gesellschaft mußte die Nichtbeachtung der überlieferten Gebräuche bei diesen jungen Leuten ebenso dulden wie bei den jüdischen Bankbeamten, die den Sabbath und die Feiertage zu ignorieren gezwungen waren und auch nicht e i n e Stunde mehr am Tage dem Talmud widmen konnten und — wollten.

Ein Volksliedchen gibt diesen Zuständen humoristischen Ausdruck:

>   Un akzisne junge Lait
>   Sainen varschait: (*ausgelassen, liederlich*)
>   Golen (*rasieren*) die Bärdelach
>   Un reiten auf Ferdelach
>   Geihen in Galoschen
>   Un essen ungewaschen.

Aus dieser Zeit stammt auch ein Scherzlied Michael Gordons: »Ihr seid doch Reb Jüd in Poltawa gewesen«, das in einer launigen Melodie bald weit über die Grenzen Rußlands bekannt wurde.

Zwei Worte sagte meine kluge Mutter.

»Zwei Dinge kann ich gewiß sagen: ich un mein >Dor< (Generation) wellen gewiß als Juden leben und sterben; unsere Einiklach (Enkel) wellen gewiß nicht als Juden leben und sterben. Nor wos von unsere Kinder wet weren, kenn ich nit >raten< (erraten, voraussehen).« Die beiden ersten prophetischen Behauptungen haben sich teilweise erfüllt, die dritte geht auch in Erfüllung, denn unsere Generation stellt eine Art Zwitterding dar.

Hingerissen von dem unaufhaltsam vorwärtsdringenden Strom der neuen westeuropäischen Bildung, haben wir selbst im vorgerückten Alter uns bemüht, auf mannigfachen Gebieten der Wissenschaft und in fremden Sprachen uns Kenntnisse anzueignen.

Während aber andere Völker und Nationen von den modernen und fremden Strömungen und Ideen nur aufnehmen, was ihrem Wesen entspricht und dabei ihre Individualität und Eigenart bewahren, lastet auf dem jüdischen Volke der Fluch, daß es das Fremde und Neue sich fast nie anders aneignet, als indem es sich vom Alten, von seinem Eigensten und Heiligsten lossagt.

Wie wirbelten im Gehirn der jüdisch-russischen Männer die modernen Ideen chaotisch durcheinander! Plötzlich, mächtig, unaufhaltsam drang der Geist der sechziger und siebziger Jahre in das jüdische Leben hinein und zerstörte seinen bisherigen Charakter. Rücksichtslos sagte man sich vom Alten los. Die alten Familienideale schwanden, ohne daß neue aufkommen konnten.

Bei den meisten jüdischen Frauen jener Zeit hatten Religion und Tradition derart ihr innerstes Wesen durchdrungen, daß sie ihre Verletzung fast wie einen physischen Schmerz empfanden und deswegen einen schweren Kampf in ihrem engsten Familienkreis zu bestehen hatten.

In dieser Übergangsperiode wurde der Mutter, der natürlichen Erzieherin ihres Kindes, das Recht der Erziehung nur für jene Zeit zugebilligt, in der das Kind nichts als schwere Opfer und schwere Pflichterfüllung erfordert. Sobald aber die Zeit der geistigen Erziehung heranrückte, da wurden die Mütter brutal beiseite geschoben, da endeten ihr Walten und ihre Sorge um das Kind. Die Frau, die an den Traditionen noch mit jeder Fiber ihres Wesens hing, wollte sie auch ihrem Kinde beibringen: die Sittenlehre der jüdischen Religion, die Traditionen ihres Glaubens, die Weihe des Sabbaths und der Feiertage, die hebräische Sprache, das Lernen der Bibel, dieses Buches aller Bücher, dieses Werkes aller Zeiten und Völker. Diesen ganzen Reichtum wollte sie in schönen und erhabenen Formen ihren Kindern übergeben — zugleich mit den Ergebnissen der Aufklärung, zugleich mit dem Neuen, das die westeuropäische Kultur gebracht hatte. Aber auf alle Bitten und Einwände erhielten sie von ihren Männern stets die gleiche Antwort: »Die Kinder brauchen keine Religion!« Vom Maßhalten haben die jüdischen jungen Männer jener Zeit nichts gewußt, und sie w o l l t e n auch nichts davon wissen. In ihrer Unerfahrenheit wollten sie unvermittelt den gefährlichen Sprung von der untersten Stufe der Bildung gleich zur obersten machen. Manche verlangten von den Frauen nicht nur Zustimmung, sondern auch Unterwerfung, — sie verlangten von ihnen die Abschaffung alles dessen, was gestern noch heilig war. Alle modernen Ideen, wie Freiheit, Gleichheit, Brüderlichkeit, in der Gesellschaft predigend, waren diese jungen Leute zu Hause ihren Frauen gegenüber die größten Despoten, die rücksichtslos die Erfüllung ihrer Wünsche forderten. Es gab erbitterte Kämpfe innerhalb des bis jetzt so patriarchalischen und beschaulich dahinfließenden Familienlebens. Gar manche Frau wollte nicht nachgeben. Sie ließ ihrem Manne volle Freiheit außerhalb des Hauses, verlangte aber im eigenen Hause die Ehrung der alten, lieben Bräuche. Daß dieses Doppelleben nicht auf die Dauer möglich war, begreift sich leicht. Der Zeitgeist siegte in diesem Kampfe; und blutenden Herzens gaben die Schwächeren nach. Wie das so kam bei den anderen und bei mir, davon will ich in den nächsten Kapiteln erzählen.

Kowno.

Ich war sehr froh, daß das Schicksal uns 1859 wieder nach Litauen brachte, wo das Leben großzügiger, inhaltreicher, und die Juden intelligenter waren. Wir siedelten uns in Kowno an, das damals ein kleines, schönes Provinzstädtchen war. Juden bildeten den Stamm der Bevölkerung. Sie sprachen hier ein Gemisch von Hebräisch und Deutsch. Das preußische Grenzstädtchen Tauroggen war nicht fern. So kam es wohl, daß ihre ganze Lebensweise von deutscher Art nicht unwesentlich beeinflußt wurde.

Während in den übrigen Städten Litauens die jüdische Tradition noch völlig unberührt blieb, hatte sich in Kowno allmählich der Zwang der Überlieferung gelockert. Als wir nach Kowno kamen, war die Aufklärung dort in vollem Gange, und die neuen Ideen fanden ihre begeisterten Vertreter. Es herrschte in den vorgeschrittenen jüdischen Häusern, zumeist bei den reichen Kaufmannsfamilien, deren Väter und Söhne in geschäftlicher Verbindung mit Deutschland standen und häufig über die Grenze kamen, der Abfall. Man behielt eigentlich nur noch die koschere Küche bei.

Der Sabbath wurde von den Männern nicht mehr heilig gehalten und unterbrach den Eifer der Geschäfte nicht. War der Jude früher nach den Worten Heines durch die ganze Woche ein Hund, der sich erst am Sabbath als Prinz und am Sedertisch des Pesach als Herrscher entzauberte, so lebten die Männer der zweiten Generation eigentlich das ganze Jahr wie die Hunde; ohne Ruhe und Rast, immer in Sorgen und Arbeit. Der Geist stieg nicht empor in himmlische Sphären, und der Körper raffte nicht mehr in der strengen Ruhe des Sabbaths seine in der Arbeit der Woche verlorenen Kräfte zusammen. Es war eine seltsam gemischte unruhige

Stimmung am Sabbath. Die Frauen, die ja ihrer ganzen Natur nach zäher am Alten hängen, pflegten ja noch am Freitag Abend Sabbathlichte anzuzünden und das Gebet zu sprechen. Aber der aufgeklärte Herr Gemahl steckte sich seine Zigarette daran an, und ihr sonst so friedliches Gesicht verzog sich zu einem schmerzlichen Lächeln. Mit derselben Herzlichkeit, mit der der Hausherr einst die Sabbathengel begrüßt hatte, hieß er jetzt seine Freunde willkommen, um mit ihnen Préférence zu spielen. Der Kidduschbecher stand zwar mit Wein gefüllt auf dem Tisch. Aber niemand nippte daran. Er war zu einem Symbol geworden. Aber die gefüllten Pfefferfische — so weit ging die Abtrünnigkeit nicht, um auch sie vom Freitag-Abendtisch zu verbannen. Die Barches blieben auch erhalten. Nur daß eben die Dienerin sie fein säuberlich geschnitten auf dem Brotkorb servierte. An die Stelle der Sabbathlieder, der Semiraus, traten Humoresken, Anekdoten — das ganze Gebiet des jüdischen Witzes. Das Kartenspiel aber durfte sich weit über die Mitternacht hinziehen. Denn keine Chewra t'hillim erwartete die Herren am frühen Morgen zum Gebet. Und die christlichen Bedienten konnten ruhig schlafen gehen. Denn der Sabbath hinderte die Männer nicht, die Kerzen selbst zu löschen. Am Samstag stand man früher auf als gewöhnlich. Es war ein Tag vor dem Sonntag, und da gab es im Geschäft besonders viel zu tun. Aber auch am Sonntag wurde fleißig gearbeitet. Denn ein letzter Rest nationalen Trotzes hielt doch alle ab, diesen Tag etwa festlich zu begehen.

Selbstverständlich war auch der Verkehr der beiden Geschlechter miteinander ein wesentlich anderer geworden. Man veranstaltete Tanzabende, an denen nicht nur die Jugend, sondern auch die verheirateten Frauen und Männer unserer Generation teilnahmen. Daß junge Mädchen von solchen Zusammenkünften in Herrenbegleitung nach Hause gingen, war ganz selbstverständlich geworden; und es ergab sich bei diesen Sitten von selbst, daß in den Häusern, wo erwachsene Mädchen waren, auch junge Herren verkehrten. — Auch in den Gesprächen herrschte ein freierer Ton. Jene Innigkeit, mit der man einst die Eisches chajil (die Heldenfrau) besungen hatte, wurde verdrängt von der aufflackernden Begeisterung für die Operettendiva, die gerade das Tagesgespräch hergab. Der Zynismus war der neuen Generation nicht fremd geblieben.

Das Talmudstudium hörte natürlich in diesen fortschrittlichen Kreisen vollständig auf. Nur hier und da setzte ein Romantiker, der vom Alten nicht lassen konnte, sein Talmudstudium weiter fort und ließ auch seine Kinder im Talmud unterrichten. Bei den »Gebildeten« kam das nur selten vor.

Sogar unter den ganz Frommen sahen manche Eltern die Notwendigkeit der europäischen Bildung für ihre Kinder ein und erlaubten ihnen, in der Residenz zu studieren. Eines aber forderten sie von ihren Söhnen unbedingt: sie sollten »koscher« essen. Diese absonderlichen Verhältnisse werden durch manche Anekdote illustriert.

So geschah es einmal, daß sehr fromme Eltern ihren Sohn zum Studium nach Petersburg sandten. Ein christlicher Freund, der nach einiger Zeit in die Residenz fuhr, sollte nun nachforschen, ob der Sohn wirklich sein Versprechen halte. Nach seiner Rückkehr beruhigte er die Eltern und versicherte sie, daß der Sohn nur »koscher« speise — er selbst war bei ihm zum Mittagstisch. »Was haben Sie denn bekommen?« fragten die Eltern interessiert. — »Einen Hasen,« antwortete der Freund, »aber er war koscher, denn Ihr Sohn erzählte mir, daß er vom jüdischen Schlächter (Schochet) geschlachtet sei.«

Die Zustände, von denen ich hier spreche, waren natürlich nur für die Schichten bezeichnend, die man so gemeinhin die »oberen« zu nennen pflegt. Wer weiß, an welche Stelle sie rücken, wenn einst die gerecht waltende Geschichte die

Rangordnung feststellen wird!... Allein gewaltige Kulturumwälzungen wühlen nicht gleich das ganze Volkstum auf und durcheinander. An der Kruste mögen die Prozesse des kulturellen Abbaues und des Anbaues schneller und sichtbarer vor sich gehen. In der Tiefe vollzieht sich das Umsetzungswerk oft überhaupt nicht, meist in seltsamen Formen. Immer aber ungleich zögernder! So war es auch in Kowno!

In jener Zeit lebten und wirkten in diesem »aufgeklärten« Kowno in einem anderen Teile der Stadt, drüben über der Brücke des Flusses Wilja, Menschen, die in ihrem ganzen Leben und Treiben unter dem Einfluß der veränderten Verhältnisse gerade auf die entgegengerichtete Bahn gedrängt wurden. Und sie fanden getreue Mitwanderer in den Juden der kleinen Städtchen des Gouvernements. Sie landeten in der Askese. Es waren kleine Leute, aber große Menschen! Groß in ihrem Talmudwissen, in ihrer Hochherzigkeit, Nächstenliebe und in der größten Tugend, der bescheidenen Selbstlosigkeit. Ihre Ansprüche auf Essen, Trinken und Kleidung setzten sie auf das geringste Maß herab. Ihre idealen Ziele aber waren riesengroß. Das Forschen, Schaffen, Grübeln in dem Talmud betrieben sie jetzt mit gesteigerter Gier Tage und Nächte hindurch.

Zunächst bestand diese Asketengruppe nur aus zehn Personen. Sie überwachten unermüdlich das junge, heranwachsende Proletariat, beobachteten ihr Lernen und ihr Leben und wiesen sie mit guten und strengen Worten zurecht. Mit gleichgestimmten, würdigen Männern gründeten sie später einen Verein, der sich die Predigt der Askese zur heiligen Aufgabe stellte. Jeder Lebensgenuß schien ihnen verächtlich. »Diese« Welt war ihnen nichts anderes als eine Übergangsstufe zu einem besseren, höheren, reineren Sein. Jeder Schritt, jede Handlung am Tage sollte deshalb wohl überlegt sein. Und dreimal des Tages müsse man Gott anflehen, daß er die unwillkürlich begangenen Sünden, selbst des Lauteren, vergebe.

Das jüdische Proletariat in seinem Getto, zermürbt vom Kampfe ums Dasein, drängte sich um diese Prediger. Besonders aber wurden die jungen Talmudisten und die »Orimbocherim« für diese Bewegung begeistert, hingerissen. Diese Strafpredigten fanden zuerst in der Dämmerstunde statt, und die Synagoge war von alten und jungen Zuhörern überfüllt wie am Vorabend zum Jomkippur. Alle weinten und flehten ob ihrer Sünden aus tiefster Seele zu Gott.

An der Spitze dieser Bewegung stand der berühmte Reb Israel Salanter (Liebkin), dessen Seelengröße an Hillel heranreichte. Er war hart gegen sich und voll unsäglicher Liebe gegen andere. Er kämpfte für die Einfachheit der Sitten. Aber die Askese sollte nie in einer Zerstörung des Lebens ausarten. Es war im Jahre 1855, da die große Choleraepidemie durch das Land verheerend zog. Das Volk fastete, um Buße zu tun, denn die unheimliche Krankheit galt als Gottesgeißel. Da Rabbi Salanter aber fürchtete, daß das Volk durch die selbstauferlegten Entbehrungen Schaden leiden könnte, trat er nach dem Morgengebet am Jomkippur in der Synagoge mit einem Stück Kuchen in der Hand auf den Almemor und aß vor allem Volke davon. Durch dieses Beispiel wollte er das Volk zu gleichem Tun ermuntern. R. Salanter war ein echter Lehrer des Volkes. Waren doch wunderbare Menschen seine Erzieher gewesen: Reb Hirsch Broide und Reb Sundel.

Von den Tugenden des Reb Broide weiß ich folgende Geschichten: Die ungepflasterte Straße, an der er mit seiner alten Mutter lebte, hatte einst ein schwerer Regenguß aufgeweicht. Reb Broide wußte, daß die alte Mutter trotzdem ihren täglichen Synagogengang nicht unterlassen würde. So machte er sich des Nachts daran, den Weg mit Ziegelsteinen auszulegen, daß seine Mutter trockenen Fußes in die Schul' gehen konnte. Ein anderes: Es erregte seine Verwunderung und war ihm zugleich ein Schmerz, daß die Bettler ihn gar nicht aufsuchten. Er meinte, daran könnte nur das Schloß an seiner Tür Schuld haben: es war zu fest. So entfernte er es eines Tages ganz. Der Gute: er ahnte nicht, daß die Bettler genau wußten, wie arm er selbst war. Sie mieden sein Haus, um ihn nicht zu beschämen.

Reb Sundel pflegte seine Studien in Feld und Wald, in Gottes freier Natur zu betreiben. Einmal bemerkte er, wie sein Schüler Salanter hinter ihm her kam. Er wandte sich zu ihm mit klugen Worten und schloß mit dem Satz: »Israel, beschäftige dich mit Strafpredigten und fürchte Gott.« Diese Worte gruben sich dem Jüngling tief in die Seele und bestimmten sein ganzes Leben. Sein Amt[9] in Wilna legte er bald nieder, um seiner idealen Bestimmung nicht untreu werden zu müssen.

Wenn die Chassidim gegen die Schwermut eiferten, so wandte sich sein Wort gegen den Übermut der Freude. Der Chassidismus lehrte, Gott mit Freude zu dienen, die Strafprediger dagegen forderten, Gott im Ernste zu dienen. Die Schwermut hemmt die höhere Eingebung, behaupten die Chassidim. Die Freude führt zum Leichtsinn, entgegnen die Strafprediger. Die Tat bringt die Erlösung, lehrte Rabbi Salanter, und er wurde nicht müde, die Gemeinde zu Werken der Liebe aufzurufen. Wohltätigkeit und Reue sind die Stützen der Welt. Wenn ein Mensch nur eine Stunde am Tage in der Reue zubringt und ein einziges Mal vor Verleumdung sich durch die Reue hütet, hat er schon eine große Tat vollbracht. Die Wirkung seiner Rede war überwältigend. Aber der Reiz dieser reinen Persönlichkeit war wie ein Zauber. Man wird es begreifen, daß das Rabbinat von Litauen durch das Anwachsen der Bewegung in Schrecken geriet. Man fürchtete, daß die Predigt der Askese zu einer Sektenbildung führen könnte, die das Judentum streng verbietet. So gingen die Rabbiner zu den

Strafpredigern selbst und traten ihnen entgegen. Das gab oft verwunderliche Kämpfe, für die die Aufklärung freilich nur Spott hatte. Lebten doch in Kowno die ersten Adepten der Lilienthalschen Bewegung.

Unter ihnen war eine der markantesten Erscheinungen der jüdische Dichter A b r a h a m   M a p u, der dort ein bescheidenes Leben führte und durch Unterrichten in der russischen und deutschen Sprache sein Brot verdiente. Er war ein stiller, anspruchsloser Mensch, seinem ganzen Wesen nach ein Lehrer, der erst in seinem kleinen Studierstübchen auflebte und zu jenem Mapu wurde, den die jüdische Welt als ihren e r s t e n großen hebräischen Belletristen ehrt. Eine wunderbare Seele lebte in diesem so unscheinbaren Gettojuden. Aus den schmalen, krummen Gäßchen des Ansiedlungsrayons mit all ihrem Elend und ihrer Armut, aus der dumpfen schwülen Atmosphäre des Gettolebens trug ihn seine Phantasie in die große, glänzende Vergangenheit seines Volkes, und voll Begeisterung schrieb er seinen ersten Roman: »A h a w a t h   Z i o n«[10], die Zionsliebe, und zeigte dem jüdischen Leser an diesen Schilderungen den Kontrast zwischen ihrem gegenwärtigen trostlosen Dasein und der ehemaligen Pracht und Größe des jüdischen Lebens auf dem eigenen Boden.

Diesem Romantikerwerk folgte ein wuchtiger, satirischer Tendenzroman: »A j i t   Z a b u a«, ein grimmer Protest gegen die althergebrachten Formen der jüdischen Art. »A j i t   Z a b u a« begeisterte die Jugend und empörte die Alten. Es erhob sich ein Sturm gegen Mapu und sowohl er wie sein Werk wurden verpönt, verspottet, verfolgt. Aber Mapu fand seine begeisterten Anhänger unter der jüdischen Jugend. Er war ein Kämpfer für die Aufklärung der Juden. Aber er kämpfte mit ganz neuen, bisher nie gebrauchten Mitteln — mit echter Poesie. Er gab der Jugend n e u e Gedanken. Er wies ihnen neue Wege, eröffnete ihnen neue Horizonte und Lebensmöglichkeiten. So manches Talent wurde durch ihn angeregt und zu hebräischen Dichtungen begeistert.

Wir hatten oft Gelegenheit, den versonnenen Mann in unserem Hause zu sehen. Er gab meinem ältesten Sohne Unterricht im Deutschen und Russischen. Aber er stellte sich auch zu einem gemütlichen Plauderstündchen ein. Mein Mann verehrte ihn sehr; und es war immer eine Lust, der angeregten Unterhaltung zu lauschen.

Unser Leben in Kowno gestaltete sich anfänglich sehr angenehm. Mein Mann fühlte sich hier in seinem Element, und obwohl mich die neuen Sitten zuerst befremdet hatten, so gefiel mir doch mit der Zeit die Geselligkeit und der freie, einfache, zugleich doch vornehme und harmlose Verkehr der beiden Geschlechter miteinander. Meine Verlegenheit schwand allmählich, und ich nahm gerne teil an den oft veranstalteten Jours-fix, beobachtete, schaute zu und amüsierte mich auch. Je nach der Stimmung.

Ich trug noch immer meinen »Scheitel«. Alle übrigen Frauen, auch die älteren in unserem Kreise, hatten sich längst davon befreit. Ich fühlte mich unbehaglich. Aber der Gedanke lag mir fern, dem Beispiel anderer Frauen zu folgen, obwohl ich wußte, daß mein eigenes Haar mich nur schmücken konnte. Es dauerte aber nicht lange, so forderte mein Mann die Entfernung des Scheitels. Ich müsse mich den Sitten der Gesellschaft anpassen, um mich nicht dem Spotte auszusetzen.

Ich erfüllte seinen Wunsch jedoch nicht und trug die Perücke noch lange Jahre.

Geschäftlich ging es uns in Kowno nicht gut. Es war die Zeit (1859), in der es in Russisch-Polen und Litauen im Volke zu gären anfing. Der polnische Aufstand bereitete sich vor. Die Geistlichkeit begann unter dem Volke die Abstinenz (trezwost) zu predigen — also eine Agitation gegen den Branntwein; und da der Gewinn unseres Geschäftes an einen ausgiebigen Branntweinverbrauch gebunden war, so drohte uns jetzt der Ruin. Die monatliche Pachtsumme von 120000 Rubel, welche die Konzessionäre der Staatskasse zu zahlen verpflichtet waren, konnten sie bald nicht mehr entrichten. Die drei Familien: Kranzfeld, Gorodezki und Wengeroff, die an dem großen Unternehmen teilnahmen, wurden materiell vernichtet. Mein Mann hätte wohl noch seine Existenz als Angestellter leidlich sichern können. Aber sein Großvater wollte nicht, daß er in einem Geschäft, in dem er einmal Herr war, eine abhängige Stellung annehme. Er gehorchte und wurde brotlos.

Die politische Propaganda in Polen riß auch die jüdische Jugend mit sich fort. Sie nahm Teil am Aufstand, als ob es ihre eigene Sache und ihr Vaterland wäre, für das sie kämpften. Ungehört verhallten die Warnungen des berühmten Rabbiners Meisel in Warschau, der die Juden beschwor, zur jüdischen Fahne, d. h. der Thora, zurückzukehren: sie gingen in den Kampf — für Polen!

Sie wurden aber in ihren Hoffnungen betrogen. Das stärkere Rußland siegte. Kosaken jagten durch Polen, und ihre Nagaikas schonten die Juden nicht. Aber sie mußten noch mehr erdulden. Sie, die ihr junges Blut vergossen hatten und unerschrocken, opfermutig in den Reihen der Kämpfenden gestanden, blieben die Verachteten. Man ließ sie fühlen, daß sie n u r J u d e n seien. Wieder einmal hatte das jüdisch-polnische Sprichwort sich bewahrheitet: »Jak bida, to do Zyda, po bidzie za drzwi Zydze« — »Wenn die Not kommt, geh zum Juden, Not vorbei — Jude raus!«

Das Frühjahr kam. Es wurde wieder still im Lande. Aber es war nicht die Ruhe im Genusse erfüllter Wünsche und Forderungen, die lächelnde Ruhe des Sieges. Es war jene unheimliche Stille, die in stummen Worten von Entsetzen, von Blut und Verbannung erzählt.

Und wir — wir standen vor dem Nichts. Nun hieß es, von

neuem anfangen und Brot suchen. Zum Glück bot sich meinem Manne bald eine Beschäftigung beim Telegraphenbau in Wilna. Er zögerte nicht lange und ging dorthin. Ich blieb mit den drei Kindern vorläufig in Kowno zurück. Nach kurzer Zeit konnten wir ihm nach Wilna folgen.

Wilna.

Wilna, die einstige Residenz Litauens, war damals eine große Stadt mit imposanten Staats- und Privatgebäuden, einem alten Rathaus, einem Theater und großartigen, meistenteils gotischen, katholischen Kirchen, unter denen sich die »Ostrobrama« durch besondere Pracht und durch ein Portal von hohem künstlerischen Wert auszeichnete. Durch dieses Tor durfte weder Christ noch Jude mit bedecktem Haupte gehen. Oft sah man dort die Gläubigen im Vorübergehen auf die Knie fallen. Die meisten frommen Juden vermieden es, diesen Weg zu gehen, obwohl sich das Tor im Mittelpunkt der Stadt befindet.

Dank der reichen Magnaten, die auf ihren Gütern in der unmittelbaren Nähe Wilnas wohnten und kommerzielle Verbindungen mit der Stadt pflegten, blühte die Industrie in der Residenz.

Die Stadt trug zu jener Zeit noch ganz den polnischen Charakter; überall herrschte die polnische Sprache und die ganze Lebensweise war durch polnische Sitten bestimmt!

Aber es wurde anders: Nach dem polnischen Aufstande im Anfange der sechziger Jahre des vorigen Jahrhunderts wurde Generalgouverneur von Wilna der berüchtigte Murawiew. Mit beispielloser Grausamkeit hat dieser Mann das Polentum in seinem Bezirk auszurotten und das ganze Land zu russifizieren versucht. Er war gefürchtet, aber er fürchtete sich auch. Er lebte in seinem Palast wie ein Gefangener. Selbst der Schornstein in seinem Arbeitszimmer war vermauert. Er schlief in seinem Arbeitszimmer und dort wurde auch vor seinen Augen auf einer Spiritusmaschine sein Essen bereitet. Er lebte in solcher Abgeschiedenheit, daß das Gerücht sich bilden konnte, er existiere überhaupt gar nicht. Er war ein Gespenst des Schreckens, eine mythische

Person. Eine kleine Episode. Jüdische Arbeiter besserten das Dach seines Palastes aus. Dabei unterhielten sie sich über die Frage, ob es überhaupt einen Gouverneur Murawiew gäbe. Die Antwort mußte gefunden werden. Und als sie gerade oberhalb des einzigen Fensters des Murawiewschen Arbeitszimmers zu tun hatten, ließen sie an einem starken Seil den Lehrjungen herunter, damit er durch das Fenster in das Zimmer hineingucken könne. Als der Junge nun vor dem Fenster schwebte, erblickte ihn der Gouverneur, der im ersten Moment furchtbar erschrak. Denn er glaubte, daß auf raffinierte Weise ein Attentat geplant sei. Er schlug Lärm. Der ganz entsetzte Lehrjunge wurde abgeschnitten. Als Murawiew den zitternden, halbwüchsigen Knaben nun vor sich stehen sah, mußte er lachen und er entließ den Kleinen ruhig, ohne ihn die Ruten kosten zu lassen. — Häufig kam es allerdings nicht vor, daß Murawiew Milde walten ließ. Die Henkersknechte kamen unter seiner Herrschaft nicht zur Ruhe. Es war ein fast alltägliches Ereignis, daß unter Trommelwirbeln unglückliche Menschen zum Richtplatz geführt wurden. Immer fand sich dabei eine große Menschenmenge ein, die von Schmerz und Mitleid, oft auch von Wut und Ingrimm ergriffen, den armen dem Tode Geweihten das Geleit gaben. Wir saßen eines Morgens am Teetisch, als dumpfe Trommelklänge uns aufschreckten. Ans Fenster eilend, sahen wir auf einem von einem einzigen Pferde gezogenen primitiven Wagen drei Männer zur Richtstatt fahren. Das Gefährt bestand aus einem auf vier Rädern ruhenden Brett. Darauf stand eine Bank mit einer Lehne und einer Tafel, auf der die Namen der sogenannten Verbrecher verzeichnet waren. Dieses Fahrzeug nannte man den Pranger. Es bewegte sich durch die Straßen bis zu dem großen Marktplatz, wo ein Galgen errichtet war, an dessen Fuße das Fahrzeug halt machte. Die Henkersknechte mußten die schon vor Furcht halbtoten Delinquenten stützen, um sie zum Gerüst zu führen. Dort wurden ihnen

Säcke über die Köpfe und die Schnur um den Hals geworfen und mit einem einzigen Zuziehen der Schnur wurde die Hinrichtung aller drei vollzogen. Mit Schaudern und Entsetzen sehe ich noch heute die baumelnden Körper in Todeszucken vor mir und werde den Anblick wohl nie vergessen können. — Daß unter der Herrschaft dieses Gestrengen und in der Erinnerung an die zahllosen Opfer des polnischen Aufstandes das erregte Volk in trüber Stimmung lebte, begreift man leicht. Alle — Christen und Juden — trugen Jahre hindurch Trauerkleider. Es galt als ein Verbrechen, selbst bei festlichen Gelegenheiten, im Theater oder bei Konzerten in hellen Kleidern zu erscheinen. Wagte es aber jemand, so konnte er sicher sein, daß sein Anzug von einem polnischen Patrioten mit Petroleum begossen wurde.

Als wir nach Wilna hinkamen, hatte die Stadt noch ihr altes Gepräge. Politisch eine Stadt des stolzen Polentums; kulturell — so weit es die Juden betrifft — eine Hochburg jüdischer Geistesaristokratie.

Die jüdische Gesellschaft in dieser Stadt, die das jüdische Athen von Litauen genannt wurde, bestand aus vielen vornehmen, reichen und meistenteils noch sehr konservativen Familien und aus einer kleinen Gruppe Fortgeschrittener — den Vertretern der neuen Ideen. Diese Aufgeklärten verhielten sich aber kleinlaut und wagten nicht, wie in Kowno, rücksichtslos gegen die Tradition aufzutreten. Denn hier in Wilna besaßen die Alten die Autorität. Ihren Führern, wie Reb Elia, dem Wilnaer Gaon, Reb Akiba Eiger, hat die Nachwelt den Ehrentitel der »Patriarchen« beigelegt. Diese Namen lebten in ihrem ganzen Glanze in der Erinnerung der Juden fort. Wilna, die Stätte der Talmudgelehrsamkeit, die Stadt der großen Gemeinde mit ihren zahlreichen Lehrhäusern (Bothemidraschim) und dem berühmten Schulhof, wo Hunderte alter und junger Männer Tage und Nächte den

Talmud studierten — dieses Wilna wirkte erdrückend auf die Modernen; und sie wagten sich nicht mit ihrer »aufgeklärten Irreligiosität« in die Öffentlichkeit.

Die neue Umgebung übte einen sehr günstigen Einfluß auf meinen Mann aus; und ich freute mich zu sehen, wie er ohne Zwang, nur innerem Bedürfnis folgend, sich wieder dem Talmudstudium zuwandte und auf dem Irrwege, den er betreten hatte, ein Stück zurückging. Er unterrichtete jetzt selbst unseren Sohn Simon in der hebräischen Sprache, las mit ihm die Bibel und die Mischnah, was er in Kowno nie getan hätte; er beschloß auch, den Jungen in die Rabbinerschule zu geben.

Hier in Wilna traf ich mit meiner Schwester Helene, die ich während des Brautjahres gepflegt und noch leidend zurückgelassen hatte, zusammen. Sie lebte hier als verheiratete Frau mit ihrem Manne und ihren Kindern. Die Freude des Wiedersehens war groß, aber sie währte nicht lange.

Unsere pekuniären Verhältnisse wurden von Tag zu Tag schlimmer; bis sich mein Mann entschließen mußte, anderswo eine Beschäftigung zu suchen. Er ging allein nach Petersburg, wo er bei unserem Schwager Sack, der dort in reichen Verhältnissen lebte, brüderlich aufgenommen wurde. In diesem Hause verkehrten Kaufleute großen Stils; und durch ihre Vermittlung fand sich bald für meinen Mann eine Beschäftigung. In der Festung der Hauptstadt Helsingfors am Finnischen Meerbusen, in Sweaborg, sollte eine Kaserne gebaut werden. Bei diesem Unternehmen erhielt mein Mann eine gute Anstellung. Im März 1866 ging er dorthin, und noch im Frühjahr desselben Jahres folgte ich ihm mit den Kindern nach Helsingfors.

Da wir in Helsingfors in der Festung wohnen sollten, erwachte in mir die Sorge um den Unterricht für meine beiden älteren Kinder, und ich beschloß, sie nach Mitau zum

Rabbiner zu bringen. Ich wandte mich schriftlich an ihn. — Er ging auf alle Bedingungen ein und versicherte mich in seinem Antwortschreiben, die Kinder würden in seinem Hause eine durchaus moderne, europäische Bildung erhalten. Diese Aussicht beunruhigte mich aber, und ich schrieb ihm wieder, ich hoffe, daß er trotz der modernen Erziehung eine koschere Küche führe, andernfalls könnte ich ihm die Kinder nicht anvertrauen. Ich erhielt einen befriedigenden Bescheid und ging an die Ausführung meines Planes. Ein seltsamer Zufall vereitelte jedoch mein Vorhaben: Ich setzte mich mit den beiden Kindern in einen falschen Zug, stieg ein paarmal um und kam statt nach Mitau in eine mir völlig unbekannte Stadt, und erfuhr zu meinem großen Ärger, daß ich mich Wilna näher als dem Ziel meiner Reise befand. Dieser Zufall war entscheidend, und meine Kinder kamen nicht in die Schule zum Mitauer Rabbiner. — Kleine Ursachen, große Folgen.

Der verabredete Termin des Zusammentreffens mit meinem Mann, der uns nach Petersburg entgegenkommen sollte, rückte heran. Es blieb mir keine Zeit übrig. Ich trat daher sogleich die Rückreise nach Wilna an. Bald trafen wir in Petersburg zusammen. Ich erzählte meinem Mann die Geschichte mit den falschen Zügen. Er lachte und freute sich, daß wir nun doch alle beisammen blieben. Am nächsten Tage bestiegen wir den Dampfer, der uns nach Helsingfors bringen sollte.

Und wiederum blühte die Hoffnung auf bessere Zeiten.

Helsingfors.

Wir gelangten nach der Festung Sweaborg. Fremdes Volk, fremde Sitten und Gebräuche. Eine fremde Sprache! Ich verstand weder Finnisch noch Schwedisch und konnte mich mit der einheimischen Dienerschaft nur durch Vermittelung des einzigen russischen Angestellten verständigen. Aber schon nach Verlauf von zwei Monaten gelang es mir, mit Hilfe der Ollendorfschen Methode so viel zu erlernen, wie ich notwendig brauchte.

Trotz des rauhen Nordens und des siebenmonatlichen strengen Winters lebte hier in Helsingsfors ein munteres, lebenslustiges, intelligentes Volk, Schweden und Finnen. Äußerlich sind diese beiden Nationen leicht voneinander zu unterscheiden. Während die Finnen, Männer wie Frauen, einen robusten vierschrötigen Typus mit blondem Haar, Kartoffelnase und kleinen Äuglein darstellen, sind die Schweden hochgewachsen mit feinen, edlen Gesichtszügen, wundervollem, starkem, blondem Haar und gesunden, großen, weißen Zähnen. Die Bevölkerung lebte hier sehr bescheiden. Trotzdem die Lebensmittel sehr billig waren, bestand ihre Mahlzeit gewöhnlich aus Hering, gekochten Kartoffeln und Schwarzbrot. Dieses Schwarzbrot wurde nach der Landessitte sowohl vom Volk wie von der Bürgerklasse im Herbst gebacken und ein Vorrat für den ganzen Winter vorbereitet. Es hatte eine runde Form; in der Mitte war ein Loch. Man zog sie alle auf eine Schnur und hängte sie so zum Trocknen auf. Diesem trocknen Schwarzbrot, so behauptet die Bevölkerung, verdankt sie ihre gesunden, schönen, weißen Zähne.

Auch die Wohlhabenden in der Stadt führten eine äußerst bescheidene Lebensweise, und ihre Mahlzeiten waren auch nicht viel üppiger. Dafür wurde aber in anderer Hinsicht geradezu Luxus getrieben: im Punkte Bildung und Vergnügungen kannte man in Helsingfors keine Sparsamkeit. Die Stadt, die nur zwanzigtausend Einwohner hatte, besaß zwei Theater, drei Leihbibliotheken, komfortable Hotels und zahlreiche Cafés.

Es war ein freies, stolzes Volk, das hier lebte, stolz besonders den Fremden — Russen — gegenüber, die es »rüssene Pergele« (Russenteufel) nannte. Wenn man einem Bettler ein Almosen gab, so drückte er wohl dankbar dem Geber die Hand. Ein Droschkenkutscher aber lehnte fast immer das Trinkgeld stolz ab.

Auch geistig war die Bevölkerung fortgeschritten, interessierte sich für das, was in der großen Welt vorging. Nie kehrte ein Bauer, der die Ware in die Stadt brachte, ohne seine Zeitung »Soimele« (»Finnland«) aufs Land zurück.

Unsere Wohnung war in einer Kasematte und bestand aus vier kleinen, dunklen Räumen, deren Wände aus mächtigen, wohl zwei Meter dicken Granitsteinen zusammengefügt waren. Wunderlich war unser Schlafzimmer. Es hatte ein Fensterbrett, auf dem ein Tisch und Stühle Platz hatten. Freilich war es für andere Zwecke bestimmt. Während eines Krieges sollte da ein weniger friedliches Möbel stehen: eine Kanone! Aber einen Vorzug hatte dieses Schlafzimmer: von dem Fenster gab es eine herrliche Aussicht auf den Finnischen Meerbusen mit seinen dunklen, waldigen Ufern. Hier war mein Lieblingsplätzchen. Hier pflegte ich mit den Kindern zu sitzen, bei einer Handarbeit auszuruhen. Hier konnte ich träumen, stundenlang auf das weite Meer schauen und seinem ewigen, geheimnisvollen Murmeln lauschen.

Wir wohnten in der unmittelbaren Nähe des Kommandanten und der Offiziere, mit denen wir auch bald bekannt wurden und die bald in unserem Hause verkehrten.

Einer von ihnen erklärte sich bereit, meinen älteren Sohn in der russischen Sprache zu unterrichten. Mein Mann warf sich eifrig auf das Studium des Finnischen und Schwedischen und machte bald so große Fortschritte, daß er sich der beiden Sprachen in geschäftlichen Angelegenheiten bedienen konnte. Daneben lernte er mit der Tochter englisch. Die beiden älteren Kinder besuchten eine französische Schule in der Stadt. Jeden Tag mußten sie über das Meer fahren.

Ich war stolz, so viel Wißbegier bei meinem Manne und der heranwachsenden Jugend zu sehen, stolz, glücklich und doch zugleich auch traurig, denn der Lerntrieb erstreckte sich nicht auf das, was mir vor allem heilig und wert war.

Hier in Helsingfors lebten wir fern von allem Jüdischen. In diesem Lande bestand nur eine kleine Gemeinde alter Soldaten, die noch seit der Zeit Nikolaus I. das Privilegium, hier zu wohnen, besaßen. Sie hatten eine kleine Synagoge und einen sogenannten Rabbiner, der zugleich Schochet (Schächter) war.

Eine Gemeinde »Nikolajewsker« Soldaten. Das sagt für die Eingeweihten genug. In den zwanziger Jahren hatte man die Juden auf alle mögliche Weise zum Heeresdienst, der fünfundzwanzig Jahre dauerte, herangezogen. Herangeschleppt! Galt doch infolge der Härte und Länge der Dienst für schlimmer als der Tod. Was Wunder, daß die ausgemergelten Juden sich in diesen Abgrund nicht bei Lebzeiten schleudern lassen wollten. Da man aber für die Ergreifung eines flüchtigen jüdischen Jünglings — sie waren oft nicht älter als zwölf oder dreizehn Jahre — 20-30 Rubel bezahlte, so fanden sich natürlich auch unter den Juden Subjekte, die ein Geschäft daraus machten, möglichst viel solchen Sündengeldes zu verdienen. Näherte sich so ein »Chapperl«[11] zum Beispiel einer Schneiderstube, so kam schnell ein guter Freund, um die Schneiderjungen zu

warnen — und alles floh rascher als vor der Pest, wo sich nur ein Versteck bieten wollte. Die Ergriffenen nannte man mit dem russischen Wort »Pojmeniky«, (Ergriffene).
In einem kleinen Volksliedchen heißt es:

> Sitzen Schneider arim Tisch
> Oj, oj, oj nähen
> Kimmt a giter Briderl
> Ün sagt die Chapperlach gehen!

Die Zahl dieser Volkslieder ist unendlich groß. Eine Reihe geradezu ergreifender Stücke ist in der trefflichen Sammlung von Günzburg und Marek zusammengestellt. Einige möchte ich aus meiner Erinnerung hierher stellen.

> Wie es is bitter,
> Meine liebe Mitter,
> :|: A Schiffele auf'n grünem Gros:|:
> Asoj is bitter, meine liebe Mitter,
> M' tüt doch mir chappen,
> :|: Wie a Hås:|:
> Nit wejn i nit schrei,
> Meine liebe Mitter,
> :|: Nit ich bin dos allein.:|:
> Nemmt mir, ün vor meinem Herzen
> :|: Setz ich mir anieder und wein.:|:
> Wie es is bitter, meine liebe Mitter,
> :|: A Bäumele ohn Ritter (*Zweige*).:|:
> Asoj is bitter, meine liebe Mitter
> M' tut doch mir machen
> Far a Moskowiter.

Ein anderes Lied lautet:

> As och ün' Weih zu jüdische Kinder,
> Sint sei hoben gesehen die Like Liwone[12].
> Vün jener Zeit un hoben sei
> Kein güt's, ün' kein N'chome[13]

As mě führt jüdische Kinder zim Priom[14],
Tüt doch zittern die N'schome[15].
Drüm beten mir dir Reboine schel oilom[16]
Du sollst üns geben far unser Zar[17] a stickele Nichome.
Bitter is doch ünser leben asoj wie der Toit
As mir darfen essen dem Jewonischen Broit[18]
As mir darfen gehen in »schatnes«[19] gekleid't,
Dus is doch ünsere bittere Noit.
Der wos im Himmel, der versteht. Gott Gott worüm bist di dir vün üns pourisch[20]!
Du weißt doch as mir nit kennen nicht hitten deine geseres[21]
Dus is doch unsere bittere Breres[22],
Drim betten mir dir Reboine schel oilom
Du sollst üns moichel sein[23] auf ünsere Aweres[24].
Deine Struf tün mir doch M'kabel-b'ahwe[25] anzunehmen
As me tüt üns Bort un Pees arobnehmen
Tüt doch uns in Harzen klemmen
As mir tün sich allein var üns schemen;
Drüm beten mir dir Reboine schel oilom
Di sollst ins vin gules arois nehmen.
Wer wet ünser Herausnehmer ün ünser Ausleser sein
As mir seinen tief in goischke Händ arein,
Dus is doch ünser Schmarz ün Pein,
Drüm beten mir dir Reboine schel oilom
Di sollst ünser Herausnehmer ün Ausleser sein.
Silber in Gold tün doch die sdatozikes[26] var üns legen
As der Prijomschick[27] soll sugen mir tün var

Soldaten ja toigen (taugen)
Asoi tüt doch vün ünsere Vaters un Mütters nit
  trückenen sere Oigen.
Schabossim ün Jomim toiwim tün sei tun
  varbringen.
Chaleschen[28] tüt doch ünser Harz vün dem
  groißen Gerasch[29]
In der Heim hoben mir doch gehat vün Cholev
  ün vün Dwasch[30]
As m' leint den bitteren Ukas[31]
Tor sach kein junger Mann nit weisen auf der
  Gaß.
Toit wünschen mir sich gewiß, as mir darfen
  sich bucken zum Naczalniks[32] Füß
As der Naczalnik tüt a Geschrei Paschol[33]
  müssen mir es annehmen far zuckersüß.
Jom Noroim[34] tun mir doch schauffer[35]
  blosen
As men leiet op dem bitteren ukas tien mir
  doch zilaufen wie die Hasen
Af Felder ün af Wälder tün mir sich zuspreiten
  wie di Grasen,
Drum beten mir dir Reboine schel oilom
Du sollst üns vün goles[36] araus losen.

Sich dieser »Gesere« zu entziehen, gab es nur für die Reichen das bekannte Mittel — die Rubel —, für die Armen aber nur einen Weg: Da nur die Nichtverheirateten zum Militärdienst ausgehoben wurden, mußten die Knaben eben schon im frühesten Jugendalter verheiratet werden. Nicht selten führte man die Kleinen vom Spielplatz hinweg unter die »Chuppe«.
Damals war es auch, daß sich im Volke das Gerücht verbreitete, die Regierung wolle jüdische Mädchen in die

Staatsfabriken nehmen. Vielleicht war dieses Gerücht entstanden, um die zögernden Eltern von Mädchen gefügig zu machen. Sie waren natürlich jetzt um so schneller bereit, ihre unerwachsenen Töchter mit unerwachsenen Knaben zu verheiraten.

Diese »Chapperei« wurde bei den Juden »Behules« genannt.

Es war ein geradezu unnatürlicher Zustand. Und in jener Zeit ist auch wohl der Grund gelegt worden für die Degeneration eines großen Teils der russischen Judenheit. Diese halbwüchsigen Mädchen wurden M ü tt e r. Mütter von Kindern, deren Väter noch halbe Kinder waren. Aber die armen Eltern brachten auch diese Opfer. Der Mensch mochte gefährdet sein! Aber der Glaube, das Judentum durfte nicht leiden!

War es doch unvermeidlich, daß der Heeresdienst die Beachtung all der jüdischen Bräuche, dieses heiligen Erbes, ausschloß. Das waren noch die Glücklicheren, denen es beschieden war, in Städte mit einer jüdischen Gemeinde zu kommen, wo sie wenigstens mit ritueller Kost von der Gemeinde versorgt wurden.

Nur einen Vorteil gewährten diese schweren Militärjahre: Waren diese jüdischen Soldaten nicht den unerhörten Anstrengungen und den Brutalitäten ihrer halbvertierten »Vorgesetzten« erlegen und hatten sie mit heilem Körper die fünfundzwanzig Jahre ihres Dienstes überstanden, so durften sie überall in Rußland wohnen. Dieser Vorzug brachte sie bisweilen in günstigere Verhältnisse, so daß sie nicht selten später reiche Leute wurden. Aber der größte Teil von ihnen hat es nicht so weit gebracht.

In einer Gemeinde Nikolajewsker Soldaten mußte ich nun leben. Nach Wilna—Helsingfors!

Ich hatte große Mühe, unter solchen Bedingungen eine rituelle Küche zu führen: Das Fleisch mußte stets aus der Stadt geholt werden und ich selbst mußte die Küche besorgen, weil ich mich auf eine christliche Köchin nicht verlassen wollte. Und wie sich erst die Schwierigkeiten vor Pesach häuften, kann nur eine religiöse Frau und eine gute, echt jüdische Wirtin begreifen.

Aber über alle diese Schwierigkeiten hinweg half mir der heiße Wunsch, die Tradition für die Kinder zu erhalten und vor allem die Liebe, die warme, treue Liebe zu meinem Manne. Nicht umsonst sagt das Volk: »Mit einem geliebten Manne auch übers Meer.«

Wir suchten nach einem jüdischen Lehrer für die älteren Kinder, konnten aber keinen finden. So kam es, daß mein Mann selbst dem älteren Sohne Unterricht erteilte. Aber er war kein Lehrer, hatte wenig Geduld und vergaß sich oft. »Du Esel, was wird aus dir werden?« schrie er ihn oft an, wobei es nicht selten zu Handgreiflichkeiten kam. Auf das Kind konnte diese Behandlung nicht ermunternd und anspornend wirken; die Stande wurde ihm zur Qual. Ich mußte oft dazwischen treten und die Aufregung besänftigen. Der Unterricht hörte bald auf, und wir bemühten uns, einen jüdischen Soldaten, der in der Festung wohnte, als Lehrer zu engagieren. Aber leider wollte er auf unseren Vorschlag nicht eingehen.

Dieser jüdische Soldat, der uns vom Kapitän Sommer als ein Heiliger geschildert wurde, war eine so ungewöhnliche und interessante Erscheinung, daß ich von ihm etwas ausführlicher sprechen muß. Religiös, bescheiden, schweigsam und still führte er ein fast asketisches Leben. Sowohl seine Vorgesetzten wie auch seine Kameraden sprachen von ihm als von einem göttlichen Manne. Er wurde von allen mit besonderer Auszeichnung behandelt. Trotz der bevorzugten Behandlung, die er erfuhr, vernachlässigte er aber nie die Dienstpflichten, erschien stets pünktlich auf dem Exerzierplatz und war eifrig im Dienst. Die übrige Zeit verbrachte er über Taldmudfolianten gebückt, in seinem eigenen Kämmerchen, das ihm bewilligt worden war.

Seine Nahrung bestand in Schwarzbrot, »Kwas« (einem kohlensauren, alkoholfreien Getränk), Kartoffeln und Hering. Aus religiösen Gründen aß er nie aus dem gemeinsamen Kessel. Am Sabbath erhielt er Urlaub, nach der Stadt zu gehen, um dort einmal ordentlich zu essen.

Seine Talmudkenntnisse waren tief und bedeutend; und nicht selten saß mein Mann bei ihm, von dem niemand etwas Näheres wußte, der nie etwas von seiner Herkunft verraten wollte, in seinem winzigen, ungeheizten Stübchen und diskutierte mit ihm. Mein Mann zählte diese Stunden auf der einsamen Insel zu den interessantesten. Er kehrte von dort stets in guter Laune zurück und erzählte mir voll Bewunderung von diesem einsamen Menschen, der als Arkadius Petrow im Regiment bekannt war.

Den Unterricht meines Sohnes übernahm er nicht, er schlug unsere Bitte ab, mit der Begründung, daß es ihm zu viel Zeit rauben würde.

Es vergingen ein und ein halbes Jahr. Friedlich und angenehm floß unser Leben unter dem kalten und abgelegenen Himmelsstrich dahin.

Der Bau der Kaserne näherte sich seinem Ende, und mein Mann sah sich nach einer anderen Beschäftigung um.

Er ging nach St. Petersburg. Ich blieb wieder einmal allein mit den Kindern zurück — Es war Dezember — kurze, finstere Tage, welchen jene stürmischen nordischen Winternächte folgten. Es war eine traurige Zeit für mich!

Am Tage blieb mir nicht viel Zeit zum Nachdenken übrig. Da war ich beschäftigt mit der Wirtschaft und den Kindern. Aber in den Nächten, in den endlosen, einsamen Nächten lag ich stundenlang mit weitgeöffneten Augen und horchte auf das Sausen des Windes, auf das Heulen der hungrigen Wölfe, die der wilde Sturm widerstandslos von den festgefrorenen Ufern ins Meer jagte. Die Stimmen wurden mir inzwischen so vertraut, daß ich mit ihnen plauderte und ihnen mein Weh und Leid klagte — Und tausendstimmig kam die Antwort — Zuerst ein Gemurmel wie Klagen, Weinen und Stöhnen — so herzzerreißend, daß ich darüber mein eigenes Weh vergaß. Allmählich beruhigte sich die See und plötzlich entstiegen den Tiefen tausend lustige, fröhliche zarte Töne und erklangen durch die Lüfte wie silberne Glocken.

So ging die Zeit dahin. Endlich, nach einigen Wochen — wie ewig lang kann eine Woche sein! — kehrte mein Mann aus Petersburg froh und zufrieden zurück, denn er war dort in einem neubegründeten Bankhaus als Leiter angestellt worden. Wir blieben aber noch bis zur endgültigen Vollendung des Baues der Kaserne in der Festung Sweaborg.

Der Frühling kam.

Am dritten Tage des Peßach segnete mich Gott mit einer Tochter, die ich Sina nannte. Es waren schwere, schwere Stunden.

Die Kaserne wurde fertig; sie sollte von der Festungsbehörde übernommen werden. Zu diesem Zwecke kamen aus Petersburg die beiden Teilhaber des Unternehmens: Herr Hessin und Herr Klonski, ein älterer Herr, der meinen Mann nach guter, patriarchalischer Sitte mit »du« ansprach. Trotzdem mein Mann damals 35 Jahre zählte, nahm er keinen Anstoß an dieser ungezwungenen Anrede, denn der Respekt vor dem Alter war ihm in Fleisch und Blut übergegangen.

Heute wäre ein solches Benehmen einem jungen Menschen gegenüber fast ausgeschlossen. Ein Blick würde den freien »Alten« belehren, daß er den der J u g e n d gebührenden Respekt vergaß.

Mein Mann ging nach Petersburg. Wieder einmal blieb ich allein mit den Kindern, lange, unendlich lange, zehn Monate.

Während dieser Zeit wurde mein ältester Sohn Barmizwah. Er erhielt Tefilin, die er von nun an jeden Tag zum Beten anlegte. Sein Eifer im Lesen steigerte sich mehr und mehr, und ich mußte meine Zustimmung geben, daß er jeden Tag in der Konditorei der Stadt Zeitungen lesen durfte. Die Besucher dort waren immer verwundert, daß so ein kleiner Junge die russischen, deutschen und französischen Blätter so flink durchlesen konnte; er erzählte mir alle Neuigkeiten.

Und wieder einmal stand ich mit meinen Kindern reisefertig da. Wir bestiegen den Dampfer, der uns nach Petersburg bringen sollte, und machten es uns in der Kajüte bequem. Auf mein Verlangen wurde uns dort das Mittagessen serviert — es war eine üppige Mahlzeit, die wir aber nur halb genießen konnten, denn die Fleischspeisen, die ja nicht koscher waren, genoß ich nicht, und ein Blick von mir genügte, daß auch die Kinder sie unberührt ließen.

Wir waren 24 Stunden unterwegs und gelangten ermüdet nach Petersburg.

Petersburg.

In den siebziger Jahren unter der Regierung Alexanders II. war Petersburg in seiner höchsten Blüte. Der Hauptteil von Petersburg, wo das bewegteste und eleganteste Treiben herrscht, ist der Newsky Prospekt und die Morskaja. Hier entwickelte sich vor unseren Augen Tag und Nacht das russische Straßenleben, in dem sich die ganze russische Natur widerspiegelt. Um jede Tageszeit ein anderes Bild, stets ganz eigenartig und sehr interessant.

Acht Uhr morgens. In den Straßen von St. Petersburg dominiert die Jugend, die aus allen Enden der Stadt in ihre Schulen eilt. Die Schulzeit in ganz Rußland beginnt um 9 Uhr und währt bis 3 Uhr nachmittags, nur mit einer einstündigen Unterbrechung von zwölf bis eins.

Da eilen die kleinen und großen Gymnasiasten in ihren Uniformen in Grau und Silber. Die Studenten in Schwarz und Blau mit goldnen Knöpfen, die breitrandigen Mützen keck auf die Seite geschoben. Die Mädchen in ihren schlichten braunen Kleidern mit schwarzen Schürzen, die, aller Mode spottend, nach einer streng vorgeschriebenen Fasson angefertigt sind... äußerlich alle gleich aussehend. Sowohl die Schüler wie die Schülerinnen haben einen Ranzen, der nach Vorschrift der Schulbehörde auf dem Rücken getragen werden muß.

Unterwegs einander begrüßend, laute Reden führend, eilen sie aneinander vorbei, jeder seinem Ziele zu, lustig, übermütig.

Die Lastwagen, die des Morgens die elegantesten Straßen durchziehen, lenken die Aufmerksamkeit auf sich. Den mit Kot und Schmutz bedeckten Wagen zieht ein großes, plumpes Pferd, das seit Jahr und Tag keine Reinigungsbürste auf seinem Fell verspürt hat. Die zentnerschwere Last mit einer zerlumpten und zerfetzten Plane bedeckt. Wagen und Pferd warten nur auf den wohltätigen Regen, der sie einmal von dem Schmutz befreit. Ganz dem Wagen und dem Pferde angepaßt ist der ungepflegte Kutscher mit seiner grünen Mütze und dem an den Ärmeln zerrissenen Schafpelz, der ihm zugleich als Kleid und Schlafdecke dient.

Zwölf Uhr mittags. Von der Peterpaulkirche schlägt die Stunde, von der Festung ertönt ein Kanonenschuß. Die Leute auf dem Newsky-Prospekt ziehen mechanisch die Taschenuhren hervor, um sie zu richten. Die Straßen bieten wieder ein anderes Bild: Gouvernanten, Bonnen, die russischen »Nianias« (Kindermädchen) und die ausgeputzten Ammen in ihrer Nationaltracht führen die Kinder durch den schönen breiten Newsky spazieren.

Um vier Uhr nachmittags beginnt in Petersburg der Korso, der besonders im Winter ein prächtiges Bild bietet. Was für ein Luxus kommt bei diesen Fahrten zum Vorschein! Die herrlichsten Schlitten, die seltensten Rassepferde, die ausgesuchtesten Toiletten und kostbarsten Pelze dürfen da Revue passieren.

Der Korso bewegt sich vom Nikolaibahnhof durch den Newsky, die große und breite Morskaja bis zur »Poztelujewbrücke«. Der Weg ist so breit, daß drei Schlittenreihen bequem nebeneinander fahren können. Alles prächtige, weite Schlitten (hauptsächlich Privatschlitten), innen mit Schafpelz und Teppichen ausgeschlagen, ein schwarzes Bärenfell als Decke. Über die Pferde sind blaue, rote, grüne, manchmal weiße Netze gebreitet. Silbernes Geschirr. Der Kutscher ist meist von ungewöhnlichem Umfang, da sein gepolsterter Mantel (»Jarmak«) von Schulter zu Schulter fast einen Meter breit ist. Es ist ein Oberkleid, festgeknöpft mit einem roten, grünen, blauen oder weißen Gürtel, entsprechend der Farbe des Netzes. Dieses Oberkleid deckt den Kutscher und nimmt die Hälfte des Schlittens ein, so daß es aussieht, als säße der Kutscher auf den Knien seiner Herrschaften. Auf dem Kopf eine vierkantige gepolsterte, rotsamtne Mütze, mit Pelzbesatz und Goldschnur geschmückt. Weiße oder gelbe lange Handschuhe mit Stulpen ergänzen diese so eigenartige Tracht der Petersburger herrschaftlichen Kutscher.

In den Schlitten Damen und Herren, in die kostbarsten Pelze eingehüllt. Hier und da saust mit einer unheimlichen Schnelligkeit ein »Lichatsch« vorbei — ein Einspänner mit einem kleinen Schlitten, nicht größer als ein Sessel. Man sieht nicht mehr als einen Biberpelz, darüber ein kleines kokettes Pelzmützchen.

Das Publikum fährt so nahe aneinander vorbei, daß nicht nur kurze Grüße ausgetauscht werden können, auch Fragen und Antworten fliegen hinüber und herüber. Man verabredet Rendezvous und tauscht Komplimente aus.

Der glitzernde, knirschende Schnee, das Wiehern der Pferde, das leise Rauschen der seidenen Stoffe, das Lachen und Plaudern des Publikums, die Pracht und der Luxus der Schlitten und seiner Insassen — das gibt ein Bild, das nicht nur den Fremden, sondern auch den Einheimischen stets von neuem fasziniert.

Mit der Übersiedelung nach Petersburg ging ich einer Zukunft entgegen, die an Ereignissen und Veränderungen die Vergangenheit, die Gegenwart und alle Erwartungen übertraf.

Das Milieu, in das wir in Petersburg kamen, bestand aus vornehmen, gebildeten Leuten, bei denen meistenteils Reichtum und Luxus herrschten, und die ein fast sorgloses Dasein führten. Trotzdem die Petersburger jüdische Gesellschaft eine große, prächtige Synagoge besaß und zwei Rabbiner hatte, — einen modernen studierten und einen orthodoxen — trennte sie doch vieles von jüdischer Sitte und jüdischer Tradition. Die Vornehmen übernahmen gar manche fremde Tradition und feierten fremde Feste, wie Weihnachten. Von den eigenen Feiertagen hielt man nur noch zwei Feiertage: Jom Kippur und Peßach. Aber sie wurden »modern« gefeiert. Manche kamen ruhig in einer Equipage in die Synagoge und speisten am Jom Kippur während der Pausen.

Das Peßachfest hielt sich selbst in den vorgeschrittensten Kreisen. Es blieb ein Fest der Erinnerung. Freilich nicht an den Auszug aus Ägypten, sondern an die eigene Kindheit in den kleinen litauischen Städtchen. Der Sederabend wurde gefeiert, aber auf eine sehr abgekürzte Art. Sogar die getauften Juden mochten sich vom Sederabend nicht trennen. Veranstalteten sie auch kein besonderes Mahl in ihrem eigenen Hause, so ließen sie sich doch gern in ihren Bekanntenkreisen bei den — noch nicht Getauften einladen. Es sah recht feierlich aus. Die Hausfrau im höchsten Staat, die Kinder sorgsam angezogen, die Gäste in Frack und weißer Binde. Den Tisch schmückte ein Stoß Mazzaus, die auf einem Tablett aufgehäuft waren. Eine Schüssel mit Eiern, mit grünem Salat und Radieschen war hergerichtet. An gutem Wein fehlte es natürlich nicht. Und doch zogen die Herren meistens den »Zmukim« (Rosinenwein), vor, der sie so stark an das Elternhaus erinnerte. Von Gebeten und der ganzen Reihe alter, symbolischer Bräuche nahm man Abstand. Das Gespräch dauerte zwar auch bis Mitternacht. Aber es galt nicht dem Auszug aus Ägypten, sondern Tagesfragen, Zeitungsneuigkeiten, Börsengeschäften. Das Mahl war recht reichhaltig und fing natürlich mit den Eiern an, die in Salzwasser genossen wurden. Dann folgten gefüllte Pfefferfische, Fleischbrühe mit schmackhaften Klößchen und Putenbraten. Es war ein gemütliches Souper mit einigen Eigenheiten, mehr aber nicht. Mit dem Sederabend hatte es eigentlich nur noch den Namen gemeinsam. Auf dem Tisch lag keine Haggadah, sie lag irgendwo in einer alten Holzkiste friedlich bei den vergilbten

Talmudexemplaren, der Bibel und alten hebräischen Büchern. Die Fragen wurden nicht gestellt. Die Hände hatte man sich zu Hause mit parfümierter Seife gewaschen. Und beim Weintrinken legte man weiter kein Gewicht darauf, ob es gerade nur vier Becher waren. Natürlich trat das Préférencespiel an die Stelle des Benschens.

Was ich hier schildere, waren die neuen Sitten einer feinen, dünnen Oberschicht der Petersburger Juden.

Die Mehrheit jedoch war der alten hergebrachten Religion, der Tradition treu geblieben, und darunter waren nicht wenige, die zur Elite der jüdischen Gesellschaft gehörten.

In dieser Umgebung zu leben und von ihrem Einfluß unberührt zu bleiben, erforderte eine Charakterstärke und eine religiöse Festigkeit, wie sie mein Mann leider nicht besaß. Mich hätte es unberührt gelassen, mich hätte mein starker Glaube, meine Erziehung und die religiöse Innigkeit, mit der ich an jüdischer Sitte hing, vor der Untreue bewahrt. Ja, stolz wäre ich umhergegangen unter all den Schwachen. Stolz und glücklich, daß ich noch im Besitz all des innigen Reichtums war, den jene längst verloren hatten. Und ich hätte sie wegen ihrer Armut bedauert.

Und doch hatte ich gerade hier in Petersburg, wo die Juden sich von so vielen jüdischen Bräuchen lossagten, oft Gelegenheit zu beobachten, wie stark das Zusammengehörigkeitsgefühl trotz allem unter den Juden entwickelt war: Wenn Juden irgendwo in der Provinz in einem Streit mit der Behörde unterlegen waren, so wandten sie sich nach Petersburg um Unterstützung; und niemals sparte die Petersburger jüdische Gesellschaft Geld und Zeit, um die Sache ihrer Stammesgenossen zu vertreten. Man appellierte und setzte die höchsten Instanzen in Bewegung, damit den bedrängten Juden ihr Recht werde; und dieser Eifer war allen natürlich und selbstverständlich. Nicht umsonst ist ja das Solidaritätsgefühl der Juden in der ganzen Welt sprichwörtlich geworden. Sogar die meisten getauften Juden machten dabei keine Ausnahme. Ja, es gehörte geradezu zum guten Ton in der Petersburger jüdischen Gesellschaft, wohltätige Anstalten für die Juden zu gründen, wo Hunderte von Kindern Unterkunft, Erziehung und Bildung erhielten. —

Es ging bei uns ähnlich zu wie in so vielen anderen Familien, in denen der Kampf um die Tradition gekämpft wurde. »Der Mann, der Verdienende, der die Pflicht hat, die Seinigen zu versorgen, besitzt auch das größere Recht, er ist der Herr im Hause, er kann bitten, darf aber auch fordern,« hieß es dort. Auch mein Mann b a t zuerst, und als er damit sein Ziel nicht erreichte, f o r d e r t e er die Erfüllung seiner Wünsche. Er wurde despotisch und verlor jedes Maß.

Mit seinem schlichten, ruhigen, ehrlichen Wesen, mit dem grenzenlosen Vertrauen, das er den Menschen entgegenbrachte, paßte er nicht hinein in das Großstadtleben, in dessen Hasten und Streben und Ringen. Trotz seiner Kenntnisse und Fähigkeiten ging es ihm in pekuniärer Hinsicht nicht gut, und in dem Riesenunternehmen, an dem er teilnahm, konnte er nicht vorwärts kommen. Das schmerzte und quälte ihn. Denn frisch noch lebten in seiner Erinnerung die Zeiten, da er ein großer Herr war, reich und vornehm. Wenigstens in seinem Hause, im eigenen Familienkreise wollte er Entschädigung haben für diese Ungerechtigkeit. Hier wollte er ganz Herr sein — und er war es auch im vollsten Sinne. Es genügte nicht, daß ich ihm volle Freiheit außerhalb des Hauses ließ. Ich mußte mich selbst und mein Haus »reformieren«.

Zuerst waren es Kleinigkeiten, aber liebe, vertraute Kleinigkeiten, die mir ans Herz gewachsen waren, von denen ich mich trennen mußte. Aber damit waren die Umstürzler noch nicht zufrieden. Es wurde weiter gefordert; und rücksichtslos wurden die Grundlagen unseres bisherigen Lebens z e r s t ö r t.

Hier in Petersburg war es, wo ich gleich am Anfang unseres Aufenthaltes den »Scheitel« abnehmen mußte. Hier war es, wo ich nach heftigstem Widerstand die koschere Küche abschaffte und allmählich e i n e schöne, alte Sitte nach der anderen aus meinem Hause vertrieb. — Nein, ich vertrieb sie nicht, ich begleitete jede von ihnen bis zur letzten Pforte meines Hauses mit Schluchzen und Weinen. Blutenden Herzens ließ ich sie hinausziehen und schaute ihnen lange, lange nach — und war so traurig, als wenn ich das Teuerste zu Grabe brächte. Was litt ich damals, welche Seelenkämpfe habe ich durchmachen müssen! Ich ahnte nichts davon in meiner Jugend, als ich noch so glücklich das beschauliche, ruhige, stolze, patriarchalische Leben in meinem Elternhause lebte. Trotzdem ich meinen Mann so heiß und treu liebte wie in der ersten Zeit unseres Zusammenlebens, konnte und durfte ich nicht widerstandslos nachgeben. Für mich und für die Kinder wollte ich das teure Gut erhalten und kämpfte einen Kampf um Sein oder Nichtsein.

Das ganze Leben in Petersburg war dazu angetan, daß selbst tausend verschiedene Erlebnisse immer wieder auf das eine Problem des Judentums zusammenliefen. Was hat mir die Gymnasialzeit meines Sohnes für Sorge und Herzeleid gebracht! Simon war Schüler des vierten Gymnasiums. Eines Tages wurden die Knaben in die Kapelle des Gymnasiums zu einem Gottesdienst geführt. Vor den Heiligenbildern knieten alle nieder. Mein Sohn nur blieb stehen. Der Klassenaufseher forderte ihn auf, sofort niederzuknien. Mein Sohn lehnte es entschieden ab: »Ich bin ein Jude. Und mein Glaube verbietet mir, vor einem Bilde zu knien.« Wütend ging der Aufseher. Nach dem Gottesdienst wurde Simon gerufen: er war entlassen. Morgen sollte er sich seine Papiere holen. Das war eine böse Kunde. Auch diese Sorge noch! Ich eilte zu den Popetschitjel, flehte, jammerte. Mein Sohn hätte ja nicht die Schuldisziplin mißachten wollen. Er wollte nur der

Erziehung treu sein, die er im Elternhause und in der Rabbinerschule genossen. Achtung vor der Autorität der Eltern sei auch ein wichtiges Erziehungsmoment. Wo sie aufhört, beginnt vielleicht das Laster. Aber Fürst Liwin blieb hart. Ich konnte nicht mehr sprechen. Der Schmerz drückte mir die Kehle zu. Tränen auf Tränen quollen aus meinen Augen. Sah ich doch das Lebensglück meines Sohnes zerstört. Ich lief hinaus. Aber kaum hatte ich das Vorzimmer erreicht, da rief mich der Fürst zurück. Dieses Gymnasium sollte er verlassen. Aber er wollte doch dafür sorgen, daß er in ein anderes aufgenommen würde. Und so geschah es. Ich fand wieder die Ruhe und genoß mit tiefem Behagen die Freude über die stolze Handlung meines Sohnes. Das war Blut von meinem Blute. Aber durfte ich unter den fremden Einflüssen hoffen, daß die Kinder immer der Art der Mutter folgen würden? Sie wurden größer. Sie begriffen auf ihre Weise, was in ihrer Umgebung vorging und — stellten sich manchmal auf die Seite des Vaters. So war ich oft vereinsamt: Der Mann, die Gesellschaft gegen mich. Ich unterlag. Aber niemand ahnte die Tragik jener Tage, die ich damals durchlebte.

Nur ein paar vergilbte Blätter, denen ich mein Leid damals vor achtunddreißig Jahren in einer Verzweiflungsstunde anvertraut hatte, sind stumme, starre Zeugen meiner Leiden — Ich füge hier jene Worte, die ich am 15. April 1871 schrieb, bei, denn sie scheinen mir von allgemeinerem Interesse zu sein, geben sie doch dem Schmerz und dem verzweifelten Kampf Ausdruck, den nicht nur ich allein, sondern so manche Frau und Mutter in dieser schweren Übergangsperiode des jüdischen Lebens zu ertragen hatten.

Die gefährliche Operation. — Die Reform der Küche.

... Das Geschwür ist so groß geworden, daß es mich zu ersticken droht! Was tun? Wo Rat holen? Woher die Kräfte zum Kampf nehmen? O, lieber Gott, schenke mir Seelenstärke, die Operation ohne bleibenden Schaden ertragen zu können! Ich fühle mich zu schwach, das zu überstehen. Es ist ein Kampf auf Tod und Leben. Ich habe mich in den eigenen Kräften verrechnet und glaubte nicht, daß diese letzte Reform mich in solche Bangigkeit und in so starkes Zerwürfnis mit mir selber hineinstürzen würde. Warum fällt es mir so schwer, meine bisherigen Grundsätze zu überwinden? Ich glaube, meine anhängliche Natur ist daran schuld. Die Verehrung und Liebe für meine Eltern sind bei mir unzertrennlich mit der Verehrung ihrer religiösen Sitte verbunden. Es überkommt mich die Verzweiflung, wenn ich an die Notwendigkeit meines Handelns denke, von der mein künftiges Heil, meine Ruhe und Zufriedenheit, selbst das Glück meiner Kinder abhängen soll. Es wird sicher eine tiefe Wunde in die Herzen meiner Eltern schlagen. Ich war ihnen bisher eine liebe Tochter. Nun haben sie volles Recht, mir zu fluchen — Ja, ich verstehe ihren brennenden Schmerz. Ich bin selbst Mutter!

Aber wo sind meine eigenen Grundsätze? Ja, sie sind da. Seit fünfzehn Jahren kämpfe ich, sie zu erhalten. Sie sind mir ans Herz gewachsen, in Fleisch und Blut übergegangen. Nun sind sie aber der Störenfried und Anstoß für alle Meinigen geworden, an ihnen zerschellt jeden Augenblick alle Zärtlichkeit, alle Achtung und Liebe. — Und was mich so unglücklich in meinem jetzigen Zustand macht, ist das

Verhältnis meines Mannes zu mir. Er hat es nie verstanden, oder sich nie die Mühe gegeben, mich anders zu betrachten, wie ein für sich notwendiges Ding. Er ist nie auf den Gedanken gekommen, daß ich meine eigenen Grundsätze, Gewohnheiten habe, daß ich bereits von Haus aus zu ihm mit Erinnerungen, ja sogar mit gewissen Erfahrungen kam; und daß die mannigfachen Lebensumstände meine Standhaftigkeit ausgebildet und gefestigt haben. Er gab sich nicht die Mühe, sich meinem inneren Wesen zu nähern und es zu erkennen. Er fordert von mir vor allem Unterwürfigkeit und Verleugnung meiner Grundsätze. Nein, mein Freund, diesen deinen letzten Wunsch ohne Murren zu erfüllen, bin ich nicht imstande. Dazu hättest du mich allmählich vorbereiten sollen, dann wäre es mir vielleicht nicht so tödlich schwer geworden! Da es aber nicht geschah, da du meinem inneren Leben fremd bliebest, wurde meine Anhänglichkeit an die Eltern und das Pflichtgefühl ihnen gegenüber von Tag zu Tag stärker. Ich schuf mir eine eigene Welt in mir, von der ich mich jetzt so schwer trennen kann. O, Gott im Himmel, nur du kannst unparteiischer Zeuge meiner Leiden sein! Wem soll ich klagen! Verstehst du mich, mein Mann? Legst du mir meine Konsequenzen nicht als eine Hartnäckigkeit aus, kannst du nicht darin etwas Höheres, Edleres sehen, als Eigensinn? Und die Kinder? Die sind ja noch zu jung — sie werden aber schon auf deine Seite kommen. Sie sind ja Kinder ihrer Zeit!

Das Messer ist geschärft. Ich muß mich entscheiden. Die Operation soll vor sich gehen, denn ich ersticke! Nur bitte ich um Zeit, damit ich den Kampf zuerst mit mir selbst auskämpfe und meine geistigen Kräfte sammle. O, wer hilft mir? Niemand! Zurück also in meine eigene Welt, in mein Herz, in die Gesellschaft meiner Gedanken, in die Welt meiner Vergangenheit, die eine inhaltreiche Geschichte ist, und in die undurchdringliche Zukunft. Ich will dieses furchtbare Opfer auf dem Altar meines häuslichen Herdes darbringen. Eher darf ich nicht sagen, daß ich meine Pflicht als Frau und Mutter erfüllt habe, bis ich auch diesem Wunsch der Meinigen nachgegeben habe. Was ist mein Leben ohne Liebe, ohne Anhänglichkeit und in einem immerwährenden Streit mit den Nächsten? Nach jedem Auftritt wegen dieser unheilvollen Frage sehe ich den Tod vor Augen. Die Bitterkeit, die ich stets dabei empfinde, könnte drei Leben, und nicht nur eines vergiften! Daher, ihr Henker, schärft die Messer, ich bin fertig. Ich will mit dieser Tat dem ewigen Spotten über die Religion in meinem Hause ein Ende machen. Lieber begehe ich selbst das Schreckliche und rette mit dieser Handlung die wahre Grundlage der Religion, den Glauben. Ich darf vielleicht nicht länger zögern, wenn ich das Schlimmste verhindern soll. — Heutzutage muß man ein Hillel und kein Schamai sein[37].

O, Schweres, namenlos Schweres hast du mir, Gott, auferlegt! Ich lebe ja in der schwersten Übergangszeit, in der wir jüdischen Frauen ohne alle persönlichen Rechte in den Ehestand getreten sind, in der unsere Männer sich als unsere Herren oder Diener, nie aber als unsere Freunde betrachten. O, totes Papier, fühlst du es nicht, welche Worte ich hier niedergeschrieben habe? Es wird mir schrecklich zumute. Meine Sinne schwinden. Meine Hand versagt ihre Dienste. Ich werfe das Papier weit von mir. Soll ich wünschen, daß es jemandem einmal in die Hände kommt?

So wurde denn in meinem Hause die treifene Küche eingeführt. Für dieses Opfer, das ich den Meinigen brachte, forderte ich die Erfüllung eines Wunsches: Einundfünfzig Wochen im Jahr mußte ich so leben, wie sie es haben wollten, eine Woche, die der Peßachfeiertage, sollte mir gehören. Und niemand sollte mir im Wege stehen, diese Feiertage ganz so zu feiern, wie ich es von Hause aus gewohnt war. Und dabei blieb es.

Ein guter Freund beeilte sich natürlich, meinem Vater von

dieser Reform in meinem Hause Mitteilung zu machen. Mein Vater hörte ihn ruhig an, schwieg weise eine Weile und sagte dann. »Wenn meine Pessele es getan hat, so mußte sie es tun.«

Zu diesen religiösen Kämpfen im Hause kam noch der Kampf ums Dasein. Die geschäftlichen Angelegenheiten meines Mannes blieben dauernd unerfreulich. Weder als Bankangestellter, noch als Börsenmakler hatte er Glück. Er fühlte sich niedergeschlagen und müde, denn das schlechte Petersburger Klima übte einen bösen Einfluß auf seine Gesundheit aus. Die Kinder wurden groß. Ihre Erziehung forderte Mittel, die die unseren überstiegen. Unsere materiellen Verhältnisse hielten nicht Schritt mit den Bedürfnissen, die noch durch unseren Verkehr von Tag zu Tag größer wurden. Ich hatte so manche schwere Stunde durchzumachen. Aber ich tat mein Möglichstes, um vor den Kindern und den Fremden unsere materielle Lage zu verbergen. Die Hoffnung auf bessere Zeiten verließ mich nie. Ich arbeitete und arbeitete, daß das Glück, sollte es einmal kommen, keine verelendete Familie vorfände. Diese Hoffnung gewann mit der Zeit in meiner Phantasie Form und Gestalt — ich sah vor unserer Wohnung das Unbestimmte, das Wunderbare, das uns die frohe Nachricht bringen sollte, harren und leise unsere Tür öffnen —
Aber es öffnete sie gar so leise und langsam —
Es bedeutete eine glückliche Wendung für uns, als meinem Manne die Stellung eines Vizedirektors der Kommerzbank in Minsk angeboten wurde. Wir überlegten nicht lange, packten unser Hab und Gut zusammen und siedelten nach Minsk über.
Das war gegen Ende 1871.
Endlich wich die materielle Sorge von uns. In kurzer Zeit erhielt mein Mann die Stelle des Direktors, und von nun an führten wir wieder ein reiches, vornehmes Leben in Minsk.

Die dritte Generation.

Und es kam die dritte Generation, die weder Gott noch den Teufel fürchtete. Die allerhöchste Huldigung brachte sie dem eigenen Willen entgegen und erhob ihn zu einer Gottheit. Dieser Gottheit wurde Weihrauch gestreut. Ihr wurden Altäre errichtet; und ohne Scheu, ohne Rücksicht wurden ihr die heiligsten Opfer dargebracht. Es war die Tragik und das Verhängnis dieser Jugend, daß sie ohne Tradition aufgewachsen war. Unsere Kinder erhielten keine Eindrücke von den Erinnerungen des historischen, selbständigen Judentums. Fremd blieben ihnen die Klagelieder am Tischo b'Ab, fremd die in den dreimal täglich verrichteten Gebeten lebende Sehnsucht nach Zion, dem Lande der großen Vergangenheit, fremd der Rhythmus der jüdischen Feiertage, nach welchem stets einem traurigen ein freudiger folgt. Sie fand nirgends Anregungen — diese Generation. Sie wurden Atheisten.

Vielleicht mag mancher jugendliche Leser glauben, daß ich die Verhältnisse gar zu trübe sehe. Ist meine Erinnerung getrübt und decken dunkle Flore meine Augen?! O nein. Ich bin ein getreuer Chronist. Mein lichter Blick sieht nur die tiefen Schatten, weil sie wirklich die Wege der neuen Jugend über und über decken.

Die dritte Generation! Zeigt mir das Glück, zeigt mir den Adel eurer Moral — und ich will mich vor euch beugen!...

... Allmählich sahen die Väter, die jüdischen Brauch und jüdische Sitte aus der Erziehung der Kinder entfernt und sie ausschließlich im modernen aufklärerisch-europäischen Sinne hatten bilden lassen, ihren verhängnisvollen Fehler ein. Sie selbst, wenn sie sich auch von Religion und Tradition abgewandt hatten, blieben doch im Grunde ihres Herzens Juden. Gute Juden im nationalen Sinne dieses

Wortes, stolz auf ihre Vergangenheit; denn in ihnen lebten noch die Erinnerungen ihrer Kindheit. Aber ihre Kinder hatten diese Erinnerungen nicht mehr; ihre eigenen Eltern, hauptsächlich die Väter, waren daran schuld. Und nicht selten kam es, daß feiner empfindende Jünglinge, die ihre innere Armut erkannten, die Eltern anklagten!

Es gab zwar eine Möglichkeit, die Mängel der häuslichen Erziehung einigermaßen zu ersetzen: durch einen geordneten Religionsunterricht in den öffentlichen Schulen. Tüchtige Lehrer hätten so leicht das Interesse der Jugend der großen jüdischen Vergangenheit zuwenden, ihre Aufmerksamkeit auf die alte hebräische Poesie, die Geschichte der Juden lenken und auf diese Weise in ihnen die stolze Gewißheit erwecken können, daß sie einem Volke angehörten, dessen Kultur und Geschichte alt, inhaltsreich, erschütternd sind. Dann hätte die jüdische Jugend sich nicht gleich bei der ersten Berührung mit der Schuljugend anderen Stammes verloren. Sie hätte nicht das Gefühl der Erniedrigung gehabt, das ihnen jede Erinnerung an die jüdische Abstammung brachte. Sie hätte sich nicht mit solcher Wut von ihrem eigenen Volke abgewandt, ihre Pflichten vergessen und ihre Kräfte rücksichtslos in die Dienste der »anderen« gestellt, wie sie es getan. — Aber leider standen die jüdischen Religionslehrer nicht immer und nicht überall auf der Höhe ihrer Aufgabe. Nur die allerwenigsten verstanden ihre Mission.

In den sechziger Jahren beginnt die Russifizierung der Juden durch die Regierung. — In der ersten Epoche der Aufklärung, in der Zeit des Einflusses Mendelssohns, war die Unterrichtssprache in den jüdischen Schulen deutsch. Jetzt war die Stimmung eine andere geworden, die »Aufgeklärten« kamen den Russifizierungstendenzen der Regierung entgegen, weil sie von der Zukunft politische Freiheiten erwarteten und die Vereinigung mit dem großen russischen Volke anstrebten. Die Sprachenfrage war definitiv gelöst, als die Regierung nach dem polnischen Aufstand die russische Sprache in den jüdischen Schulen Litauens als obligatorisch eingeführt hatte.

Danach ging man zu den Unterrichtsgegenständen über und verfolgte dabei die gleiche Tendenz der Russifizierung. So wurde allmählich das Programm der jüdischen Unterrichtsgegenstände gekürzt zugunsten der »allgemeinen«, d. h. russischen Bildung. Es kam so weit, daß in den Mädchenschulen der hebräische Schreibunterricht v e r b o t e n wurde. — Auch in dieser Hinsicht entsprach die Tendenz der Regierung dem stillen Wunsche der jungen Generation und vor allem auch dem der jüdischen Lehrer, daß der allgemeinen Bildung der Vorzug zu geben sei. Diese Lehrer haben das Judentum schließlich auch aus den jüdischen Schulen gedrängt.

So war es kein Wunder, als die finstere, kalte, stürmische Periode der achtziger und neunziger Jahre für uns Juden hereinbrach und unsere Kinder in ihrem schwanken, gebrechlichen Schiffchen von der Hochflut ergriffen und von den brausenden Wellen des Lebens bald nach oben, bald nach unten geschleudert wurden, — daß sie ihr Schifflein in Sicherheit bringen wollten.

Dieser sichere Hafen war — die Taufe.

Das glaubten sie damals.

Da fiel es, das inhaltsreiche, schwere, schreckliche Wort, das wie eine Seuche in das Innere des Judentums hineingriff und die Nächsten auseinanderriß. Nur ganz selten kam dieses Wort über meine Lippen, weil es mir zu nahe ging, mir zu tief ins blutende Mutterherz schnitt...

Nachdem das Furchtbare geschehen war, sprach ich darüber auch mit den Nächsten nicht.

Nur meinen Blättern habe ich es anvertraut, mit Tränen benetzt und aufbewahrt tief, tief in der Erinnerung — bis heute.

Aber heute will ich mich überwinden, heute will ich von jener finsteren Nacht erzählen... Und wie alles, was ich erlebe, so fügt sich mir auch dieses Vorhaben, diese Aufgabe, in ein Bild: ich sehe mich selbst als das Großmütterchen am Kamine sitzen — und um mich herum die Jugend von heute. Sie hören mir so gerne zu, wenn ich von den alten vergangenen Zeiten des jüdischen Lebens erzähle. Die Augen werden größer, sie leuchten, die Kinder heben stolz die Köpfe und lauschen. O, Wunder des Blutes! Die Kinder, deren Eltern sich vom Judentum abgewendet, kehren zu ihm zurück. Sie sehnen sich nach ihm und nach der alten großen jüdischen Melodie, die sie nie gehört. Das alles lese ich in den klugen Augen der Kinder, und ihnen will ich das wunde Herz öffnen und von all dem Leid und den Schrecknissen jener Nacht erzählen ...

Zwischen dieser modernen Schule, deren Führer überzeugt und systematisch die Kinder dem Judentum entfremdeten, und der großen Masse der orthodoxen jüdischen Bevölkerung herrschte ein sehr feindliches Verhältnis. Man wird das begreifen. Die hebräische Sprache sollte nicht treulos verlassen werden. Alle erlaubten und unerlaubten Mittel mußten herhalten, um den hebräischen Unterricht zu ermöglichen. Bestrafung und Strafgelder — ganz gleich, wenn nur das Ziel erreicht wurde. So leichten Kaufes wollten sich die Alten nicht ergeben. Die Chedarim bestanden fort, die arg verspotteten Melamdim »knellten« ihre Schüler weiter. Und mochte sich auch die Regierung einmischen; wie armselig war diese Bevormundung gegen den heiligen Eifer der Frommen! Standen auch die höheren Talmudschulen — die Jeschiwaus — unter der Kontrolle des Ministeriums für Volksbildung, so blieb die Aufsicht nur eine theoretische. Die Regierungsgewalt drang nicht in die Stille der Bethäuser. Mit Zwang war eben wenig zu erreichen. Schließlich gab die Regierung nach. Nicht zum mindesten, als sich 1863 die Gesellschaft zur Verbreitung der Bildung unter den russischen Juden gebildet hatte und nach Überwindung einer Sturm- und Drangperiode mit versöhnender Liebe und Verständnis für den Wert des Althergebrachten ihre stille, aber hartnäckig durchgeführte Arbeit betrieb. Freilich fand sie im Zeitgeist eine kraftvolle Unterstützung. Die wohlhabenden Klassen sandten ihre Kinder nur in die Kronsschule. Der Cheder blieb eigentlich nur den Kindern des Proletariats. Aber ganz wurde auch bei den Reichen in der Folge das Studium der hebräischen Sprache nicht vernachlässigt. Der Melamed kam für einige Stunden in der Woche ins Haus. Gymnasium und Universität: das waren jetzt die Ziele. Und es war schon eine auffällige Ausnahme, wenn ein Reicher seinen begabten Sohn in eine Jeschiwah gab.

In diesen Jahren der inneren Wandlung, in der Zeit der siebziger Jahre, tauchten in Rußland alle möglichen geflügelten Worte, wie Nihilismus, Materialismus, Assimilation, Antisemitismus, Dekadenz, auf. Sie beherrschten das letzte Viertel des XIX. Jahrhunderts und hielten sowohl die jüdische wie die nichtjüdische Jugend in Rußland in einer unaufhaltsamen Bewegung, in einer Aufregung. Es erschien der Roman: »Väter und Söhne« von Turgenjew, in dem das Wort Nihilismus zuerst geprägt wurde. Die begeisterte Jugend fand in dem Helden dieses Romans in der Folge das Echo ihrer Anschauungen und Bestrebungen, und sie ergänzte und formte das, was noch fehlte, nach dem Vorbild des Basarow. Der Kampf mit den Eltern wurde immer rücksichtsloser und erbitterter. Mehr und mehr entfernte sich die jüdische Jugend von den Eltern. Ja, es war nicht selten, daß die Kinder sich ihrer schämten. In ihren eigenen Eltern sahen sie oft nichts anderes als den Geldbeutel, der ihnen die Mittel zur Befriedigung ihrer Wünsche verschaffen mußte. Die Eltern achten? Weshalb? Achten kann man ja nur den, der an Bildung höher steht.

Die Ergebenheit, Dankbarkeit, Pietät der früheren Zeiten waren aus dem jüdischen Leben spurlos verschwunden, als seien sie niemals der Stolz und der Glanz des jüdischen Hauses gewesen. Im Eifer, das Alte zu stürzen, alles Vorhandene skeptisch zu prüfen, zu kritisieren, die eigene Individualität zu behaupten, kannte die junge Generation keine Grenzen mehr, und nicht selten kam es vor, daß ein solcher Philosoph (Mädchen nicht ausgenommen), ausgestattet mit allen Sentenzen Franz Moors, seine Geburt den Eltern zum Vorwurf zu machen wagte, wenn es ihm einmal im Leben nicht nach Wunsch erging. Solch ein Wesen neuester Formation äußerte sich beispielsweise gnädig: »Wenn ich sehe, daß meine Mutter und ein Fremder sich gleichzeitig in Gefahr befinden, so rette ich zuerst meine Mutter!« — Als ob es anders sein könnte. — Das ist ein kleiner Beleg dafür, wieweit die Jugend der achtziger und neunziger Jahre vom natürlichen Empfinden entfernt war, daß sie erst beweisen zu müssen glaubte, was so selbstverständlich sein sollte, was im Blut liegt und zum Instinkt geworden ist.

Wenn ich die Szenen zwischen Eltern und Kindern der vierziger und fünfziger Jahre als tragikomisch bezeichnet hatte, so waren die Auftritte in vielen jüdischen Familien der achtziger und neunziger Jahre rein tragisch.

Die jüdische Jugend verlor sich in fremder Art. Assimilation bis in den Kern war ihr Losungswort. Im jüdischen Leben ging alles durcheinander, es herrschte ein wahres »Tohuwabohu«. Aber der Geist Gottes schwebte nicht über der Oberfläche.

Das war die allgemeine Stimmung und die Verfassung der jüdischen Jugend, als die finstere, kalte, stürmische Periode über ihr Leben und ihr Schicksal hereinbrach —

»Wajhi hajaum«! Und es war ein Tag am 1. März 1881, an dem die Sonne, die in den fünfziger Jahren über dem jüdischen Leben aufgegangen, plötzlich erlosch: Alexander II. wurde am Ufer des Kanals Mojka in St. Petersburg erschossen! Die Hand, die den Befreiungsakt für sechzig Millionen Leibeigene unterzeichnet hatte, wurde starr. Der Mund, der das große Wort der Befreiung ausgesprochen, verstummte auf ewig. Und das vom Volke erwartete Heil rückte in weite, weite Ferne.

In einer Sitzung hatte die Minsker Stadtduma beschlossen, zwei Männer aus ihrer Mitte als Delegierte nach Petersburg zu senden, um dort auf das frische Grab des humanen Kaisers einen Kranz niederzulegen.

Man wählte den Bürgermeister der Stadt, H. Golinewitsch, und meinen Mann; die Gemeinde fertigte eine Vollmacht mit den Unterschriften aller Mitglieder aus, und sie reisten ab.

Es geschah zum erstenmal, daß Juden an einer solchen Trauerkundgebung teilnahmen.

Und es kamen andere Zeiten — andere Lieder erklangen — Das Schlangengezücht, das sich bisher nicht ans Tageslicht gewagt hatte, kroch jetzt aus den Sümpfen hervor: der Antisemitismus brach los und drängte die Juden zurück in das Getto. Ohne viel Umstände verschloß man ihnen die Pforten der Bildung. Der Jubel der fünfziger und sechziger Jahre wurde zu »Kines«[38], die Hoffnungen auf die Zukunft zu den Klagen Jeremias —

Den Juden wurde der letzte Rest ihrer bisherigen Freiheiten genommen. Beschränkungen über Beschränkungen, die mit zeitweisen Verschärfungen und Milderungen noch bis heute fortdauern und deren Ende nicht abzusehen ist. Das Wohnrecht der Juden wurde mehr und mehr eingeengt. Der Aufenthalt in Petersburg und anderen Städten Rußlands wurde ganz verboten oder nur bestimmten Kategorien von Juden gestattet, z. B. den Kaufleuten erster Gilde, die dafür eine sehr hohe Gebühr an die Regierung bezahlen mußten und denen, die in Rußland ein akademisches Diplom erworben hatten.

Die akademische Bildung selbst aber wurde den Juden immer mehr erschwert, indem man zur Aufnahme in die Gymnasien nur eine geringe Anzahl zuließ und die wenigen, die dann trotz aller Hindernisse das Gymnasium absolviert hatten, bei der Einschreibung in die Hochschulen nochmals durchsiebte. Es ist begreiflich, daß diese Härten eine arge Korruption bei Juden und Russen zeitigen mußten. Alle nur denkbaren Mittel wurden von den Juden angewandt, um ihren Kindern den Eintritt in die Gymnasien und Universitäten zu ermöglichen und die brutalen Gesetze zu umgehen. Kam es doch später sogar so weit, daß jüdische Eltern für unbemittelte christliche Kinder das Schulgeld bezahlten, nur um so die Zahl der christlichen Schüler zu erhöhen und dann ihre eigenen Kinder noch in die Schule bringen zu können. Denn es durfte nur ein bestimmter Prozentsatz Juden aufgenommen werden.

Geld und Protektion spielten vereint die größte, ja oft einzig und allein eine Rolle bei der Entscheidung über die Aufnahme jüdischer Schüler. Welche Demoralisation sogar bei den kleinen Kindern diese Zustände im Gefolge hatten, läßt sich leicht denken. Oft fragten die kleinen Kandidaten einander schon bei Beginn der Prüfungen: »Wieviel gibt dein Vater...?« Und welche Erbitterung mußte das in die Kinderherzen tragen, daß die Reichen noch allenfalls manches für sich erlangen konnten, während die Armen ganz zurückstehen mußten. — Das Geld war das Recht!

Und wenn es nun schon nach unendlichen Mühen gelungen war, einen jüdischen Knaben bis zur Reifeprüfung zu bringen, und wenn er diese sogar mit der höchsten Auszeichnung bestanden hatte, dann war er doch noch keineswegs sicher, auch in die Hochschule aufgenommen zu werden. Abermals trat die »Prozentnorm« in Wirksamkeit. Da die Zahl der jüdischen Studenten ebenfalls wieder abhängig war von der der nichtjüdischen Studierenden, so mußten beim Eintritt in die Universität wieder viele, viele Juden zurückbleiben. Und die Wahl des Berufes war und ist für den jüdischen Jüngling in Rußland keine Frage der Neigung und Fähigkeit oder der Absichten der Eltern, sondern einzig und allein des blinden Zufalls, der einige wenige zuläßt und die meisten ohne Wahl und ohne Rücksicht ausscheidet. Aus keinem andern Grunde, als weil sie Juden sind.

Wie in der Schule, so im Leben.

Die Atmosphäre um die Juden wurde düster und gewitterschwer. Sie wurden auf Schritt und Tritt auch von der niedrigsten Schicht der Bevölkerung verspottet und verfolgt. So erinnere ich mich einer für jene Zeiten charakteristischen Episode, die mein Mann in Minsk erlebte. Als er einmal auf der Straße ins Gedränge geriet, hörte er plötzlich neben sich einen kurzen Befehl: »Jud', fort vom Wege!« Er wandte sich um und erblickte einen Russen, aus dessen Zügen das Gift des Hasses quoll. Die Straße wimmelte von Juden. Da erhob mein Mann unzweideutig seinen Spazierstock und rief dem Antisemiten laut zu: »Was fällt Ihnen ein, so verächtlich zu reden; die Straße ist doch für jeden frei —!« In einem Augenblick war er von Juden umringt, die in ihrer Wut sofort Rache an diesem Menschen nehmen wollten. Der Antisemit machte sich aber schleunigst aus dem Staube.

Einige Tage nach diesem Vorfall ließ der Gouverneur Petrow meinen Mann zu sich bitten und begrüßte ihn mit folgenden Worten: »Wie ich höre, sind Sie in der Stadt mehr Befehlshaber als ich selbst. Vielleicht wollen Sie überhaupt meinen Posten übernehmen?« Mein Mann bedankte sich höflich und versicherte dem Gouverneur stolz und mit vornehmer Ruhe, er sei mit s e i n e r Stellung als Direktor der Kommerzbank sehr zufrieden und verlange keine andere.

Nur die hohe Stellung meines Mannes und seine Verbindungen in der Beamtenschaft verhinderten einen schlimmen Ausgang dieses Vorfalles. Jeder andere würde ihn schwer gebüßt haben.

Solche und ähnliche Episoden wiederholten sich immer häufiger. Sie waren die Vorboten jener blutigen Ereignisse, die nicht mehr lange auf sich warten ließen.

Und »Pogrom« war das neue Wort, das die achtziger Jahre geprägt hatten... Die Juden von Kiew, Romny, Konotop und anderen Orten mußten zuerst das Furchtbare erleben; sie waren die ersten, die wehrlos von den wilden Massen des heimischen Pöbels überfallen und auf die roheste Weise niedergemacht wurden. Die Zeitungen, hauptsächlich aber Privatbriefe, brachten ausführliche Nachrichten über das Vorgefallene und verbreiteten eine unglaubliche Panik —

Das war der Anfang... Ein vielfaches Echo erscholl aus allen Enden Rußlands. Unter den Juden herrschte Niedergeschlagenheit und die Verzweiflung.

Doch verharrten sie nicht lange in dieser trostlosen Starrheit und rafften alle ihre Kräfte zusammen, um sich gegen den Feind zu wehren. Sie sahen ein, daß Gott ihnen nur dann helfen würde, wenn sie sich selbst helfen — und sie trafen Maßregeln und Vorbereitungen für die Zukunft, unerschrocken, mutig, an die Worte aus der »Megilath Ester« denkend: »Kaascher — owadeti, owodeti« — »Sowieso sind wir verloren, daher wollen wir uns doch wehren!«

In der Stadt Minsk herrschte eine düstere Stimmung. Der Handel stockte. Die Juden verließen ihre Geschäfte. Man sah sie durch die Straßen eilen, hastig, unruhig, mißtrauische Blicke um sich werfend. Sie waren auf ihrer Hut und hätten im Falle eines Pogroms verzweifelt gekämpft. Die Luft war geladen. Jeden Augenblick erwartete man die Explosion.

Die jüdischen Marktweiber, die zu mir ins Haus kamen,

erzählten voll Schrecken und Entsetzen von den Roheiten und den Drohungen der Bauern, die zweimal wöchentlich ihre Ware zum Minsker Markt brachten. Die Bauern sprachen öffentlich von einem baldigen Überfall und von der Ermordung aller Juden.

Mein Mann brachte ebenfalls Schreckensnachrichten aus seiner Bank, die Kinder aus der Schule. Die judenfeindliche Stimmung wuchs mit jedem Tage. Und es kam dahin, daß sogar kleine Straßenbengel sich erdreisteten, die Fensterscheiben bei den angesehensten Familien von Minsk mit Steinen einzuwerfen und den Juden verächtliche Worte und Schimpfreden nachzurufen.

Einmal wurde an der Entreetüre unserer Wohnung, die zu ebener Erde lag, stark geklopft. Das Mädchen öffnete die Tür und sah erstaunt einen kleinen Gassenjungen vor sich. Dreist, mit einem frechen, herausfordernden Gesichtsausdruck, ohne die Mütze zu ziehen, fragte er nach dem Namen der Herrschaft. Als das Mädchen ihm unseren russisch klingenden Namen und unseren russischen Vornamen nannte, wiederholte er noch einmal ungeduldig seine Frage: »Ich will wissen, ob hier Juden oder Christen wohnen!« Nachdem er die gewünschte Antwort erhalten, schrie er wütend in die Wohnung hinein: »Judenpack, na, warum protzt ihr denn mit russischen Namen —« und lief davon.

In allen Schichten der Bevölkerung glimmte der Haß gegen die Juden, die sich unter den feindlichen, gehässigen Blicken wie unter geschliffenen Messern bewegten.

Die Juden in Minsk rüsteten sich zum Kampf und ihre Häuser wurden Kriegszelte. Jeder nach seiner Art, wie es ihm am leichtesten war: einer besorgte sich starke Stöcke — »Drongi« genannt —, der andere mischte Sand und Tabak, um dieses Zeug dem Pogromgesindel in die Augen zu werfen. Jungen von acht Jahren, Mädchen von zehn nahmen Teil an den schrecklichen Vorbereitungen, »waren mutig, unerschrocken auf den Straßen«. Es kam, daß ein solcher Held seiner besorgten Mutter zurief: »Sei ruhig, wenn die Kazappes kommen, uns zu töten, so hab ich auch ein Messer!« Bei diesen Worten griff er in seine Tasche und holte sein kleines Messer, das er für zehn Kopeken gekauft hatte, hervor.

Im eigenen Hause fühlte man sich nicht mehr sicher. Die christliche Dienerschaft, die seit längerer Zeit bei uns im Dienst war, wurde plötzlich unhöflich und herausfordernd, so daß wir uns vor diesen Hausfeinden zu sichern gezwungen waren. Jeden Abend, nachdem die Dienerschaft zur Ruhe gegangen, nahm ich alle Messer und Hämmer aus der Küche und verschloß sie in einem Schrank in meinem Schlafzimmer, und ohne daß es die Dienerschaft merkte, richtete ich jede Nacht vor der Eingangstür eine Barrikade aus Küchenbänken, Stühlen, einer Leiter und anderen Möbelstücken auf. Dabei lächelte ich wehmütig, denn ich glaubte nicht, daß wir uns im Falle eines Pogroms auf diese Weise wehren und retten könnten. Doch ich baute diese Barrikade immer von neuem, und frühmorgens stand ich als die erste auf, um alles wieder in Ordnung zu bringen, damit die Dienerschaft unsere Angst nicht merke.

Doch zu einem Pogrom kam es in Minsk nicht. Diese Stadt wurde zufälligerweise, oder vielleicht nicht zufälligerweise, verschont.

So gab es in jenen achtziger Jahren, als der Antisemitismus in ganz Rußland wütete, für einen Juden nur zwei Wege: entweder auf alles, was ihm jetzt schon unentbehrlich geworden war, im Namen des Judentums zu verzichten — oder die Freiheit und alle Möglichkeiten, wie Bildung, Karriere, d. h. die Taufe. — Und Hunderte von den aufgeklärten Juden gingen den letzten Weg. Aber die Meschumodim dieser Zeit waren nicht Täuflinge aus Trotz (l'hachis), sie waren auch nicht, wie die Marannen in früherer Zeit, die in Kellern ihren Gottesdienst abhielten, diese Meschumodim waren Verneiner alles Religiösen — sie waren Nihilisten —.

— Es komme der größte Zadik und sage, daß er den Mut und das Recht hätte, von einem jungen Menschen, der ohne jede Tradition, fern vom Judentum aufgewachsen, zu fordern, er solle im Namen dieses ihm unbekannten und leeren Begriffes auf alles verzichten, was die Zukunft ihm bieten könnte, auf Glück, Ehre, Namen. Zu fordern, daß er diesen Versuchungen widerstehe und sich in die Finsternis und Enge eines Provinzstädtchens zurückziehe und ein armseliges Dasein friste. Er sage, ob er das Recht und den Mut dazu hätte, denn i c h h a tt e i h n n i c h t!
Und so gingen auch meine Kinder den Weg, den so viele andere gingen. Der erste, der uns verließ, war Simon.
Als wir es erfuhren, schrieb mein Mann unserem Kinde nur folgende Worte: »Es ist nicht schön, das Lager der Besiegten zu verlassen.«
Seinem Beispiele folgte mein Herzenskind Wolodia, der sich nicht mehr unter den Lebenden befindet. Nachdem er die Maturitätsprüfung in Minsk glänzend bestanden hatte, reiste er nach St. Petersburg, um dort an der Universität sein Studium zu beginnen. Er erschien in der Universitätskanzlei und wies seine Papiere dem Beamten vor, der über die Aufnahme zu entscheiden hatte.
Für die Juden herrschten große Beschränkungen. Es wurden nur diejenigen aufgenommen, die eine goldene Medaille bei der Abgangsprüfung erhalten hatten, und auch von diesen nicht alle, sondern nur bis zu zehn Prozent der Gesamtzahl der Studenten. Der Beamte gab die Papiere meinem Sohne mit den barschen Worten zurück: »Das sind nicht Ihre Papiere!« Als mein Sohn ihn erstaunt ansah, fügte er noch bestätigend hinzu: »Sie haben sie irgendwo entwendet; Sie sind ja Jude und in Ihren Zeugnissen steht

kein jüdischer, sondern ein russischer Name ›Wladimir‹ verzeichnet.« Noch an demselben Tage mußte der tiefgekränkte, in seiner Würde verletzte Jüngling St. Petersburg verlassen, denn als Jude durfte er, ohne Student zu sein, dort keine vierundzwanzig Stunden verbleiben. Noch einige Male mußte der Junge in dieser Angelegenheit nach Petersburg reisen, stets mit dem gleichen Erfolg, bis er den verhängnisvollen Schritt tat — und sogleich in die Liste der Studenten eingetragen wurde. Und ähnlich erging es auch manchen anderen Kindern.

Die Taufe meiner Kinder war der schwerste Schlag, den ich in meinem Leben erlitten habe. Aber das liebende Herz einer Mutter kann so viel ertragen — ich verzieh und schob die Schuld auf uns Eltern.

Allmählich verlor dieses Leid für mich die Bedeutung eines persönlichen Erlebnisses, immer mehr wurde es zu einem Nationalunglück. Ich betrauerte nicht nur als Mutter, sondern auch als Jüdin das ganze jüdische Volk, das so viele edle Kräfte verlor.

Aber es haben sich in jener finsteren Periode nicht alle aufgeklärten Juden zu den Fremden verirrt — es waren unter ihnen viele, die den Weg zum Judentum zurückfanden und die unter dem Einfluß der letzten Ereignisse sich zusammenschlossen. Ja, es entstand als Reaktion auf den Antisemitismus die Gesellschaft der »Chowewe Zion« (Palästinafreunde), gegründet von Dr. Pinsker, Dr. Lilienblum und anderen.

Nach den Ereignissen der letzten Zeit war mein Mann lange niedergeschlagen, verkümmert und erst als sich ihm Gelegenheit bot, seine Kräfte in den Dienst des jüdischen Volkes zu stellen, kam von neuem ein Geist freudigen Schaffens über ihn.

Im letzten Viertel des 19. Jahrhunderts begann in Rußland die Arbeiterfrage in den Vordergrund zu treten und gewann allmählich an Bedeutung und Interesse.

Bei den Juden galt seit Jahrhunderten die Arbeiterklasse, die größtenteils aus Unwissenden bestand, als niedere Klasse, und kein Wunder, daß sie von einem Volke, das die Bildung am höchsten ehrt, bei dem die geistige Aristokratie alles gilt, gering geschätzt wurde. Redensarten, wie: »Er versteht ›Chumisch‹ (die 5 Bücher Moses) wie ein Schuster, wie ein Schneider« usw. haben sich eingebürgert und wurden sehr oft angewandt. Es kommt noch heute in jüdischen Familien nicht selten vor, daß der Vater in die Heirat seiner Tochter oder seines Sohnes nicht einwilligen will, wenn er erfährt, daß in der Familie Schneider oder Schuster sind. Trotz aller modernen Ideen gilt noch heute bei der großen Mehrheit auch der aufgeklärten Juden der »Jiches«[39] sehr viel.

Nun drang in die Finsternis, in die dumpfen, dunklen Behausungen dieses dritten Standes ein lichter Strahl und weckte auch diese Zurückgebliebenen zum neuen, schöneren Leben. Auch unter ihnen begann eine geistige Gärung.

Diesen Tendenzen des Proletariats kam das vermögende, vornehme Judentum entgegen und schonte keine Mühe und kein Geld, seine Bestrebungen zu unterstützen.

Die neuen Ideen fanden in unserem Hause eine begeisterte Aufnahme, und mein Mann faßte den Plan, eine dreiklassige Gewerbeschule für Knaben in Minsk zu begründen. Gedacht, getan! »Ojmer w'ojße,« wie der Hebräer sagt.

Er zog den Rabbiner Chaneles zur Mitarbeit heran und ersuchte die jüdische Gemeinde, von der Taxe auf Koscherfleisch eine bestimmte Geldsumme zu dem Unternehmen beizusteuern. Das übrige notwendige Geld sollten Mitglieder durch monatliche Beiträge zusammenbringen.

Mit welchem Eifer ging mein Mann an die Arbeit! Jede freie Stunde widmete er jetzt der »heiligen Sache«. In dieser

Schule sollten anfangs die folgenden Handwerke gelehrt werden: Schlosserei, Tischlerei, Schmiederei. Daneben sollte auch in den Elementarfächern Unterricht erteilt werden, dem Programm der Volksschulen entsprechend.

Man mietete ein Haus und richtete es mit dem Notwendigsten ein. Meinem Mann gelang es zu seiner großen Freude, das Inventar sehr billig und oft umsonst zu erhalten.

Die jüdische Bevölkerung von Minsk war sehr zufrieden. Von den wohlhabenden Juden erklärte sich jeder bereit, mit einer Geldgabe das gute Werk zu fördern. Nicht ohne Grund sagten unsere Weisen schon: »Jisroel rachmonim bne rachmonim« — »Die Kinder Israel sind barmherzig und Kinder der Barmherzigen«.

Es wurde ein Vorstand aus den fortschrittlichen vornehmen Juden der Stadt gewählt, die meinen Mann zum Vorsitzenden ernannten.

Alles war bereit, und man begann mit der Aufnahme der Kinder. Den Vorzug hatten Waisenkinder und Kinder sehr armer Eltern. Es wurden über sechzig Knaben angenommen.

Man richtete Internate für die ganz Armen und Obdachlosen ein; zuerst aßen die Kinder bei den Bürgern der Stadt — jeden Tag wurden sie bei anderen Leuten untergebracht. Doch mit der Zeit fanden sich Mittel, um eine Köchin zu mieten, und die armen Kinder bekamen dreimal täglich in der Schule zu essen. An Wochentagen waren die Mahlzeiten sehr einfach, doch frisch und gesund — Suppe, ein Stück Suppenfleisch, Grütze. Aber am Freitag abend und am Sabbat wurde der Tisch festlich gedeckt und die Kinder bekamen ein echt jüdisches traditionelles Mahl. Am Sabbat wurde nicht gearbeitet. Es war ein Festtag, an dem die Knaben auch in ihrer Synagoge beteten.

Diese Schüler, meistens Kellerbewohner waren magere,

blasse Kinder, mit großen, klugen, schwarzen Augen. Sie waren natürlich nur schlecht gekleidet. Aber sie arbeiteten und lernten mit Lust. Ich kam öfters in die Schule, um mich an dem Anblick der arbeitenden Kinder zu erfreuen.

Es verging kein Tag, ohne daß mein Mann die Schule besucht und mindestens eine Stunde dort verweilt hätte. Rabbiner Chaneles beschäftigte sich sehr viel mit dieser Anstalt und unterrichtete selbst die Kinder unentgeltlich in der Bibel und in anderen Fächern.

So verging ein Jahr. Die Schule hatte gute Erfolge. Mein Mann und Rabbiner Chaneles veranstalteten einen offiziellen Akt, um den Jahresbericht über ihre Tätigkeit abzustatten.

Man lud zu dieser Feierlichkeit den Gouverneur Petrow ein und mehrere Regierungsbeamte, die Direktrice des Mädchengymnasiums, Madame Buturlina, und die Lehrer der oberen Klassen, wie auch die vornehmsten Damen und Herren der jüdischen Gesellschaft.

Mein Mann las den Bericht vor, und die ganze Gesellschaft folgte mit wahrem Interesse seinen Ausführungen. Es geschah zum erstenmal, daß in den Räumen einer j ü d i s c h e n Schule Juden und Christen einträchtig und in feierlicher Weise die Angelegenheiten des heranwachsenden jüdischen Proletariats besprachen.

In der großen Tischlerwerkstatt waren die Schüler — Knaben im Alter von 11-13 Jahren — versammelt; sie erweckten durch ihr elendes Äußere in den Gästen das wärmste Mitleid.

Als der offizielle Teil des Aktes vorbei war, wandte ich mich an die reichen Damen und sagte ihnen, daß es unsere heilige Pflicht sei, für das tägliche Brot und eine angemessene Bekleidung dieser armen Knaben zu sorgen. Meine Aufforderung hatte den gewünschten Erfolg.

Am nächsten Tage lud ich einige Damen zu mir, und wir

berieten unser Vorhaben. Wir bildeten vor allem einen Damenverein; ferner sandten wir einige hundert Briefe an die jüdischen Damen mit der Bitte, unserem Verein beizutreten. Wir baten sie gleichfalls um neue oder abgetragene Wäsche und Kleidungsstücke, wie auch um kleine Geldspenden für unsern Zweck.

Schon in den nächsten Tagen kamen ganze Sendungen Kleidungsstücke. Für das Geld, das wir zu diesem Zweck erhielten, kaufte ich den Kindern wollene Handschuhe und sogenannte »Baschliki« — Kapuzen. Alles, was an Stoffen in meinem Hause war, wurde zusammengesucht, und die Bonne meiner Kinder saß mehrere Tage an der Nähmaschine und verfertigte die Baschliki. Ich empfand eine wahre Freude, wenn ich während meines Spazierganges den Kindern in warmen Mützen und Handschuhen begegnete. An diesen Kapuzen erkannte das Volk die Angehörigen dieser Schule, die man in der ersten Zeit »Wengeroffs Werkstatt« nannte.

Die Beiträge der Mitglieder liefen pünktlich in die Schulkasse ein, und wir hatten nun die Möglichkeit, den Kindern außer den Mahlzeiten in der Schule auch neue, gediegene Kleidung aus grauem, starkem Baumwollstoff zu verschaffen.

Es war eine große Genugtuung für meinen Mann, als einige Generationen von Lehrlingen, die die Schule mit einem Diplom verlassen hatten, überall, wo sie angestellt wurden, als gute Handwerker gelobt und anerkannt wurden. Diese ersten Handwerker zerstreuten sich im ganzen Lande; viele gingen aus Litauen nach Großrußland, wo sie als Handwerker das Wohnrecht erhielten. Es waren die ersten jüdischen Handwerker im nordwestlichen Ansiedelungsrayon, die eine systematische Ausbildung sowohl in ihrem Fach, als auch in der Bibel und in den Elementarfächern wie Lesen, Schreiben, Rechnen genossen hatten.

Die Zeiten waren noch so nahe, in denen der Handwerkerlehrling vor allem bei seinem Meister als Hausknecht dienen mußte und jahrelang hungerte und darbte, bis er etwas vom Handwerk lernte. Jetzt konnte er in gesunden Verhältnissen sich ruhig und systematisch zum guten Arbeiter heranbilden.

Unter solchen günstigen Bedingungen blühten die Kinder auf. Sie lernten eifrig und machten große Fortschritte.

Doch das Budget reichte leider nicht aus. Unser Damenverein beschloß, die Bürger von Minsk auf angenehme Weise zu Beiträgen heranzuziehen und veranstaltete ein Herbstfest, an dem auch viele Nichtjuden, sogar der Gouverneur, teilnahmen. Das Fest brachte uns an zweitausend bis dreitausend Rubel, und wir veranstalteten seitdem jeden Herbst von neuem diese Feste, stets mit großem Erfolge. Wir brauchten aber für unsere Zwecke immer mehr Geld, und nicht selten beglich mein Mann das Defizit aus seiner eigenen Tasche.

So existierte die Schule schon etwa acht Jahre unter der Leitung meines Mannes. Ein gelungener Tanzabend brachte in die Kasse des Damenvereins über dreitausend Rubel. Bei der nächsten Sitzung machte mein Mann den Vorschlag, bei dieser Kasse eine Anleihe zu machen, da die große Kasse leer sei — dieser Antrag stieß auf Widerspruch. Mein Mann legte, dadurch gekränkt, das Präsidium nieder. Es war ein Schlag sowohl für meinen Mann wie für mich — uns wurde ein wichtiger Lebensinhalt geraubt.

Aber gottlob prosperierte die Schule auch ohne uns; sie entwickelte sich mit jedem Jahre und existiert bis auf den heutigen Tag.

In dieser Zeit kam ein großes Unglück über die Stadt. Es brach ein Brand aus, der mehr als zwei Millionen Rubel Schaden anrichtete. Unsere Wohnung samt allen Möbeln und neuen Schränken, voll mit kostbaren Kleidern und

Pelzen, wurde vernichtet. Wir waren froh, mit dem Leben davonzukommen. Durch Flammen und Rauch bahnten wir uns mit den Kindern den Weg nach einem entlegenen Teil der Stadt, wo unsere Freunde wohnten, die uns gastfreundlich bei sich aufnahmen. Der Schrecken jener Nacht erschütterte mich sehr. Ich wurde sehr krank und mußte zur Kur ins Ausland reisen. Ich nahm die Kinder nach Wien mit.

Die Gewerbeschule hatte nur wenig durch diesen Brand gelitten.

Ich kehrte erst nach drei Jahren nach Minsk zurück. Wir bezogen unser eigenes Heim, das mein Mann in unserer Abwesenheit hatte bauen lassen. Ich brachte aus Wien eine ganz neue Einrichtung mit; und unser Haus sah vornehm und gemütlich aus. Unser Leben gestaltete sich sehr angenehm.

Nicht lange nach meiner Rückkehr erschien bei mir eine Frau Kaplan, eine sehr gescheite Dame, eine »Gabbete«, die für die Not des jüdischen Volkes großes Verständnis hatte und auch einen starken Drang, dieser Not abzuhelfen. Sie schlug mir die Gründung einer Gewerbeschule für Mädchen vor, einen Plan den ich mit Begeisterung aufnahm. Ich drückte dankbar ihre Hand, und damit war unser Bund geschlossen.

Und von diesem Augenblick an fühlte ich, wie mein Leben wieder einen Inhalt, eine intensivere, ich möchte sagen religiöse Färbung erhielt.

Wir gingen sofort an die Arbeit. In den nächsten Tagen mietete Frau Kaplan eine Wohnung für die Schule. Wir wählten dann ein Damenkomitee aus jungen Frauen und wandten uns ebenso, wie bei der Begründung der Knabenschule, an die jüdischen Bürger von Minsk mit der Bitte, sich mit Beiträgen an dieser Sache zu beteiligen. Für die ersten Ausgaben jedoch veranstaltete ich ein

Liebhabertheater. Die Einnahme brachte etwa die Hälfte der nötigen Summe.

Und nun führten uns jeden Tag die Bewohner der Mansarden, der Keller der entlegensten Teile der Stadt ihre acht- bis zehnjährigen Töchterchen zu und baten, sie in die Schule aufzunehmen. Wir kauften auf Abzahlung drei Nähmaschinen, engagierten eine Schneiderin mit einem Gehalt von zwanzig Rubeln monatlich, eine Wäschenäherin mit zehn Rubeln monatlich und eine Korsett- und Miedernäherin mit dem gleichen Gehalt. Wir kauften mehrere hundert Meter vom einfachsten Kattun, alles nötige Nähzeug, einige Plätteisen, Scheren usw.

Der Tag, an dem wir diese bescheidene Anstalt eröffnen sollten, rückte heran. Wir fanden uns alle zur bestimmten Stunde in den Schulräumen ein. Frau Kaplan, die selbst die Schneiderkunst mehrere Jahre in Königsberg gelernt hatte, schnitt von einem großen Stück Stoff mehrere einzelne Teile ab und verteilte sie unter die versammelten Mädchen, und der Unterricht in den drei Klassen nahm seinen Anfang.

Es währte nicht lange, so meldeten sich mehrere Damen und junge Mädchen bei uns und boten ihre Dienste an. Die jungen Mädchen erteilten den Kindern unentgeltlichen Unterricht in der russischen Sprache und im Rechnen; auch ein Melamed für den Unterricht im Hebräischen wurde von uns engagiert, der täglich unterrichtete, während die Lektionen in der russischen Sprache nur zweimal wöchentlich stattfanden.

Aber das vernachlässigte wilde Äußere unserer Schützlinge gab uns keine Ruhe, und unser nächster Wunsch, sie anständig gekleidet zu sehen, ging bald in Erfüllung.

Schon nach kurzer Zeit hatten wir die Genugtuung und Freude, unsere sechzig Mädchen sauber gewaschen, mit kurzgeschnittenen Haaren in einfachen, reinen Kleidchen und Schürzen bei ihrer Arbeit fleißig beschäftigt zu sehen.

Auf meinen Vorschlag hin wurden diesen Kindern des Volkes die kernigen, praktischen Lebensregeln unserer Weisen: »Pirke Abot« (Sprüche der Väter) beigebracht.

Ich war oft bei diesen Vorlesungen zugegen, und es bereitete mir viel Freude zu sehen, mit welchem Interesse und Verständnis die Kinder diesen Ausführungen folgten.

Dank der warmen Teilnahme der Bürger der Stadt Minsk, die mit Spenden und Beiträgen unsere Schulkasse unterstützten, waren wir bald imstande, nicht nur für den Unterricht der Mädchen, sondern auch für die Ernährung dieser armen, ausgehungerten Wesen zu sorgen.

Die Kinder lernten sehr schnell und verfertigten bald nützliche Kleidungsstücke. Im Verlauf eines Jahres brachten sie es so weit, daß vornehme jüdische und christliche Damen ihre Toiletten in unserer Werkstatt anfertigen ließen.

Im Herbst des ersten Jahres veranstalteten wir zugunsten unserer Schule ein Fest, das uns zweitausend Rubel brachte. Die Feste wurden zu einer ständigen Einrichtung bis auf den heutigen Tag.

Beide Gewerbeschulen, die für Knaben und die für Mädchen, existierten lange Zeit ohne alle Privilegien und Rechte. Doch gelang es uns mit der Zeit, für beide Schulen gewisse Rechte vom Ministerium für Volksaufklärung zu erlangen, so das Wohnrecht in Großrußland. Das Zeugnis, das der Handwerker nach Absolvierung der Schule erhielt, gab ihm das Recht, in ganz Rußland sein Gewerbe auszuüben. Ich selbst habe eine Weißnäherinnenprüfung bestanden, als ich nach Jahren das Wohnrecht in Kiew erlangen wollte.

Von jetzt ab standen unsere Minsker Schulen unter dem Schutz und der Aufsicht der Direktion der Volksbildung. Die Regierung protegierte diese Schulen von Anfang an, weil sie durch die Einführung der russischen Unterrichtssprache auch hier ihre russifizierenden Tendenzen fördern konnte.

Zehn Jahre nach der Begründung der Mädchenschule veranstalteten wir eine Ausstellung der von unseren Schülerinnen verfertigten Gegenstände. Das vornehmste Publikum der Stadt, Juden und Christen, fanden sich ein, und sogar der Gouverneur, Fürst Trubetzkoi, beehrte uns mit seiner Gegenwart. — Es war wieder ein schöner Tag in meinem Leben!

Die Mädchen, vor kurzem noch verarmte, elende, verwilderte Kinder, standen jetzt in dem festlich geschmückten Ausstellungsraum da, schmuck, rein, gesund und umgeben von den Höchsten und Vornehmsten der Stadt, die ihre Arbeiten bewunderten und lobten.

Den Armen und Zurückgesetzten gab unsere Schule die Möglichkeit, redlich und anständig ihr Brot zu verdienen, sie gab ihnen Gesundheit, Frische, Jugend und vor allem die menschlichen Rechte. Vielleicht kommt bald der große Tag wieder, wo die jüdischen »Bal meloches«, Arbeitsleute, auf gleicher Stufe mit den Gelehrten des Volkes stehen werden. Wie in den Zeiten unserer Tanaïm und Amoraïm, wo Rabbi Jochanan Schuhmacher, Rabbi Jizchok und R. Jehuda Schmiede, R. Joseph Zimmermann, R. Schimon Weber, R. Hillel Holzhauer, R. Hunna Wasserschöpfer, R. Jichah Köhler, R. Jose und R. Chanina Schuhflicker auf öffentlichem Markt, R. Nehunja Brunnengräber waren. Ihr Handwerk hinderte sie nicht, talmudische Vorträge zu halten...

Mit Tränen im Auge sah ich unsere jüdischen Kinder, und eine stille Freude war in mir, denn ich wußte in diesem Augenblick, daß Gott unsere Mühe und Arbeit gesegnet hat.

Trotz der großen Geldgaben, der monatlichen Beiträge unserer Mitglieder und der Erträgnisse der Feste reichten unsere Mittel nicht aus, und wir arbeiteten mit einem Defizit. Da kam zu uns die Nachricht, daß Baron Hirsch in seinem Testament mehrere Millionen Rubel für die Gewerbeschulen der russischen Juden hinterlassen hätte. — Es klang wie ein Märchen. Doch bald wurde es Tatsache. Aus Petersburg kam zu uns ein Bevollmächtigter des Hauptkollegiums der Vertrauensmänner, und nach Erledigung gewisser Formalitäten erhielten beide Schulen eine ständige Unterstützung — jede einige tausend Rubel jährlich —, die bis auf den heutigen Tag bezahlt wird.

Nach Jahren begegnete ich manchmal fremden jungen Mädchen in der Straße, die mich mit besonderer Freundlichkeit begrüßten und mit meinem Namen ansprachen. Als ich sie dann etwas erstaunt nach ihrem Namen fragte, erhielt ich zur Antwort: »Madame Wengeroff, ich bin doch Riwke oder Malke usw., aus der Werkstatt —,« und ich brauchte eine gute Weile, um in dem fast wohlhabend aussehenden Mädchen die kleine zerlumpte, elende Riwkele zu erkennen!

―――――――――

Der Prozeß der Europäisierung der jüdisch-russischen Massen ist, so sehr er auch das alte Gefüge des Gettos zerstörte und bei den Schwachen und Widerstandslosen eine vollkommene Zerrüttung herbeiführte, im wesentlichen doch nur als ein Umwandlungsprozeß zu betrachten. Wie konnte es auch anders sein! Ein Geist, der seit Jahrhunderten in die straffe Zucht des Talmuds genommen war, der über den Alltag hinaus nach dem höheren Gesetz strebte, der in höchster Anspannung zwischen Recht und Unrecht zu scheiden sich geübt hatte; ein Gefühlsleben, das sich in milden, verklärten und sinnigen Gebräuchen ausgelebt und in den stillen Gärten der Haggadah von der Herbheit des Alltags seine Erholung gefunden hatte —: der Reichtum dieser psychischen Werte konnte unmöglich durch die neue Bildung einfach verschüttet werden. Im Blute liegende Kultur, verfeinert und höher gezüchtet durch die Jahrhunderte, suchte und fand ein neues Gebiet ihrer

Betätigung, eine neue Heimat in der Kunst. Freilich waren es nur wenige, die Bildner von starker Qualität wurden. Aber die Tausende und Abertausende junger Schriftsteller, die um die sechziger Jahre zum Lichte drängten, die vielen Empfinder, Nachempfinder und Genießer all der künstlerischen Schöpfungen Europas bewiesen immer nur das eine: daß wohl das Gebiet des persönlichsten, leidenschaftlichen Interesses ein anderes geworden war; daß aber die seelischen Antriebe die gleichen waren wie seit Jahrhunderten. Wer die Dinge in dieser Auffassung sieht, dem werden sich Erscheinungen wie Antokolski nicht mehr als Wunder darstellen. Künstler gab es eben immer im Getto. Es mußte aber eine geistige Freiheit kommen, um den Schöpferwillen zu entbinden, die Knebel von den Händen zu lösen. Antokolski war der Sohn eines armen Schankwirtes aus dem Vororte Antokol bei Wilna. Schon früh war seine ungewöhnliche Begabung aufgefallen. Er schnitzte Holzfiguren, machte Siegel, deren Griffe allerlei Gestalten wiedergaben. Noch als kleiner Junge schnitzte er in eine Brosche aus Bernstein die Ganzfigur des Generalgouverneurs Nasimow, die sprechend ähnlich war, obwohl der Knabe den Gouverneur nur mehrmals flüchtig von der Ferne gesehen hatte. Aufsehen erregte eine Holzschnitzerei, die die Überraschung einer Marannenfamilie in einem Keller beim Szederabend darstellte. Die ganze Tragik dieser Situation war festgehalten. Der Tisch war umgestürzt, die Haggadahs, das Geschirr, die Leuchter, die Kerzen, Weinflaschen alles wirr durcheinandergeworfen. In einem Winkel standen die Männer aneinandergepreßt. An eine Wand war eine Frau gelehnt, einen Säugling auf dem Arm haltend. Man fühlte, daß sie nicht zu atmen wagte.

Es war klar, daß dieses ungewöhnliche Talent im Getto verkümmern mußte, wie so viele dort verkümmert waren. Da nahm sich ein Herr Gerstein in Wilna des jungen

Mannes an und verschaffte ihm, als er heranwuchs, die Möglichkeit, nach Petersburg zu gehen. Das war eine lange Reise auf einem Leiterwagen. Brot und Hering waren des Jünglings einzige Nahrung. In Petersburg wurde der berühmte Schriftsteller Turgenjew auf ihn aufmerksam, der ihn zu sich heraufzog, ihm die Bildung seiner Zeit vermittelte und ihm den Weg zu den einflußreichen Männern der Stadt ebnete. Ich hatte das große Glück, den jungen Meister kennen zu lernen, als er an seinem gewaltigen Werke, Iwan Grosny, Iwan der Schreckliche, arbeitete. Wegen des Umfanges der Arbeit hatte sich Antokolski an den akademischen Rat um Gewährung eines größeren Ateliers gewandt. Aber ihm wurde nur eine Mansarde im dritten Stock angewiesen, die nur auf einer schmalen Hintertreppe zu erreichen war. Er mußte sich mit dem schlecht erhellten niedrigen Raume bescheiden. Aber das Werk wuchs und wuchs. Und alle, die es werden sahen, wurden begeistert. Ich denke noch heute jener fast leidenschaftlichen Erregung, die mich beim Anblick dieses Werkes packte. Mein Schwager Sack, der mit Antokolski befreundet war, hatte mir den Zutritt zu seinem Atelier ermöglicht. Das Werk war noch im Tonmodell. Aber mir war, als stand ich nicht vor einem toten Gebilde, sondern vor dem Leben. Hinter der harten Stirn sah man die großen Gedanken werden, die rücksichtslos auf ein Ziel lossteuern. Beide Arme waren auf die Sessellehnen gestützt, so daß man glaubte, daß Iwan jetzt aufspringen müßte; die Bibel, die auf seinen Knien liegt, würde herabgleiten, und bald würde seine machtvolle Hand die Paliza, den adlergeschmückten Stab erheben und seine Eisenspitze einem Aprichnick (Gardist) durch Stiefel und Fuß jagen.

Es war jedenfalls das gewaltigste Werk, das die Bildhauerei in Rußland gezeitigt hatte. In allen Gesellschaften wurde davon gesprochen, bis schließlich das Gerücht von diesem Werke bis zu Kaiser Alexander II. kam. Auch er wollte es sehen. Da fuhr den professoralen Stümpern der Schrecken in die Knochen. Sie baten den jungen Künstler, das Modell in einen größeren Raum bringen zu lassen. Denn sie fürchteten, der Kaiser könnte ahnen, wie engherzig sie den jungen Künstler behandelt hatten. Antokolski lehnte ab. Angeblich, weil er sein Modell nicht gefährden wollte. Auf der schmalen Treppe könnte es beschädigt werden. Aber auch sein Künstlerstolz bäumte sich auf. Sollte doch der Kaiser sehen, daß Großes auch im Niedrigen wachsen könnte. So wurde denn die Treppe hastig mit echten Teppichen belegt und mit exotischen Pflanzen geschmückt. Der Kaiser fühlte sich zwar auf diesen labyrinthischen Wegen, deren Ausgang man nicht recht sah, unbehaglich. Aber als er in die Mansarde des Künstlers trat, riß ihn das Werk in den Bann. Er reichte dem Künstler die Hand, lobte ihn und dankte ihm. Bald darauf erhielt Antokolski den Titel Professor.

Ungleich größer war die Zahl der reproduzierenden Künstler. Die Musik war ja im Getto immer beliebt. Wohl konnten die Kleßmorim nicht nach Noten spielen, aber in ihr ungefüges, wildes Spiel legten sie ihre ganze Seele. Und sie wußten zu ergreifen. Die Chasonim hatten auch nie Musik studiert. Allein ihr regelloser, den Sinn der Gebetsworte bis in die letzten Feinheiten interpretierender Gesang gab doch Weihe, Andacht und — Zerstreuung. Es gab nicht viel Abwechslung im Getto. Und ein neuer Chason — und es gab solche, die von Stadt zu Stadt mit ihrer Truppe wanderten — war ein Ereignis. Er stillte auch jene Bedürfnisse, denen heute Operetten und Konzerte dienen. Auch der Badchen, der Troubadour der Familienfestlichkeiten, der mit seinen ernsten und lustigen »Grammen« die Zuhörer in Stimmung brachte, war im letzten Grunde doch auch ein Künstler. Verfolgt man die große Schar der ausübenden Musiker, die jetzt die ganze

Welt überschwemmen, und weiß man die verdrehten Namen nur richtig zu stellen, so wird man bei den meisten Kleßmorim, Chasonim, Badchonim unter ihren Vorfahren finden. Von einem, der jetzt Musikmeister an der Kaiserlichen Oper in Moskau ist, will ich hier erzählen. Die Geschichte ist eben typisch.

Es war an einem Nachmittag, als mein Freund N. Friedberg mit zwei Jungen, von denen der ältere sieben, der jüngere sechs Jahre zählte, zu mir ins Schreibzimmer trat und sie mir mit den Worten: »Das sind die Kinder von Badchen Fidelmann« vorstellte. Es waren blasse, magere Knaben, die mich mit ihren kohlschwarzen Augen wie Kaninchen anblinzelten. »Ich möchte, daß sie Ihnen vorspielen. Sie wollen sie doch spielen hören, und ich hoffe, dadurch Ihr Interesse für sie zu gewinnen.« »Gut,« sagte ich, »ich werde mein Möglichstes tun.« Unterdessen lief der ältere hurtig ins Vorzimmer, brachte die zwei kleinen Geigen samt dem Notenheft, eine Schule, welche nur kleine, polnische Lieder und Tänze enthielt, die mir gut bekannt waren. Der ältere fiedelte mir kreischend eines und das andere davon vor; ich horchte auf die bekannten Melodien und war froh, als das Spiel zu Ende war. Nun begann der Jüngere mit Eifer zu spielen — seine Äuglein funkelten, seine Gesichtszüge belebten sich, und ich folgte ergriffen den raschen Bewegungen der kleinen Hand und beobachtete sein ausdrucksvolles Gesichtchen. Die Prüfung war beendet. Ich sagte Herrn F., daß ich und meine Freunde für das Unterrichtshonorar — monatlich acht Rubel — gutsagen würden. Somit wurden die Kinder in Frieden entlassen, um schon am nächsten Tage mit dem Unterricht zu beginnen, den sie hatten abbrechen müssen, da der Lehrer ein größeres Honorar verlangte. Mein Freund F., selbst ein hervorragender Musiker, entdeckte bei dem Jüngeren Talent. Die Jungen, besonders der kleinere, lernten eifrig. Ich hatte meine Freude daran. Außer der Musik ließ ich sie bei dem jüdischen Melamed in der Bibel, im Schreiben, im Russischen unterrichten. Nachdem sie ein Jahr Unterricht gehabt, waren meine Hausgenossen, die zuerst stets davonliefen, gern bei den Prüfungen zugegen. Selbst mein Mann fing an, sich für das Spiel des Kleinen zu interessieren.

Es pflegte oft zu geschehen, daß der Kleine den Korb mit Lebensmitteln zu mir in die Küche brachte, da die Mutter am Freitag keine Zeit hatte, ihn mir selbst zu bringen. Ich schalt ihn deswegen, er solle sich nicht unterstehen, durch die Gassen den Korb zu schleppen. »Ich hoffe zu Gott,« sagte ich, »daß du ein großer, berühmter Mann werden und in Kutschen fahren wirst und will nicht, daß jemand dich mit dein Korbe sieht.« Er antwortete: »Für Euch, Madame Wengeroff, kann ich alles tun.« Drei Jahre waren vergangen. Der Kleine hatte gelernt, was sein Lehrer ihm in der Musik bieten konnte. Da es einen andern in Minsk nicht gab, beschloß ich gemeinsam mit Herrn F., ihn nach Petersburg zu senden. Ich schrieb an meine Schwester, Exzellenz Sack, sie möge sich des Knaben, von dem ich ihr schon bei meiner Anwesenheit in Petersburg erzählt hatte, annehmen.

Es mußte Geld für die Reise und die erste Zeit seines Aufenthaltes in Petersburg beschafft werden. Wir veranstalteten ein Konzert, worin auch mein Schützling Ruwinke, später »Roman Alexandrowitsch« auftrat. Das Konzert hatte den gewünschten Erfolg. Nun trafen wir Anstalten zu seiner Abreise.

An seiner Ausstattung beteiligten sich die verschiedensten Personen. Er erhielt sogar eine silberne Uhr von Herrn Syrkin, seinem zweiten Protektor, über die er sich ganz närrisch freute.

Als er Abschied nahm, ermahnte ich ihn, sich auch im Glück seiner alten Mutter und all seiner Gönner in

Dankbarkeit zu erinnern. Ich bat ihn auch, bald über seine Aufnahme in das Konservatorium zu berichten, worauf er naiv sagte: »Woher werde ich denn eine Briefmarke nehmen?« Ich gab ihm einen Rubel für Briefmarken. — Er hat ihn für diesen Zweck nicht verwendet.

Durch Vermittlung meiner Schwester und die Fürsprache Anton Rubinsteins erhielt er vom Gouverneur Grosser die Aufenthaltserlaubnis und unentgeltliche Aufnahme ins Konservatorium. Er trat in die Violinklasse von Professor Auer ein und studierte mit dem besten Erfolge so lange, bis er seiner Militärpflicht zu genügen hatte. Vorher mußte er noch eine Gymnasialprüfung ablegen, um nicht als einfacher Soldat zu dienen. Bei dieser Vorbereitung kamen ihm die vornehmsten Studenten zu Hilfe; für seine übrigen Lebensbedürfnisse sorgten Frau Sack und Frau Anna Tirk, in deren Häusern er oft mit großer Anerkennung spielte. Er trat in das vornehmste Gardekürassierregiment ein und trug die malerische Uniform, den reich mit Tressen besetzten Hut. Man räumte ihm zwei Zimmer in der Kaserne ein und gab ihm einen besonderen Bedienten. Er wurde mit Schonung von seinen Vorgesetzten behandelt und gewann durch sein Spiel die Herzen der Obrigkeit. Um seinen täglichen Übungen zuzuhören, kamen die höchsten Herrschaften, und wenn es ihm einfiel, ihnen seine Laune zu zeigen, verwies er sie ins Nebenzimmer.

Zur selben Zeit besuchte ein französisches Orchester Petersburg und gab seine Konzerte bei Hof; nun galt es, ein Petersburger Orchester nach Paris zu senden. Da wurde Roman Alexandrowitsch die Ehre zuteil, als erster Geiger dabei zu fungieren. Noch im Militärdienste, in der glänzenden Uniform, spielte er im Palais vor dem Präsidenten Carnot mit großem Erfolge und bekam von ihm einen kostbaren Brillantring. Er beendigte sein Studium im Konservatorium. Während der Militärzeit konzertierte er in Petersburg, Düsseldorf und Berlin.

Der Tod meines Mannes.

Leise und tückisch schlich sich das Gespenst des Todes an unser Heim heran. Mein Mann fühlte sich von Tag zu Tag schlechter. Es stellte sich bei ihm ein Herzleiden ein, das die Aufregung im Geschäft nur immer verschlimmerte. Er sollte nicht mehr lange unter den Lebenden weilen. Aber ich ahnte damals noch nicht, w i e nahe sein Ende war.

In den letzten Jahren seines Lebens wurde er still, milde und verfiel in die mystische Stimmung der Jugendzeit, da er sich in die Lehren der Kabbala vertiefte. Ich fühlte, wie er mich beneidete, daß ich mir durch alle Stürme unseres Lebens mein gläubiges Gemüt erhalten hatte —

Er empfand die mystischen Regungen aber dennoch als eine Schwäche. Und er schämte sich ihrer im Stillen. Mich ließ er jetzt gewähren und hatte keinen Hohn mehr für meine religiöse Auffassung und mein Tun. Ja es kam sogar vor, daß er an Feiertagen — er selbst ging nicht beten — zu mir in die Synagoge kam, um, wie er sich verlegen entschuldigte, nach mir zu sehen — Seine Besuche hatten aber eine tiefere Ursache: es war ein Zwang der Seele, der ihn ins Bethaus trieb. Die Atmosphäre der feierlich versammelten betenden Juden zog ihn an.

Er kam ins Schwanken. Die einmal eingeführte Lebensweise mochte er nicht ändern. Die Jugenderinnerungen wurden aber doch immer mächtiger, immer stärker und schlugen ihn in Bande. Die Tradition, die ihm im Blute lag, war eben doch stärker als aller moderne Sturm und Drang...

Diese innere Zerrissenheit kam immer mehr zum Vorschein, oft ganz unvermittelt. Einmal gaben wir ein Abendessen, zu dem sechzig Personen geladen waren. Mein Mann war die ganze Zeit gut gestimmt, unterhielt sich mit allen und spielte den liebenswürdigen Wirt. Es war schon spät in der Nacht, als die Gäste unser Haus verließen. Plötzlich, wie aufgewühlt von einem großen Schmerz, rang mein Mann die Hände und rief: »Ach, sechzig jüdische Kinder saßen hier beieinander und aßen treife!«

Und so erfüllte sich die Prophezeiung meiner Mutter! — Diese Stimmung gewann wieder Macht über viele Männer dieser Generation. Denn in den heiligen Stunden, da sie sich selbst zu offenbaren wagten, fühlten sie den Riß, der durch ihre Seele ging. Der Rausch verflog, die Erinnerungen der Jugend rieben sich den Schlaf aus den Augen und heischten schmeichlerisch ihr Recht. Das Alte nahm sie gefangen. Die neue Zeit lockte.

Mein Mann wurde immer stiller und einsamer. Die einzige Leidenschaft seiner letzten Lebensjahre war die Pflege der Blumen, die er mit väterlicher Sorge betreute. In seinen Mußestunden beschäftigte er sich auch gern mit der Holzschnitzerei und Kupferstecherei. Aber das tat seinen Lungen nicht gut.

Bis zum letzten Augenblick seines Lebens vertrat er die Interessen seiner Stammesgenossen. Sein Eifer kannte keine Grenzen, wenn es galt, ihnen zu helfen, irgend etwas Nützliches für sie durchzuführen. Da half nicht mein Warnen und Flehen. Er arbeitete dann ohne Rücksicht auf den bedrohlichen Zustand seiner Gesundheit. Jedes jüdische Ungemach traf ihn wie ein eigenes. Und ein Unrecht, das anderen mehr als ihm galt, gab ihm den Tod.

Der Bürgermeister der Stadt Minsk war damals der Graf Czapski, ein vornehmer, gebildeter Mann von echt europäischer Kultur, dessen einziges Ziel es war, Minsk zu europäisieren. So führte er die Straßenbahn ein, ließ ein prächtiges Schlachthaus bauen, die Straßen pflastern u. a. m. Er gab Hunderttausende Rubel für diese Zwecke aus — nicht nur vom Gemeindegeld, sondern er legte auch große

Summen aus seiner eigenen Tasche zu. Für seine eigene Person war er einfach und sparsam. Sein Essen und seine Kleidung waren schlicht, ja dürftig. Doch rechnete Graf Cz. bei der Ausführung seiner großen Pläne nicht mit den Mitteln der Bürgerschaft, die in der Mehrheit arme Leute waren und die Ausgaben nicht tragen konnten. Das Resultat seines Eifers war eine städtische Schuld von 200 000 Rubeln, und diese sollten selbstverständlich die Bürger begleichen. Es war eine überschwere Last, die vor allem den Juden aufgebürdet wurde. Mein Mann hielt es für eine Ehrenpflicht, gegen dieses Ansinnen anzukämpfen.

Er arbeitete genaue Aufstellungen für die Ausgaben der letzten Jahre aus, die seine Ausführungen stützen sollten. So ausgerüstet begab er sich in die letzte Sitzung der Stadtduma — deren Mitglied er seit 12 Jahren war. Trotz meiner Beschwörungen und verzweifelten Bitten!

Mein Mann hielt eine zweistündige Rede, die einen starken Eindruck machte. Sie wurde in den Blättern abgedruckt und war das Tagesgespräch in der Stadt. Aber schon am folgenden Tage brach er zusammen.

Am dritten Tage — es war ein Freitag — ging mein Mann zum letztenmal in die Bank, kam aber bald zurück und ließ unseren Hausarzt holen. Der Arzt beruhigte uns, daß es nur eine vorübergehende Schwäche sei. Zwar ahnte ich das Furchtbare schon, doch ließ ich mich gern täuschen.

Mein Mann teilte mir mit, daß er zum Abendessen einen Geschäftsfreund eingeladen hätte und bat mich, gute jüdische Fische vorzubereiten. Der Abend verlief sehr gemütlich, die Kinder spielten auf Vaters Wunsch Klavier und Cello. Die eleganten Räume waren festlich erleuchtet und zum letzten Male herrschte in unserem Heim Sabbathstimmung.

Aber mein armer Mann hatte keine Ruhe, es hielt ihn nicht auf seinem Platze. Er sprang auf und ging hastig in der

Wohnung herum.

Er sah auf die spielenden Kinder, auf die schönen Räume, und ich merkte, daß in aller Unrast ein Hauch des Glückes über seine flammenden Wangen strich. — Gott hatte ihm noch eine frohe Stunde vor seinem Hinscheiden gegönnt.

Der Gast nahm Abschied von uns und lud mich ein, mit den Kindern zu ihm nach Libau zu kommen.

Mein Mann begab sich, von seinem Diener begleitet, sofort in sein Schlafzimmer. Die Kinder gingen zur Ruhe. Im Hause wurde es still. Nur ich allein war noch im Eßzimmer beschäftigt.

Plötzlich ertönte schrill die Klingel aus dem Zimmer meines Mannes. — Das war die Glocke, die den kommenden Sturm ankündigte, der unser ganzes bisheriges Leben zerstören und uns für immer zerstreuen sollte —.

Ich eilte in das Schlafzimmer und fand meinen Mann schon sehr verändert. Der Arzt kam, verordnete Medikamente und tröstete uns, so gut er es nur vermochte. Doch blieb er gemeinsam mit mir die ganze Nacht am Krankenbett. Mein Mann war unruhig, erwachte jeden Augenblick von seinem Schlummer, und jedesmal, wenn er mich noch am Bette wachen sah, bat er mich, zur Ruhe zu gehen: »Schone dich, erhalte du dich wenigstens gesund für die Kinder...«

Morgens fühlte sich der Kranke erheblich besser und verlangte aufzustehen. Er kleidete sich an, trank seinen Tee, ging in sein Arbeitszimmer, las in einem Buche und erteilte sogar einem Bankprokuristen Anordnungen.

Und wieder schlich sich die Hoffnung in mein verzweifeltes Herz — doch die verhängnisvolle Stunde näherte sich immer mehr und mehr. Mein Mann fing von neuem zu klagen an. Die Unruhe in ihm erreichte den Höhepunkt. Bald saß er, bald legte er sich wieder hin, um sich nach einem Augenblick wieder hastig zu erheben. Die Uhr schlug sechs. — Die entsetzlichste Stunde meines Lebens. Es war an einem Samstag, 18. April 1892. Ich war neben meinem Mann, der sich auf ein Sopha niedergesetzt hatte. Ängstlich schaute ich ihm ins Gesicht, und mit quälender Sorge beobachtete ich die winzigsten Veränderungen seiner Züge. Das regte ihn auf, und er ließ meine Fragen unbeantwortet. Ich goß ihm Tee auf die Untertasse, von dem er einen Schluck zu sich nahm.

So saßen wir noch etwa fünfzehn Minuten nebeneinander, als er plötzlich die Augen voll Schrecken weit aufriß, den Atem schwer durch Mund und Nase einzog und den Kopf in den Nacken warf. Die Kräfte versagten ihm. Er fiel zurück und blieb bewegungslos liegen.

Es wurde ganz still — einen Augenblick herrschte im Zimmer jene entsetzliche Ruhe, die entsteht, wenn Tausende Stimmen aus Verzweiflung und in grenzenlosem Schmerz verstummen.

Halb wahnsinnig warf ich mich schluchzend über meinen Mann. Ich hielt seinen Kopf in beiden Händen. Seine Augen waren schon geschlossen. Ich rief laut seinen Namen. Mein ganzes Herz, meine ganze Liebe, alle unsere lieben Erinnerungen legte ich in diesen Ruf. Ich glaubte, er müßte ihn noch einmal wecken. Noch einmal sollten seine Augen auf mir ruhen, bevor er sie für ewig schloß. Und er blickte auf. Aber es waren nicht mehr die Augen meines geliebten Mannes. Verschwommen, glanzlos, fremd war sein Blick, als ob er von weither käme, von dort vielleicht, woher man nicht mehr zurückkehrt.

Die nächsten Stunden war ich bewußtlos. Und dann — das Erwachen! Eine Leere tat sich vor mir auf, in der alle Trost- und Liebesworte der mich umgebenden Kinder und Freunde und Verwandten ohne das leiseste Echo in meinem Herzen verhallten.

Leer, leer, namenlos leer lag das Leben vor mir, das ich in jener Stunde so gerne verlassen hätte, um gemeinsam mit meinem Teueren, Geliebten den anderen Weg zu gehen. In dieser Stunde begriff ich so gut die indische Sitte, nach der die Frau des Toten zusammen mit ihm eingeäschert wird.

Zehn alte Juden (ein Minjan) »Batlonim« verrichteten dreimal täglich an der Leiche Gebete, und mein seliger Wolodia sagte »Kaddisch«.

Am Montag, um zwölf Uhr mittags, fand das Begräbnis statt.

Eine große Menschenmenge versammelte sich um unser Haus. Viele Knaben, die von den Gebethäusern abgesandt waren, sangen Psalmen an der Leiche. Man brachte Blumenkränze, die aber auf mein Verlangen im Hause zurückgelassen wurden.

Meine Kinder und ich — wir zerrissen unsere Kleider an der Brust. Man hob die Bahre und trug ihn hinaus — den Mann, den Vater, den Herrn dieses Hauses.

Auf dem Friedhof sprachen alle, die das Grab umstanden, Gebete. Aus der Menge, in der sich die vornehmsten Juden und Christen befanden, trat der Maggid, der Stadtprediger, hervor und hielt eine Leichenrede, die mit den Worten schloß: »Wenn er auch manche jüdische Sitte in seinem Leben vernachlässigt hat, so muß man doch an seinem Grabe laut gestehen: ›Daß er ein Auhew Amau Jisroel war, daß er sein Volk Israel liebte.‹«

Im gleichen Verlag erschien:

Memoiren einer Großmutter.
Bilder aus der Kulturgeschichte der Juden Russlands im 19. Jahrhundert.
Von
Pauline Wengeroff.
Mit einem Geleitwort von **Dr. Gustav Karpeles**.
Band 1.
Preis broschiert M. 3.—. Leinwandband M. 4.—

Urteile der Presse:
Berliner Tageblatt.

Wenn man das Memoirenwerk eines russischen Autors zur Hand nimmt, das russische Verhältnisse behandelt, ist man von vornherein darauf gestimmt, eine Jobiade zu lesen, in der alles zu finden ist, nur keine Freude und kein Sonnenstrahl. Diese Vorerwartung steigert sich noch, wenn es sich um russisch-jüdische Verhältnisse handelt, die ein jüdischer Verfasser schildert. Aber diesmal sind wir auf wunderbarste und angenehmste Weise enttäuscht. Das Werk der Pauline Wengeroff ist so sonnig und innig, daß es kein Leser unbefriedigt aus der Hand legen wird. Insbesondere wird der jüdische Leser seine reiche Freude finden an der warmherzigen Pietät, die das ganze Buch adelt. Die Schilderungen der jüdischen Feiertage nehmen den breitesten Raum ein; aber sie sind so künstlerisch dargestellt und dabei von soviel Gemütswärme unterströmt, daß man mit tiefer Ergriffenheit der alten Erzählerin lauscht, als sei sie unser aller Großmütterchen, das uns in stimmungsvoller Dunkelheit wunderbare Märchen erzählt; Märchen, die wir selber einmal geschaut und erlebt haben, da wir jung waren... Das Herz feiert Reminiszenzen bei dieser Lektüre, und die Seele klagt um all das, was wir Modernen verloren haben im Kampf ums bittere Leben — alles, was tief und innig war, und was das Leben einst zu einem ernsten Feiertag machte. Welch ein naives, gemütreiches Buch, das keine andere Prätension hat als die, uns den Spiegel der eigenen Vergangenheit vorzuhalten. Und doch gibt dieses Memoirenwerk zugleich ein Kulturbild von unvergleichlicher Treue.

Vossische Zeitung, Berlin.

Ein merkwürdiges und, was noch mehr bedeutet, ein wertvolles Buch sind diese von einer Greisin geschriebenen Memoiren, die durch die Gewissenhaftigkeit und Ausführlichkeit, mit denen die von einem staunenswerten Gedächtnis unterstützte Verfasserin zu Werke geht, einen sehr schätzenswerten Beitrag zur Kulturgeschichte der russischen Juden während der Mitte des vorigen Jahrhunderts liefern. Der Leser wird in das Familienleben, wie es sich in jener Zeit in einem reichen jüdischen Haus abspielte, eingeführt und gewinnt durch die keine Einzelheit vergessende Darstellung einen Einblick in die von tausend religiösen Vorschriften eingeengte, nur dem Studium des Talmuds dahingegebene und jede weltliche Bildung abweisende Lebensführung auch der oberen Klassen der orthodoxen Juden damaliger Zeit. Von der Wiege bis zum Grabe, während der zahlreichen Fest-, Trauer-, Buß- und Fasttage des Kalenderjahres mußte der Jude auf die Erfüllung der unzähligen Vorschriften bedacht sein, die ihm der Talmud machte, und durch die sein Essen und Trinken, seine Kleidung, sein Wachen und Schlafen, sein Beten und Feiern, seine Lust und seine Trauer geregelt wurden. Das, was dem Laien nur als Sitte erscheint, wurde bei diesem temperamentvollen Volke auch zur Sittlichkeit. Innerhalb der strengen Gebundenheit, die jede menschliche Empfindung einer Kontrolle unterwarf, wurde der Jude zur Frömmigkeit, zur Selbstbeherrschung erzogen. Das Studium des Talmuds gewöhnte an logisches Denken, und die Gemeinsamkeit der zahlreichen Religionsübungen entwickelte im Verein mit der Abgeschlossenheit des Juden gegen die ihn umgebende christliche Welt den Familiensinn zu einer Innigkeit, wie kaum je bei einem anderen Volke. Ergreifend ist die Schilderung der auf Befehl Kaiser Nikolaus I. erfolgten Zerstörung des Heimatsortes der Verfasserin, der Stadt Brest in Lithauen, an deren Stelle eine Festung erbaut werden sollte. Selbst die Toten mußten ihre letzte Ruhestätte verlassen. Im Jahre 1838 kam es wie die erste Ahnung einer neuen Zeit über das in Unwissenheit und strengem Formelglauben dahinlebende Volk, als die russische Regierung die Schulen einer gründlichen Reform unterzog und mit der Aufgabe, westeuropäische Bildung unter den Juden zu verbreiten, den Minister der Volksbildung und den Gelehrten Dr. phil. Lilienthal betraute. Zu dem Wert und Reiz des Buches trägt die Darstellung nicht wenig bei. Schlicht und einfach, ohne rethorischen Aufputz, ohne besonderes Pathos schreibt die Verfasserin Gebräuche und Einrichtungen, jedoch besitzt sie in hohem Grade die Gabe, Erlebtes anschaulich zu machen und auch den fernstehenden Leser lebhaft zu interessieren.

Frankfurter Zeitung.

Die Verfasserin, deren Jugend in die dreißiger und vierziger Jahre des verflossenen Jahrhunderts fällt, entwirft ein sehr anschauliches Bild vom Leben und Treiben in einer streng gläubigen, jüdischen Familie, die zu den wohlhabendsten in der Stadt Brest-Litowsk zählte. Schon nach Durchsicht der ersten Seiten wird einem der Eindruck zuteil, daß man es mit einer photographisch treuen, dabei künstlerisch abgerundeten Wiedergabe des

Geschauten und Erlebten zu tun hat, daß, mit einem Wort, ein kulturhistorisches Dokument vorliegt. Solche Bücher sind immer lesenswert. In diesem Falle kommt noch das Spezialinteresse hinzu, welches die bis in die feinsten Details gehenden, dabei keineswegs ermüdenden Schilderungen der religiösen Gebräuche der lithauischen Juden, den Religionsgenossen der Verfasserin, darbieten können. Bedeutungsvoll ist das Kapitel, welches vom Beginn der Aufklärungsperiode unter den russischen Juden handelt. Wie anderwärts, so auch hier hat die Emanzipation der Geister neben mancherlei Freuden auch ihre Leiden mit sich gebracht. Die Aufklärung hat, wie Dr. Karpeles in seinem Geleitwort sagt, »die Nebel, die bis dahin über dem russischen Judentum lagerten, durchbrochen,« sie hat aber auch die Juden, die bis dahin, gleichsam wie auf einer Insel inmitten des slawischen Völkerozeans eine Sonderexistenz führten, in Berührung mit feindlichen und häufig moralisch minderwertigen Elementen gebracht. Im zweiten Bande, der hoffentlich bald dem ersten nachfolgen wird, erfahren wir vielleicht einiges darüber.

Die Zeit. Wien.

»La Russie se recueille«, »Rußland sammelt sich«, hat bekanntlich Gortschakow nach dem Krimkriege gesagt. Dasselbe kann man vom Judentum sagen, seitdem es von allen Seiten aus der Oeffentlichkeit verdrängt ist. Zwar finden die reichen Juden noch immer Eingang in aristokratischen Kreisen, wenn man ihr Geld braucht, und man läßt sich sogar auf eine Mesalliance mit ihnen ein, wenn es gilt, ein verblaßtes Adelswappen frisch zu vergolden. Auch lassen sich »freisinnige« Deutsche die Stimmen der Juden bei den Wahlen gefallen. Aber es heißt doch auf der ganzen Linie: »Grüß mich nicht unter den Linden!« Der Rückschlag dieser Verdrängung äußert sich bei den Juden in ihrer Besinnung auf sich selbst, in verstärkter Pflege ihrer Memoirenliteratur und vermehrter Schilderung der Vergangenheit des Judentums, besonders seines Innenlebens. Eine solche Schilderung liegt in den »Memoiren einer Großmutter« vor. Es ist ein liebenswürdiges Buch, das die Häuslichkeit und Lebensführung eines wohlhabenden russischen Juden in Brest aus dem ersten Viertel des vorigen Jahrhunderts in anspruchsloser Weise beschreibt. Über dem Hauswesen lagert der Hauch patriarchalischer Frömmigkeit und angestammter Sitte. Von Sabbat zu Sabbat, von Festtag zu Festtag übersteigen die Hausgenossen wie auf Brücken die Mühseligkeiten und Beschwerden der Arbeitstage und erhalten sich in gehobener Stimmung, die in der Innigkeit des Ehe- und Familienlebens, in strenger Kinderzucht, in der Gastlichkeit und Wohltätigkeit zum Ausdruck kommt. Es entfaltet sich hier ein Reichtum an geistigen Anregungen und sittlichen Befriedigungen, der wohl imstande war, für manche bittere Erfahrung zu entschädigen. Auch an Seelenkämpfen fehlt es nicht, die durch den Eintritt deutscher

Bildungsversuche und die veränderte Kleidertracht herbeigeführt wurden. Die fesselnde Schilderung macht das Buch zu einer ebenso anregenden wie belehrenden Lektüre.
Wien.

Oberrabbiner Dr. M. Güdemann.

Pester Lloyd.
»Ich bitte die Leser um Nachsicht. Ich bin keine Schriftstellerin und mag auch nicht als solche erscheinen. Ich bitte nur, diese Aufzeichnungen als das Werk einer alten Frau anzusehen, die einsam in der stillen Dämmerung ihres einsamen Lebensabends schlicht erzählt, was sie in einer ereignisvollen Zeit erlebt und erfahren.« Wahrlich, jeder Versuch einer sachlichen Kritik und Würdigung dieses Buches wäre eine Blasphemie. Solange wir unter dem Banne der Lektüre stehen, kommt uns die Erwägung gar nicht in den Sinn, ob diese Blätter vom rein künstlerischen Standpunkt aus überhaupt eine literarische Existenzberechtigung haben, und selbst wenn wir das Buch schon lange aus der Hand gelegt, empfinden wir nur das Gefühl verehrungsvoller Dankbarkeit für diese feinsinnige Großmutter, die uns so großmütig aus dem reichen Schatz ihrer abgeklärten Lebenserfahrungen teilnehmen läßt. Mit liebevollen, behutsamen Frauenhänden entrollt Pauline Wengeroff heitere und ernste, aber immer gleich farbenprächtige Genrebildchen aus dem jüdischen Familienleben; Bilder, von denen jedes einzelne durch seinen eigenartigen strengen Reiz unser Herz gefangen nimmt, die aber dann in ihrer Gesamtheit sich zu einem imposanten Kulturgemälde runden. Was die temperamentvolle Greisin da von Emanzipation der lithauischen Juden erzählt, mutet uns wirklich an wie ein Märchen aus Großmütterchens liebem Plaudermunde; aber ein ganz modernes Märchen, vom schicksalsschwangeren Feuergeiste unserer Zeit durchweht. Mit zauberhafter Geschwindigkeit verdrängt die Morgenröte einer neuen Epoche die Nebel des Ghetto. Manch liebliches Bild, das nur im Dämmer gedeihen konnte, muß der unbarmherzigen Helle weichen. Aber wie zahlreich auch die Opfer der Übergangszeit gewesen sein mögen, der Platz an der Sonne war den Juden damit nicht zu teuer erkauft. Schmerzlich süß muß es für diese Großmutter sein, in diesen freud- und leidvollen Erinnerungen zu wühlen. Wahrhaft heroisch ist es jedenfalls, diese zarten Herzensblüten vor der großen, blasierten Menge auszubreiten. Aber wenn auch nur wenige sich finden sollten, denen aus diesen vergilbten Blättern erquickender Duft bis ins tiefste Gemüt dringt, so werden diese wenigen um so gespannter der weiteren Plaudereien der Großmutter harren.

Tägliches Unterhaltungsblatt der Posener Neuesten Nachrichten.
Den bisher ganz vereinzelten Memoirenwerken der jüdischen Literatur reiht sich hier ein Werk an, das uns einen tiefen, charakteristischen Einblick in die große Übergangszeit der Aufklärungsperiode unter den Juden Lithauens

gestattet. Pauline Wengeroff ist eine der ersten, die uns diesen Kulturschatz aufzeigt, und sie tut es mit so inniger Liebe und Pietät, mit so seltener Treue und Wahrhaftigkeit, mit mildem Humor und feinem psychologischen Takt, daß man mit größtem Interesse ihren liebenswürdigen Schilderungen folgt. Wenn mau diesen ersten Band gelesen hat, wird man mit um so lebhafterer Erwartung dem zweiten entgegensehen.

Unterhaltungsblatt des Fränkischen Kurier.

Die jüdische Literatur besitzt nur sehr wenige Memoirenwerke. Aus dem jüdischen Leben in Rußland dürfte nur ein einziges, die »Zapiski Jewreja« von Gregor Isaakowitsch Bogrow, bekannt sein. Diesem Werke, das einen tiefen und charakteristischen Einblick in das Leben und Treiben der Juden in Rußland zu Anfang des vorigen Jahrhunderts eröffnet hat, schließen sich die Memoiren von Pauline Wengeroff ebenbürtig an. Mit inniger Liebe und großer Pietät, mit seltener Treue und aufrichtiger Wahrhaftigkeit, mit einem milden, verklärenden Humor und feinem psychologischen Takt erzählt sie wichtige Episoden aus einer großen Übergangszeit, aus der Zeit, in welcher die Aufklärung unter den Juden in Rußland die Nebel, die bis dahin über dem russischen Judentum lagerten, zu durchbrechen begann.

Essener Volkszeitung.

Es ist ein Buch, das uns in breiter, behaglicher Form das Leben der Juden in der Stadt Brest in Litauen vorführt. Die Verfasserin blickt bereits auf siebzig Jahre zurück, und sie hat sogar die Eindrücke aus ihrer frühesten Kindheit mit bewundernswerter Genauigkeit im Gedächtnis behalten. Der vorliegende Band schildert die Zeit, wo die Juden noch ungestört nach ihren alten Sitten und Gebräuchen und in ihrer eigenen Tracht in Rußland leben konnten, sowie den Anfang des von der Regierung eingeleiteten Reformwerkes. Eine Menge charakteristischer Einzelzüge aus dem Leben dieses Volkes finden wir hier mit gewissenhafter Sorgfalt verzeichnet. Es sind ganz eigenartige kleine Kulturbilder, die auch für den Forscher von Wert sein werden und in denen nebenbei auch die Kenner des jüdischen Jargons eine reiche Ausbeute finden werden. Besonders muten uns die Schilderungen des behaglichen, engumgrenzten Familienlebens dieser Juden alten Schlages an, dies feste Zusammenhalten der einzelnen Familienglieder, der Eltern und der Kinder, selbst wenn diese schon selbst verheiratet waren. Jeder, der den ersten Teil dieser interessanten und auch in der Form gut abgerundeten Memoiren gelesen hat, wird der Fortsetzung mit Spannung entgegensehen.

Breslauer Zeitung.

Selten haben in kurzer Zeit so mächtige Wandlungen in einer Bevölkerungsschicht stattgefunden als unter den russischen Juden Litauens, jahrhundertelang wie bewegungslos, einem Bilde gleich verharrend, hat ganz plötzlich eine gewaltige Umgestaltung dort Platz gegriffen und gewitterartig

Veränderungen geschaffen. Das Interesse für dieses Eckchen Unkultur und Kultur ist ein allgemeines geworden, und insbesondere die Verfolgungen, denen die russischen Juden ausgesetzt waren, ließen die Augen der ganzen Welt sich nach jenen Gegenden richten. Da interessiert es denn besonders, wenn ein Buch uns mit Schilderungen bekannt macht, die noch von keinem Hauche der Neuzeit berührt wurden, und doch finden wir dort eine Fülle von interessanten Tatsachen, von Phantasie, dichterischer Begabung, eigenartiger Bildung und sonderlicher Zustände. Man wird deshalb mit großem Interesse das Buch »Memoiren einer Großmutter« lesen und es gleich einem interessanten alten Bilde auf sich wirken lassen.

Ost und West, Berlin.

Ein Buch der Erinnerungen. Wir haben diese stillen Dämmerstunden der sabbatlichen Nachmittage alle selbst erlebt. Und glühend haben unsere Kinderaugen zur Großmutter geblickt und Großmutters Träume zogen wie wundersame Helden-Scharen in unsere Seelen ein.

Nicht als Erlebnis: — als Traumgebilde voll blasser, milder Farben, voll schwermütigen Dämmerglanzes knüpft sich das Einst an das Heute. Und so erscheint uns das Einst immer so reich an Frieden, selbst wenn es noch so stürmisch war und die blaue Blume der Romantik blüht auf der Stätte, die eines Ahnen Fuß beschritt...

Eine Großmutter erzählt von altem Leben und eine Welt der Stille, idyllischer Enge und einer die Seelen befreienden Gebundenheit steigt vor uns auf. Aber sie würde wieder versinken. Die Enkel wachsen heran und von Großmutters Erzählungen bleibt nur süße körperlose Erinnerung. Das Wort verfliegt. Die Melodie nur bleibt. Akkorde, —

Ein sabbatlicher Spätnachmittag... Heimlich und verstohlen gleiten scheue Sonnenstrahlen durch das dichte Netzwerk der Gardinen und zeichnen matthelle, seltsam verästelte, verschlungene Linien auf den dunklen Eßtisch.

In einem Winkel sitzt Großmutter in ihrem Lehnstuhl, und die Enkel drängen sich an sie, und die Dämmerung hüllt sie mit dunkeldichtem Schleier ein...

Großmutter erzählt von fernen Tagen; von Menschen, die ferne sind, weit, weit, wo Gottes stille Himmel liegen; von einem Leben, das längst erstorben.

Großmutter erzählt: Ein süßes Behagen läßt jedes Wort aufquellen; selige Erinnerungen steigen lächelnd auf; und eine milde Trauer flutet weich um die versunkene Vergangenheit und dämpft die Worte zu stiller Ergebung.

Großmutter erzählt: Und Seufzer schleichen durch das Dunkel. Und die Kinder lauschen und lauschen. Es ist wie ein Märchen...

Es fehlt den Juden nicht der Sinn für einstiges Geschehen. Der Zwang der Tage, das Joch des Heute hielt nur immer die Seelen gefesselt. Die Großmütter, die in den engen Stübchen ihre Gebete flüstern, hüteten — frei von der Frohnde des Daseinskampfes — den Schatz der Erinnerungen. Und hätten sie alle nur die Erzählungen aufgeschrieben, denen im Dämmer sabbatlicher Nachmittage ihre Enkel gelauscht, die Geschichte unseres Volkes läge vor uns, festgefügt und durchglüht von einem Stimmungszauber, den niemals ein Historiker wird ahnen lassen können.

Das Wort war behende. Doch die Hand war schwach und welk... Und so trug der Tod zugleich mit den Hütern der Vergangenheit die Vergangenheit ins Grab. Nicht was einst war und was einst geschah, bildet den intimen Reiz der Geschichte. Das mag die Sorge des hockenden Chronisten sein, der wie ein geiziger Wucherer die Einzelstücke aneinanderreiht und aufeinander schichtet. In den Geschehnissen und Menschenschicksalen suchen wir das Einzelschicksal. Wir kennen wohl die Wirkungen großer Ereignisse als kompakte Größen; und der Philosoph wird aus diesen Werten den Weg der Geschichte, die Richtung der Entwicklung, aus der Verworrenheit der wirksamen Faktoren die Gesetzmäßigkeit, aus allen Brutalitäten ringender Mächte den Sinn, den Geist der Geschichte ableiten. Aber verhüllt sind uns die einzelnen kleinen Komponenten der geschichtsschreibenden Kräfte: wie der einzelne Mensch die Geschichte beeinflußt und wie er von der Geschichtsentwicklung beeinflußt wird. Denn ein Nehmender und Gebender, zugleich Schöpfer und Geschöpf, Baumeister und Baustein, Subjekt und Objekt der Geschichte ist das Individuum. In diese wundersame Gewalt des Werdens, des Wandelns, der ewigen Umformung läßt uns die mikroskopische Geschichtsforschung blicken. Diese »Andacht zum Kleinen« — wie Grimm sie genannt — schafft und verinnerlicht die Weihe für den wuchtigen Schritt Gottes in der Geschichte. Die Sonne spiegelt sich in den kleinsten Tautropfen und gigantischen Epochen der Vergangenheit in der Seele des niedrigsten Zeitgenossen. Aus diesen Erkenntnissen ist allmählich der Sinn für die Familienforschung erstanden, das Interesse für den Briefwechsel zwischen Menschen früherer Geschlechter, die Lust an Memoirenwerken ... »Großmutter erzählt...«

Das neuere jüdische Schrifttum ist arm an solchen nachdenklichen Erinnerungen und es kann wohl nicht anders sein. Familienforschung! Wie kann Familienforschung den Spürsinn regen, wo in unserer Gemeinschaft ängstliche Scheu die Kette der Geschlechter zerbrechen möchte? Ein jeder möchte ein Autochthone sein — gewachsen aus der Erde, geworden durch eigene Kraft. Wir haben noch nicht den Mut, von der geduldigen Märtyrerkraft unserer Ahnen zu sprechen, noch nicht den Sinn, die stille Schönheit ihres engen Seins zu rühmen. Wer möchte das Leben seines Urahns erforschen, der mit dem Packen auf dem Rücken von Dorf zu Dorf keuchte, mit alten Kleidern handelte — und doch ein ganzer Mensch war: unbarmherzig gegen sich, weil das Wissen um Gottes Barmherzigkeit in ihm war... Wir haben noch nicht die Kraft der festwurzelnden Persönlichkeit, den billigen Witz zu verachten, den der Tor über das armselige, erzwungene äußere Leben unserer Ahnen machen könnte. Wir wagen noch nicht laut zu sagen, daß sie nur Knechte schienen und freie Menschen waren, die in Not und Wanderelend danach rangen, würdig zu werden der Gnade, im Ebenbilde Gottes erschaffen zu sein. Wir haben uns noch nicht emanzipiert von dem Hochmut der eben erst bürgerlich Emanzipierten, über Sitte und Brauch unserer Ahnen, über ihre Vorstellungen und Gedanken zu lächeln. Wir haben die Phrase noch nicht überwunden — die Phrase, die unsere ganze Armut bloslegt: Moderne Menschen. Mit dieser Phrase wollen wir das eiserne Band zerhauen, das uns an die Ahnen schmiedet. Bilden wir uns ein — und ist doch ein Strohhalm in der Hand eines Kindes.

»Großmutter erzählt.« Von ihrer Welt! Wie weit wären wir, könnten wir erst ohne ängstlich umherblickende Voreingenommenheit mit Großmutter durch ihre Zeiten wandern. Sie faßt uns gütig an der Hand und führt uns: ein kleines Städtchen, ein niedriges Häuschen, sogar mit einer richtigen Vortreppe — also ein Herrensitz! — ein paar winklige Gassen, ein dunkles Cheder — und da lebt man!

Man lebt da!...

»Ein Jahr im Elternhause.« Wir wandern von Fest zu Fest. Und der graue Alltag wird licht, weil er eine Vorstufe der Feste ist.

Was ist eigentlich das Ziel unseres Lebens? Der Festtag.

Unser ganzes Leben ist nur ein Warten auf den kommenden Tag der Feier.

Aber unser Warten ist voll Pein und Ungeduld, quälerisch. Unsere Hoffnung ist wirr und wildtreibend, zermürbend in der Angst des Verschmachtens auf halbem Wege: Wann kommt uns die Stunde der Feier? Vielleicht kommt sie uns niemals.

Großmutter lächelt: Ihr Armen. Zunächst freut man sich die ganze Woche auf den Sabbat. Man braucht sich nicht zu sorgen: Kommt er? Kommt er nicht?! Er kommt! Kommt der Sabbat, kommt die Ruhe. Und wer den Sabbat so recht feiert, weiß gar nicht, daß es einen Alltag gibt. Wir heiligen den Sabbat, glauben wir. Aber der Sabbat heiligt uns. Er weiht unser Leben und Treiben; und Essen und Trinken wird Gottesdienst. Und so fällt schon auf den Freitag — den Torwart der Ruhestunden — der milde Abglanz des Sabbats. Die Arbeit am Freitag macht die Hand nicht müde. Die Erdenlast ist von ihr genommen. Und gute Engel helfen beim Werke. Darum schmecken die Fische am Freitag abend so köstlich. Sie haben den Geschmack von — »jener Welt« selbst wenn Vater sich nicht so besorgt in der Küche umsähe und die Sauce kostete. Beten, Ruhe und Essen — dieser Dreiklang schlingt sich zur Harmonie des Sabbats zusammen. Und wenn der Tag zur Neige gegangen, begleitet wieder ein Mahl die »Königin Sabbat« in ihre Heimat.

Es singt in allen Festen die gleiche Melodie — nur die Tonart wechselt und der Rhythmus. Am Chanuka läßt uns Großmutter die Reise durch das ganze Jahr beginnen. Mit den Latkes — den Honigflinsen — fängt sie an. Mit dem Pflichträuschchen am Simchas-thora hört sie auf. Zwischen Lust und Trauer pendelt das Leben hin. Wenn die Trauer die Seele gar zu fest zu umschnüren droht, löst ein Festtag die Schlingen. Und ein Trauertag dämmt die über die Borde schlagende Fröhlichkeit ein. Nicht kalendarisch-äußerlich gehalten, sondern in ihrem spezifischen Charakter hingenommen, nach ihrem Stimmungsgehalt gelebt, nach ihren gedanklichen Inhalten begriffen — wirken die jüdischen Feste wie ein Regulator menschlichen Treibens. Sie lösen die Verworrenheit unseres Seins in geruhige Harmonien auf und gleichen das stürmische Auf und Nieder aus zum Wellenschlag eines friedlich hingleitenden Lebens. Und wundersam haben sich Sitte und Brauch dem Sinn der Feste angeschmiegt.

Großmutter Wengeroff hat in ihren Memoiren, — »dem Ben-Sekunim«, dem Kind des Greisenalters — mit unendlicher Liebe den Kranz der vielen Bräuche zusammengewunden, die die Feste schmücken und — ihr Werk. Wenn einmal die alte Formensprache unserer Volkssitten verstummt sein sollte, wird der Ethnologe und Kulturhistoriker nach diesen Blättern das Leben der Juden in alten Tagen wieder aufbauen können. Der häusliche Herd — der in der Küche steht — ist der Mittelpunkt der Familie. Was dort brodelt und kocht, dient nicht gedankenloser Genußsucht und Völlerei. Die Hausfrau beginnt ihre Arbeit nicht, eh daß sie ein Gebet gesprochen und ein Opfer dargebracht hat. Die Speisen sind den Festen angepaßt und alle Zutaten sind zugleich — Symbole! Speise und Trank, die den Körper kräftigen sollen, damit die Seele ungehemmt von irdischer Schwere ihren Flug in die Höhe nehmen kann, sind selbst nur — beseelte Materie. Sie sind geweiht. Und wenn die Hausfrau nicht fast erdrückt wurde von der Fülle der Sorgen, der Pflichten, der religiösen Gebote und der Subtilitäten, die der Brauch zum Zwange gesetzlicher Vorschriften erhoben hat, so konnte nur der Gedanke, mit all der peinlichen Arbeit höheren Zwecken, ja dem höchsten Zwecke zu dienen, die Last heiligen und adeln — und aus der Sphäre des ermattend Körperlichen hinaus — und emporrücken.

In dieser in Gott und Judentum zentrierten Welt kann schlaffe Bequemlichkeit nicht hemmend in den Weg der Pflichten treten. Je getreulicher die Gebote erfüllt werden, um so leichter wird das Leben getragen. Je enger der Zaun der Gesetze, um so lichter und freier schwingt sich die Seele zu Gottes Thron. Und gemeinsam wie der Flug in die Höhe, rollt sich auch das bürgerliche Leben ab. Der einzelne versinkt nicht in der Gemeinschaft bis zur Unkenntlichkeit. Sein individueller Wert wird gesteigert, sein individueller Charakter ausgearbeitet durch die Gemeinschaft. In das Schicksal des einzelnen, welche Phasen vom Glück zum Leid es auch durchlaufe, sind doch

Schicksalfäden der anderen verwoben. Die Lebensbedingungen jedes einzelnen Juden sind die der anderen Juden. Jeder braucht den anderen, zum gemeinsamen Gebet in der Chewra, in der Trauerzeit, beim Mahle, in den Scherzen des Purim, in der Lust des Freudenfestes. Und dieses Aufeinanderangewiesensein in den Bedürfnissen eines höheren Lebens verinnerlicht die Bande angeerbten Volkstums und gemeinsamer äußerer Geschicke und schafft auf einem weitab vom materialistischen Sozialismus führenden Wege einen sozialen Bund von ganz spezifischer Prägung.

Eine idyllische Ruhe und der Frieden einer in ihren Sehnsüchten, ihrem Gottvertrauen geeinten Menschengruppe ruhten über jener Generation. Und lösten wir selbst den Glorienschein auf, den die alte Großmutter um ihre Jugendjahre legt, und wollten wir in Einzelzügen ergänzen, was die versöhnende und nivellierende Vergeßlichkeit des Alters verwischte, die Grundlinien einer lieblichen Idylle verlören ihre Schärfe nicht. Die Spiele der Kinder und das Sinnen der Alten erfüllen nur eine enge Welt; aber sie ist voller duftiger Träume, voll tiefer Beziehungen und in jeder Spanne persönlich erobert und ganz zu persönlichem Besitze geworden. Der Tag ist unendlich lang, so lang, daß das gewöhnliche Ausmaß der Stunden seine Geltung verloren zu haben scheint. Aber Gefühl und Begriff der Langeweile sind keinem bekannt. Es gibt keine toten Stunden, weil jede Stunde ihr eigenes Leben hat. In grauer Frühe, da die Nacht kaum an den kommenden Tag denkt, denken die Juden schon an ihr Tagewerk. Wer weiß, wie der Beruf die Stunden knebeln wird — darum schnell noch zum Talmudfoliant greifen, der von gestern noch aufgeschlagen ungeduldig schon des »Lerners« harrt; darum schnell noch in das Beth-Hamidrasch eilen, um in der Chewra Thillim im Zweisang die lieben Psalmen zu sagen.

Das Leben ist so kurz — und des Betens und Lernens ist so viel. Diesen Gedanken heißt es den Kindern zu überliefern. Sie können nicht früh genug in den Cheder. In seiner Enge und seinem ewigen Dämmer wächst eine heilige Welt. Und der erste Chederbesuch wird so der wahre Geburtstag — der Menschenseele. Der Ärmste gibt sein letztes Gut hin, um sein Kind nicht geistig verhungern zu lassen. Und es ist ein Brauch, der die ganze Judenseele bloßlegt, ein Brauch von ergreifender Tiefe und unsagbarer Innigkeit, daß der Vater den jungen Chederbuben in einen Gebetmantel gehüllt zum Melammed trägt... Er zeigt ihm die strahlende Pracht der Himmel und lehrt sie, sich den Weg zu Gott zu schlagen und mit den Quadern der heiligen Buchstaben zu ebnen. Sonnig ist das Ziel. Aber die Arbeit ist hart. Selbst die Spiele in den freien Zeiten sind noch durchwebt mit den Seidenfäden der Lehre, die das Halbdunkel des Cheders gesponnen. Schon frühe lernt das Kind sich bescheiden. Denn das Ghetto ist eine bescheidene Welt. In gedämpften Tönen klingt aller Sturm der Seelen aus. Das ganze Sein ist voller Geheimnis. Und die Bangheit und Scheu, die das Kind empfand, als es einmal in dem leeren Gotteshause vor der heiligen Lade stand, trägt es allezeit mit sich und sie geben ihm die stille Ergebenheit, wenn es einst vor den heiligen Fragen des Lebens stehen wird... In diese festgefügte Welt mit ihrer eigenen Bildung, mit ihrem schillernden Reichtum der Phantastik, mit ihrer geschlossenen Lebensanschauung, in diese Welt der Träume und mystischverdämmerter Ahnungen, in diese Welt der klaren Tage, der besonnenen Arbeit — tritt nun polternd mit groben Füßen die neue Zeit! Kann aus den zerstampften Schollen gleich herrliche Saat erblühen? Die Menschen sind zu gefestet, als daß die neue Zeit sie ganz zu zerbröckeln vermöchte. Noch lachen sie und spotten ihrer, und reißen der Zeit ihre neuen Gaben aus der Hand. Chausseen werden gebaut. »Solange sich Menschen erinnern, waren zwei Tage nötig, um den Weg von Brest nach Bobruisk zurückzulegen, nun kommt Reb Zimel Epstein und erzählt uns, er wird ihn auf eine Tagereise verkürzen.« Wer ist er? Gott? Wird er die übrige Strecke Wegs in seine Tasche stecken? Und Reb Zimel Epstein hat Recht. Indessen was verschlägt's? Kann man mit Lampen, die heller und ruhiger brennen als Kienfackeln, den Sabbatabend nicht lichtiger und geruhiger machen?... Und kann man bei neuen Wegen nicht ein alter Jude bleiben?... Und doch: auf neuen Wegen kommt die neue Zeit! Die Welt wird größer. Die Enge löst sich. Die plumpen Wägelchen verschwinden. Es kommen die Karossen und bald, bald wird das Dampfroß die Wälder durchjagen. Jeder Tag bringt neue Wünsche; und wie die Mauern des Ghetto zu wanken beginnen, so kommen die Kinder des Ghetto ins Wanken. Die stille Harmonie wird zerstört. Sie scheinen wie Trunkene und wir lächeln ihres torkelnden Ganges. Auf den Hintertreppen schleicht die Aufklärung in die Häuser. Sie verdüstert mehr als sie erleuchtet — denn es ist eine Aufklärung, der — russischen Regierung! Über dem Talmudexemplar liegt Schillers Don Carlos und Posa sagt seine Leitartikel auf im »Gemara-Nigen«. Die Jugend will dadurch die Eltern täuschen. Aber sie täuscht sich selbst: Schiller wäre ihnen unverständlich, wenn er nicht »gelernt« würde... Die Eltern fürchten die neue Zeit und sie beschwören den Missionar der russischen Regierungsaufklärung, Lilienthal, bei »der Sepher Thora« zu erklären, ob er die Juden zur Taufe führen will. Sie fürchten. Aber ihre Furcht ist mehr ein Ahnen furchtbarer Entwicklungen. Was sie um sich sehen, macht sie mehr stutzig, als erschrocken. Hier eine Szene, die die schwangere Zeit köstlich zeichnet: Dem Schwager unserer Großmutter hatte es die Naturwissenschaft angetan. Bei grauendem Morgen war er halb entblößt in den Garten gegangen. »Die rechte Hand arbeitete kräftig, sie beseitigt die Rinde der Pappel und holte kleine Insekten heraus, die mein Schwager — nicht ohne Ekel! — in ein kleines Kästchen mit einem Glasdeckel warf.« Die Mutter hatte ihn bemerkt und rief halb verwundert, halb belustigt: »Wos tust du do?«

»Gur nischt«, gab er lakonisch zur Antwort.

»Wos is do im Kästchen auf der Erd'?« fragte die Mutter weiter.

»Gur nischt«, meinte der erregte Naturforscher.

»Warum biste so früh do?«, forschte die Mutter.

»Früh! S'es gur nischt früh!« antwortete der junge Mann, in der Hoffnung, sich so aus der Affäre zu ziehen... Die Mutter beugte sich über das Gitter und entdeckte nicht ohne Ärger ein Buch neben dem Kästchen. Sie tritt näher. Der Naturforscher ergreift die Flucht. Meine Mutter blickte in das Kästchen und entdeckte zu ihrem unbeschreiblichen Erstaunen eine gewöhnliche Fliege, einen Maikäfer, ein Marienkäferchen, eine Ameise, einen Holzwurm... Sie traute ihren Augen nicht, und ihr Achselzucken deutete mehr als gesprochene Worte es hätten tun können, auf die Frage hin: »Wozu braucht ein Mensch solches Gewürm?«

Zu dem »Gewürm«, das den inneren Menschen zernagte, kam ein anderes Unheil. Ein Ukas der Regierung verbot die jüdische Tracht: der äußere Mensch mußte reformiert werden. Sogar die Pejes, »die dem Juden erst die Gottähnlichkeit geben«, sollten schwinden. Es gab erbitterte Kämpfe mit den ausführenden Polizeiorganen. Aber schwerer waren die Kämpfe in der Seele der Juden. Der Mantel fiel und der Herzog mußte ihm folgen. Die neue Tracht führte die Juden nicht in eine neue Welt hinein. Sie führte sie nur aus ihrer alten Welt heraus. Das empfanden alle tiefer blickende Männer, das machte sie traurig und ihre Ohnmacht so unsäglich qualvoll. Als die Gräber des alten Brester Friedhofs geöffnet wurden und die Leichen ihre Friedensstätte verlassen mußten, weil die Stadt zu einer Festung umgebaut wurde, war ein Wehklagen in der Gemeinde — doch die Toten fanden einen Ruheplatz. Aber die Seelen, die aus ihrer stillen Welt hinausgezerrt wurden, die Seele der Jugend wurde heimatlos und mußte wandern in eine ungewisse Welt. Die Besten wurden schwankend. Die Schwachen wurden haltlos. Sie wechselten die äußere Tracht und wurden äußerlich.

> »Schwarze Röcke, seidne Strümpfe,
> Weiße, höfliche Manschetten
> Sanfte Reden, Embrassieren —
> Ach! Wenn sie nur Herzen hätten.«

Es sind nur die ersten Anfänge jener neuen Zeit, von denen unsere Großmutter spricht. Mit verhaltenen Worten. Ihre ganze Innigkeit hat sie über das alte Ghettoleben gebreitet, von dem sie uns freilich nur einen Bruchteil gibt. Wir lernen nur ein Haus mit allen seinen Freuden, Erregungen und seinem Kummer kennen. Es ist ein reiches und vornehmes Haus, in das wir als Gäste eintreten. Und doch ist es nur ein Paradogma für das Treiben im Ghetto. Denn das Leben im Patrizierhaus ist seinem Wesen und seiner Form nach nicht herausgehoben aus der Ghettoartung.

Hütte und Herrensitz unterscheiden sich nur in den groben Äußerlichkeiten der Lebensformen. Charakter und Inhalt der Vorstellungsinhalte, die Skala der Gefühle und die zarten Bedürfnisse der Seele: — vielleicht, daß sich darin eine individuelle Differenzierung spiegeln könnte. Aber niemals die soziale! Dem Reichen wird nur die Gnade, daß er die Fülle der Pflichten leichter und unermüdlicher tragen konnte. Und sein Dank für diese Gnade war, daß er die Pflichten peinlicher beobachtete und ihre Kreise weiterzog!

Im Hause des Reichen zerbröckelte nicht das Judentum. Sitte und Überzeugung, Tat und Gebet, Alter und Jugend standen in Schönheit und unbefleckt durch die grobe Not nebeneinander, das Haus zu einer Stätte Gottes zu machen...

Großmutter erzählt... Und eine Welt der Schönheit, des Friedens und verjüngender Heiterkeit steht vor uns auf. Und uns überflutet eine Sehnsucht nach dem versunkenen Lande der Ganzen.

Nach all den Enttäuschungen, die die Zivilisation bringt und die sie — je empfindsamer und zarter wir werden — uns immer herber wird fühlen lassen, blicken wir in jene stille, abgestorbene Welt zurück und in einsamen Stunden regt sich leise in uns ein Fragen, ob dort nicht die blaue Blume der Romantik ihre Düfte um die Menschen hauchte.

Es war eine enge Welt. Aber sie war hoch und reichte bis an den siebenten Himmel...

Die Menschen waren klein. Aber ihre Seelen waren voller Harmonie und Einheit. Sie verschmachteten nicht im Genusse. Wunsch und Kraft, Wille und Ziel, Leben und Lehre waren eines nur. Sie gaben den heiligen Frieden, der nicht einmal ahnen konnte, daß es auch eine Zerrissenheit gibt.

Dr. Th. Zlocisti.

Allgemeine Ztg. d. Judentums. Berlin.

Ein versonnenes »Es war einmal« klingt mit leiser Wehmut aus dem Buche der feinfühligen Verfasserin. Wie bei einem Rembrandtschen Gemälde blicken wir in das anziehende Helldunkel einer verflossenen jüdischen Kulturperiode, und das stechende Licht des Alltags schmerzt uns, wenn wir das Buch schließen. Denn was uns die Verfasserin aus der Vergangenheit des vorigen Jahrhunderts so anspruchslos zu erzählen weiß, ist mehr als das Leben einer vornehmen jüdischen Familie in der russischen Stadt; es ist überhaupt ein Mikrokosmos des guten Judentums alten Schlages, ein Kleingemälde voll intimen Reizes, das uns moderne Israeliten, die wir uns als »Kinder der Welt« so groß dünken, mit Schmerz empfinden läßt, wie klein wir geworden sind — weil wir keine eigene Kultur mehr haben. Man mag das Leben jener Juden, das nichts anderes war, als ein von Anfang bis Ende des Jahres wunderbar sich abrollender Gottesdienst, in gewissem Sinne beschränkt nennen, in der Beschränktheit zeigt es die Meisterschaft. Das Gemälde ist etwas Ausgefülltes und Ganzes, und wir nehmen einen wohltuenden Volleindruck mit. Wir mögen es wohl im Sinne des Fortschritts begrüßen, daß endlich in den patriarchalischen Dämmer das volle Licht der europäischen Kultur hereinbrach — aber wir klagen auch mit der Verfasserin über die fürchterlichen Zerstörungen, die die zersetzenden Strahlen anrichteten. Wieviel jüdische Lebenskunst, Poesie und Ethik ist zu Grabe getragen worden! — Möge das Buch der Großmutter, dem Dr. G. Karpeles ein freundliches Geleitwort mitgegeben hat, nicht nur gelobt, sondern auch gelesen werden! Es ist nicht nur für liebe »Enkelkinder« bestimmt, die spielend, besser vielleicht als es in den Religionsschulen geschehen kann, in den Reiz und die Weihe des altjüdischen Lebens eingeführt werden, es gibt auch den Erwachsenen einen interessanten Beitrag zur »Umwertung der Werte« bei unseren Brüdern im Nachbarreich. Und endlich wird es jeden ernsten Juden gedankenvoll stimmen. Denn wenn wir auch mit Koheleth sagen müssen: »Sprich nicht, wie kommt es, daß die vergangenen Zeiten besser waren, nicht aus Weisheit fragst du,« so erweckt es doch das heiße Verlangen nach der inneren Einheitlichkeit und Geschlossenheit, wie sie die Väter kannten, die Sehnsucht nach neuen jüdischen Kulturwerten.

E. L.

Jüdische Zeitung. Wien.

Wenn man das Buch aufschlägt, so findet man auf der ersten Seite das Bild der Verfasserin: Ein altes, freundliches Gesicht mit klugen, milden Augen, die schon von vornherein für alles einnehmen, das die Verfasserin sagen wird. In freundlichen Worten wird nun ein Bild aus dem jüdischen Leben eines wohlhabenden Bürgerhauses in den vierziger Jahren des 18. Jahrhunderts geschildert. Alles ist so unbeweglich still und atmet Traulichkeit, innere Abgeklärtheit, starken Familiensinn und echtes Menschentum. Es ist alles so licht und lieb, daß man den Gedanken nicht bannen kann, daß die Verfasserin unbewußt schöner dargestellt hat, als es wirklich gewesen ist, daß sie ihre Kindheitstage, die jetzt vor uns vorbeiziehen, mit dem Glorienschein der Poesie umgeben hat. Eines aber erfahren wir unzweideutig daraus: Daß das jüdische Familienleben jener alten guten Zeit innig und traulich war, daß die Häuser der Juden in jener Zeit Kulturstätten waren im besten Sinne des Wortes. Die Schilderung des Übergangsstadiums zum Haskalah erscheint uns minder gelungen, wie überhaupt der ganze Aufbau des Buches eine mangelhafte Technik verrät. Doch wir wollen mit der Verfasserin darüber nicht rechten, denn der herzliche Ton des Buches, der wie Märchenzauber unsere Herzen gefangen nimmt, entschädigt uns überreichlich. Wir wünschen dem Buch die weiteste Verbreitung unter Alten und Jungen. Besonders ist das Buch jungen Mädchen zu empfehlen, denn die jüdische Innigkeit und der jüdische Familiensinn sind leider im Schwinden begriffen, und da kann dies Büchlein dazu beitragen, daß die zukünftigen Mütter unseres Volkes weniger modern, dafür aber natürlicher und jüdischer werden.

Israelitische Monatsschrift, Breslau.

Die Memoirenliteratur ist während der letzten Jahre in ihrer Bedeutung für die Geschichtswissenschaft voll erkannt worden. Von jüdischen Memoirenwerken, deren Zahl ohnedies gering ist, darf man nun allerdings nur eine geringe Ausbeute für die pragmatische Geschichte erwarten. Gab es doch nicht allzuviele Persönlichkeiten unter den Juden, die an den aktiven Tagesereignissen großen Anteil hatten, und auch unter diesen nicht viele, die Zeit und Muße zur Niederschrift ihrer Denkwürdigkeiten fanden. Um so größer ist aber dieser Gewinn, der aus dieser Literatur für das innere Leben und die Kulturgeschichte sich ergibt. In diesem Sinne und mit dieser Beschränkung ist auch das angezeigte Buch als wertvolle Quelle, aus der mancherlei Belehrung und Aufklärung über das Leben unserer Glaubensbrüder im Osten zu schöpfen ist, anzusprechen. Wo geschichtliche Vorgänge berichtet werden, so in der Darstellung der Aufklärungsperiode, ist der Wert dieser Aufzeichnungen mehr als problematisch; es berührt eigentümlich — um die einer Dame gegenüber gebotene Höflichkeit zu wahren — wenn Verfasserin wiederholt von dem »scholastischen Gespinst« und den »vielen talmudischen Spitzfindigkeiten« spricht und damit ihre Legitimation für die Beurteilung jener so verhängnisvollen Epoche zu erbringen vermeint. (Hierher gehört auch die Feststellung, daß »viele Traktate des Talmud mit den Worten omar abaja beginnen«!). Wo dagegen die Verfasserin sich auf das ihr liegende Gebiet der Detailmalerei und der Szenen aus dem Volks- und Familienleben beschränkt, liefert sie wahre Kabinettstücke dieser Kleinkunst, die niemand ohne Vergnügen und Nutzen lesen wird.

Israelitisches Familienblatt, Hamburg.

Diese Memoiren gehören zu den liebenswürdigsten Büchern, die seit langem auf den jüdischen Büchertisch gekommen sind. Das Großmütterliche wie das Jüdische darin verschmelzen sich zu einer warmen, trauten Herzlichkeit, die eine blendende, poetische Darstellung, die man von diesem Werke nicht erwarten darf, vollkommen ersetzt. Wir haben es aber auch mit einer kulturhistorischen Gabe allerersten Ranges zu tun. Sie hält in getreuester, liebevollster Hingabe und Erinnerung für die Nachwelt fest, was jetzt bereits im Aussterben begriffen ist, das echt jüdische Haus- und Gemeindeleben unserer russischen Brüder. Die Behauptung von einer Trockenheit und Verknöcherung des alten Judentums, von seelischer Finsternis und Sklaverei unter dem »Gesetz« schmilzt vor dieser Darstellung wie Schnee vor der Sonne. Wer dieses Buch liest, das in jedem Buchstaben den Stempel der Wahrhaftigkeit trägt, muß sagen, daß unsere Großväter und Großmütter, die so lebten, ein solches rundes, jüdisches, von Festen wie von wunderbaren jüdischen Ereignissen durchzogenes Jahr, glücklich waren. Trotz allen äußeren Druckes, trotz ihrer Einfalt und Fremdheit von der modernen Kultur. Wir lernen aus diesem Buch vieles wieder lieben, was wir bereits belächelt haben. Besonders unseren Frauen kann es eine Offenbarung bedeuten.

Druck von C. Schulze & Co., G. m. b. H., Gräfenhainichen.

Fußnoten:

[1] »Die Welt« 1900.

[2] Von diesen beiden Brüdern wurde der eine ein Bibelforscher, der folgende Werke veröffentlichte: »Die Religion Altisraels nach den in der Bibel enthaltenen Grundzügen«, dargestellt von Israel Sack (Leipzig und Berlin 1885. Verlag von Wilhelm Friedrich, Kgl. Hofbuchhdl.) »Die altjüdische Religion im Übergang vom Bibeltum zum Talmudismus« von Israel Sack (Berlin 1889. Verlagsbuchhandlung v. Ferd. Dümmler) »Monistische Gottes- und Weltanschauung. Versuch einer idealistischen Begründung des Monismus auf dem Boden der Wirklichkeit.« (Leipzig 1899. Verlag v. Wilhelm Engelmann.)
Der andere Bruder, Gregor Syrkin (Stiefbruder), ist ein hervorragender Kenner der hebräischen Sprache und Literatur. Er schrieb ein Werkchen unter dem Titel: Chesjaunaus Lajlo — Traumbilder.

[3] Sarwerke — eine Frau, die in besseren jüdischen Häusern während der Feierlichkeiten serviert, Süßigkeiten, Konfitüren, Eingemachtes vorbereitet.

[4] Das Städtchen spielte in der Geschichte Kleinrußlands eine Rolle. Es war des Hetman Mazepa Residenz.

[5] Des Bräutigams Eltern und Verwandten.

[6] Ein Ort in Polen, wo ein Heiliger wohnt, der unter dem Namen »der Großvater aus Spale« bekannt ist.

[7] Malakoff-kurgan (Schanze). Auf Veranlassung des General Malakoff füllte man unzählige tausende Säcke mit Sand und baute daraus eine Schanze, indem man sie in Quadraten dicht aneinander legte. Die Kugeln, welche vom feindlichen Lager herüberflogen, blieben in den Säcken stecken.

[8] In jener glücklichen Zeit wurden auch Pläne zur Gleichstellung der Juden vorbereitet.

[9] Als Haupt einer Talmudschule.

[10] Der Roman ist auch in deutscher Sprache unter dem Titel »Thamar« erschienen. Ein schmachvoller literarischer Diebstahl. Der Übersetzer S. Mandelkern gab das Werk unter seinem eigenen Namen heraus. Aber er übersteigerte die

Frechheit noch, indem er den Roman Mapu, dem eigentlichen Verfasser, widmete!

[11] Ein Hascher.
[12] Mondfinsternis.
[13] kein Trost.
[14] Soldatenaushebung.
[15] Seele.
[16] Gott.
[17] Kränkung.
[18] Soldatenbrot.
[19] Wollenzeug mit Leinen genäht.
[20] Sich entfernen, sich zurückhalten.
[21] Verordnungen.
[22] Wahl.
[23] Verzeihen.
[24] Sünden.
[25] Gottergeben.
[26] Die die Soldaten der Regierung abliefern.
[27] Der die Soldaten annimmt.
[28] Ohnmächtig werden.
[29] Tumult.
[30] Milch und Honig.
[31] Befehl.
[32] Befehlshaber.
[33] Fort, weg!
[34] Die hohen Festtage.
[35] Horn.
[36] Exil.
[37] Zwei Gelehrte, die entgegengesetzte Richtungen vertraten: Hillel — die milde, nachgiebige; Schamai — die strenge.
[38] Klagelieder am Tischo b'Ab.
[39] Ahnenstolz.

www.ingramcontent.com/pod-product-compliance
Lightning Source LLC
Chambersburg PA
CBHW020814230426
43666CB00007B/1008